50
AÑOS DE MEDELLÍN

MANOEL GODOY
FRANCISCO DE AQUINO JÚNIOR
(ORGANIZADORES)

50
ANOS DE MEDELLÍN
REVISITANDO OS TEXTOS, RETOMANDO O CAMINHO

Dados Internacionais de Catalogação na Publicação (CIP)
(Câmara Brasileira do Livro, SP, Brasil)

50 anos de Medellín : revisitando os textos, retomando o caminho / Manoel Godoy, Francisco de Aquino Júnior. -- São Paulo : Paulinas, 2017.

ISBN: 978-85-356-4342-8

1. Conferências Episcopais Católicas - América Latina 2. Igreja Católica - América Latina I. Godoy, Manoel. II. Aquino Júnior, Francisco de.

17-08819 CDD-262.120608

Índices para catálogo sistemático:
1. América Latina : Conferências episcopais   262.120608
2. América Latina : Igreja Católica   282.8

1ª edição – 2017

Direção-geral:	Flávia Reginatto
Conselho editorial:	Dr. Antonio Francisco Lelo
	Dr. João Décio Passos
	Maria Goretti de Oliveira
	Dr. Matthias Grenzer
	Dra. Vera Ivanise Bombonatto
Editores responsáveis:	Vera Ivanise Bombonatto
	João Décio Passos
Copidesque:	Mônica Elaine G. S. da Costa
Coordenação de revisão:	Marina Mendonça
Revisão:	Sandra Sinzato
Gerente de produção:	Felício Calegaro Neto
Capa e diagramação:	Claudio Tito Braghini Junior

Nenhuma parte desta obra poderá ser reproduzida ou transmitida por qualquer forma e/ou quaisquer meios (eletrônico ou mecânico, incluindo fotocópia e gravação) ou arquivada em qualquer sistema ou banco de dados sem permissão escrita da Editora. Direitos reservados.

Paulinas

Rua Dona Inácia Uchoa, 62
04110-020 – São Paulo – SP (Brasil)
Tel.: (11) 2125-3500
http://www.paulinas.org.br – editora@paulinas.com.br
Telemarketing e SAC: 0800-7010081
© Pia Sociedade Filhas de São Paulo – São Paulo, 2017

Sumário

Apresentação 7

Medellín: seu contexto em 1968 e sua relevância 50 anos depois 9
José Oscar Beozzo

A situação eclesial atual 28
Antonio Manzatto

Justiça 42
Francisco de Aquino Júnior

A paz em construção 58
Faustino Teixeira

Família e pastoral nas transformações socioculturais 66
Márcio Fabri dos Anjos

Educação 83
Fernando Altemeyer Junior

Juventudes: aproximações, leituras e releituras –
50 anos depois 95
Carlos Eduardo da S. M. Cardozo

Pastoral das massas 111
Luiz Roberto Benedetti

A pastoral das elites na opção pelos pobres 125
Marcelo Barros

Catequese e realidade desde Medellín 142
Therezinha Cruz

Da liturgia em Medellín para um jeito renovado de ser Igreja....159
José Ariovaldo da Silva

Movimentos de leigos..181
Cesar Kuzma

Medellín – Documento 11 – Sacerdotes..193
Francisco Taborda

A Vida Religiosa Consagrada em Medellín e hoje:
dois momentos de um carisma eclesial...212
Jaldemir Vitório

Formação do clero..229
Manoel Godoy

Pobreza da Igreja..246
Benedito Ferraro

A sinodalidade no documento de Medellín...................................267
Mario de França Miranda

Comunicação, "imperativo dos tempos presentes":
o horizonte comunicacional do Documento de Medellín.............279
Moisés Sbardelotto

Desafios e horizontes da ação da Igreja no mundo....................299
Leonardo Boff

Desafios e horizontes de Medellín: para a configuração e
organização da Igreja hoje...306
Agenor Brighenti

Posfácio...332

Apresentação

A Segunda Conferência Geral do Episcopado Latino-Americano, celebrada na cidade de Medellín, na Colômbia, de 24 de agosto a 6 de setembro de 1968, pode, seguramente, ser chamada de o maior evento eclesial do continente no século XX. É evidente que não se entende Medellín sem o Concílio Vaticano II, mas este não conseguiu, apesar dos esforços de São João XXIII, dar respostas aos grandes problemas que o então chamado Terceiro Mundo enfrentava. Sobretudo África e América Latina viviam situações muito próprias com países subdesenvolvidos, alguns saídos recentemente da situação de colônia dos países chamados desenvolvidos. Era tempo da conhecida teoria da dependência. O ano de 1968 foi bastante emblemático, pois, enquanto na Europa os jovens gritavam por mais liberdade, no continente latino-americano recrudesciam as ditaduras militares.

Nas palavras proféticas de Dom Pedro Casaldáliga, "Medellín foi, sem dúvida, o Vaticano II da América Latina. Mais avançado que o Vaticano II, porque no Vaticano II a opção pelos pobres foi de uma minoria, quase clandestina, comandada por Dom Helder Câmara. Medellín fez a opção pelos pobres, Medellín fez a opção pelas comunidades, Medellín fez a opção pela militância, a partir da fé. Eu digo sempre quem em toda a história da Igreja de América Latina e Caribe não tem tido nenhum acontecimento como Medellín. É o nosso Pentecostes!".

Será que conseguimos recriar o tempo de Medellín, reanimando as comunidades de base, os círculos bíblicos, as pastorais sociais, a Igreja povo de Deus? Verdadeiramente vivemos outros tempos históricos. Beozzo faz memória da conjuntura eclesial que serviu de moldura histórica para a realização da Segunda Conferência Geral do Episcopado Latino-Americano. E o professor Manzatto mostra como aconteceram as mudanças na sociedade e na Igreja ao longo destes 50 anos que nos distanciam do evento Medellín.

Recriar não significa repetir, mas, no contexto atual, fazer renascer o frescor daqueles anos que se seguiram a Medellín. Com Francisco podemos outra vez sonhar com perspectivas de mudanças na prática evangelizadora da Igreja?

Os dezesseis títulos do documento final de Medellín foram revisitados por nossos autores com essa perspectiva de nos inspirar outra vez, ante os novos desafios dos tempos atuais. É isso que nos apresentam Leonardo Boff e Agenor Brighenti: como viver com esperança e destemor, tendo como horizonte a Igreja em saída, que nos propõe o Papa Francisco; o que é possível vislumbrar num futuro mais próximo?

Em 2018, quando estivermos celebrando os 50 anos da realização de Medellín, em meio às diversas iniciativas que tomarão as frentes eclesiais mais comprometidas com os pobres, queremos ter um livro guia que revisite o tom profético de Medellín, analise Medellín no contexto do pontificado do Papa Francisco e lance luzes para a resistência histórica dos crentes pobres do continente latino-americano e caribenho.

Para isso, convocamos irmãos e irmãs da caminhada para, juntos, assumirmos essa empreitada em favor da Igreja dos pobres. O Projeto consta de uma ampla contextualização de Medellín e de uma leitura de Medellín 50 anos depois. Foi seguido o esquema do Documento Final com seus 16 títulos, e o trabalho de cada autor foi o de fazer uma apresentação sintética do título e atualizá-lo para o contexto de hoje.

Percebemos no conjunto da obra que somente uma Igreja que vive profundamente a inspiração conciliar da colegialidade será capaz de reavivar seu tom profético na luta pela justiça, como condição necessária para uma sociedade da paz. Igreja prefigurada no povo de Deus, que tem no Batismo o sacramento da igualdade fundamental entre todos os cristãos, que assume as condições dos pobres até mesmo nas suas estruturas e que se entende a si mesma como sacramento do Reino de Deus anunciado e vivido por Jesus Cristo, dizendo a todos que essa é uma utopia que precisa começar a encontrar o seu lugar no chão de nossa história.

Medellín: seu contexto em 1968 e sua relevância 50 anos depois

José Oscar Beozzo[1]

À distância de meio século, não cessou de crescer no continente e mundialmente a consciência da relevância eclesial, social e política da II Conferência Geral do Episcopado Latino-americano. A Conferência foi aberta por Paulo VI em Bogotá, na Colômbia, no dia 24 de agosto de 1968, por ocasião do XXXIX Congresso Eucarístico Internacional. Os participantes deslocaram-se, em seguida, para a cidade de Medellín, onde se desenrolou a Conferência de 26 de agosto a 07 de setembro.

Decidimos percorrer essas cinco décadas, recolhendo alguns depoimentos e balanços significativos da II Conferência ao longo desse período.

I – Medellín no calor da hora

Dom Helder Câmara era um dos 39 brasileiros presentes em Medellín, entre os quais se encontravam os delegados eleitos pela CNBB, membros *ex-officio*, por integrarem a direção do CELAM, como Dom Avelar Brandão Vilella, arcebispo de Teresina, e seu presidente, peritos nomeados, como o Pe. José Marins, ou ainda integrantes da CLAI (Conferência Latino-americana de Religiosos), leigos como Marina Bandeira ou observadores convidados por Roma.

Dom Helder deixou-nos um vívido relato daqueles dias, escritos no calor da hora. Captou imediatamente o sentido excepcional daquele evento.

---

[1] Teólogo brasileiro, doutor em história da Igreja, padre da Diocese de Lins (São Paulo), professor nos cursos de pós-graduação do ITESP (Instituto de Teologia de São Paulo) e do Centro Ecumênico de Serviços à Evangelização e Educação Popular (CESEP).

Ainda de Bogotá, onde Paulo VI havia pronunciado o discurso de abertura da Conferência,[2] em carta escrita a sua família "Mecejanense"[3] no Rio de Janeiro e no Recife, ele compartilha, com inquietação, as controvérsias e incertezas que pairavam sobre os rumos da Conferência. Outras quatro Circulares foram escritas já no decurso da Conferência em Medellín.

Na última delas, redigida na vigília do encerramento da Conferência, a 06/07 de setembro, Dom Helder traça seu balanço pessoal da Conferência. Não hesita em afirmar que as Conclusões de Medellín terão para a América Latina sentido comparável ao dos documentos do Vaticano II para o mundo inteiro.

Começa seu balanço, interrogando-se:

> ... *exagerarei quando ponho* (em destaque no texto), logo abaixo da graça de haver *participado* do Concílio Ecumênico Vaticano II, a graça de haver participado da 2ª Conferência Geral do Episcopado Latino--Americano?

---

[2] CÂMARA, Dom Helder. *Circulares pós-conciliares*: de 25/26 de fevereiro de 1968 a 30/31 de dezembro de 1968 (org. Zildo Rocha, Daniel Sigal), vol. IV, t. II. Recife: CEPE, 2013, circular [427], pp. 223-226.

[3] Trata-se das Circulares não numeradas [428: 26/27-08-1968, pp. 22-229], [429: 28/29-08-1968, pp. 230-232], [430: 03/04-09-1968, pp. 233-236] e [431: 06/07-09-1968, 237-239]. Logo depois da abertura do Concílio Vaticano, a 11 de outubro de 1962, Dom Helder Câmara iniciou com o grupo de fiéis, amigos e amigas, seus estreitos colaboradores e sua "família", no Rio de Janeiro, uma fiel correspondência, praticamente diária, que se prolongaria por quase 25 anos, quando entregou, em 15/07/1985, o pastoreio da Arquidiocese de Olinda e Recife ao seu sucessor. A esse grupo, Dom Helder deu o nome de "Família Mecejanense", uma evocação do bairro de Mecejana na cidade de Fortaleza, CE, onde morava sua família quando ele nasceu, a 07 de fevereiro de 1909. Em boa hora, essas Circulares começaram a ser publicadas, sob o título de *Circulares Conciliares* (vol. I, com 3 tomos de 13/14-10-1962 a 07/08-12-1965), dentro de um ambicioso projeto de publicação das Obras Completas de Dom Helder, sob a responsabilidade da Companhia Editora de Pernambuco – CEPE. Essas primeiras circulares foram enviadas de Roma, durante as quatro sessões do Concílio Vaticano II, entre 1962 e 1965. Já saíram publicadas também as *Circulares Interconciliares*, escritas do Rio de Janeiro e do Recife, nos intervalos das sessões conciliares entre 1963 e 1965 (vol. II, com 3 tomos) e as *Circulares pós-conciliares*: vol. III, com 3 tomos (09 a 10 dez. 1965 a 29/30-07-1967) e vol. IV, com 4 tomos (05/06-08-1967 a 24/25-01-1970).

Para a América Latina, as Conclusões desta Conferência – que aplicam ao nosso Continente as determinações do Concílio e, em nome do Concílio, nos levam a assumir, plenamente, nossa responsabilidade em face do momento histórico da América Latina – devem ter o mesmo sentido que, para o mundo inteiro, devem ter os documentos conciliares.

Discorre, em seguida, sobre o selo de "oficialidade eclesial" de que estava revestida a Conferencia de Medellín:

A Conferência, aqui, não podia ser mais oficial: Convocada e aberta, pessoalmente, por Paulo VI; presidida por três Legados seus (o Cardeal [Juan] Landázuri [Ricketts], o Cardeal [Antonio] Samoré e D. Avelar [Brandão Vilela]) que agiam, em nome e com a autoridade do Papa; teve como Membros: Bispos e Sacerdotes eleitos pelas Conferências Episcopais de todo o Continente ou indicados diretamente por Sua Santidade; contou com Peritos, eclesiásticos e leigos, de grande valor, e com a presença de Observadores, de várias denominações evangélicas.

Houve fatores altamente favoráveis:

A circunstância de todos ficarmos, juntos, em um conjunto de prédios, com conforto quase excessivo; a marca, que um serviço litúrgico perfeito (Laudes, pela manhã, e Concelebração, à noite), deixava em todos nós; [fl. 2] o fato de quase todos nos havermos encontrado no Concílio e de vários serem companheiros, das origens do Celam.

Houve fatores ameaçando perigosamente:

O Santo Padre, em sua vinda a Bogotá (para o Congresso Eucarístico Internacional e a abertura oficial da 2ª Conferência), nas suas 20 e tantas alocuções, mais freou do que abriu... O documento de trabalho, preparado com extremo cuidado (houve um documento preliminar, elaborado por técnicos de grande valor; este documento, enviado às Conferências Episcopais ligadas ao Celam, de todas recebeu pareceres e observações; uma Comissão de 80 Bispos e Peritos pôde, então, transformar o documento preliminar em Documento de Trabalho), estava sendo atacado, de público, por Episcopados inteiros: da Argentina, da Colômbia, da Venezuela... Dos três legados do Papa, os dois Cardeais eram sabidamente conservadores e extremamente prudentes; o Cardeal Samoré fez-se cercar de vários colaboradores, Bispos e Sacerdotes, que levavam às várias Comissões sua palavra de... recomendação e advertência; Os primeiros avisos, as primeiras medidas deixavam entrever completo controle da Conferência pela CAL (Pontifícia Comissão para a América Latina).

Novos dados nos favoreceram:

D. Avelar, no Discurso de abertura, apoiado pelos técnicos, teve a inspiração salvadora de dar uma interpretação inteiramente [fl. 3] positiva das Alocuções do Papa (o que foi coragem: a seu lado, o Cardeal Samoré não escondia a desaprovação e o descontentamento). Sem este Discurso, as Alocuções do Papa pesariam, negativamente, durante toda a Conferência; houve, é claro, distribuição estratégica de Bispos e Peritos pelos vários Grupos de Trabalho; o método de trabalho adotado pelo Celam foi perfeito e montado a nosso favor: duas palestras, de gente nossa, criando clima, mentalizando; sete palestras, praticamente todas de gente nossa (menos uma) comentando o documento de trabalho... Vieram as observações (os modos): foram examinados por Bispos e Peritos. Vieram as votações prévias, as votações definitivas. Repetiu-se o milagre do Concílio: temos grandes textos, que servirão de esplêndido ponto de apoio para tudo o que há de urgente e importante a empreender na América Latina. Tornou-se impossível, honestamente, chamar-me de subversivo e comunista, sem, ao mesmo tempo, taxar de subversão e comunismo toda a Hierarquia Latino-Americana.

- E salvou-se plenamente a união; o espírito fraterno.

- Entre os fatores positivos, guardei o maior, o invisível: o Espírito Santo era quase tangível; os Anjos eram quase visíveis! Apelara tanto para a Rainha dos Anjos! *Te Deum! Magnificat!* (Circ. 431).[4]

---

[4] CÂMARA, Dom Helder. *Circulares pós-conciliares.* p. 237.

Outros não hesitaram em afirmar, como o teólogo José Comblin, que Medellín é a ata de nascimento da Igreja latino-americana, com seu rosto próprio, sua identidade, suas opções pastorais, suas comunidades de base, a leitura popular da Bíblia, a Teologia da Libertação, sua luta pela justiça e seus mártires.

II – Balanço da recepção nas duas décadas seguintes

Balanços acerca da recepção de Medellín pela Igreja do continente foram tentados em sucessivos momentos.

Destacamos alguns deles pelo seu caráter institucional mais amplo, pelo método de investigação adotado ou pela densidade da reflexão teórica que os acompanharam:

A) A Semana de Estudos CELAM, recomendada pela sua XV Assembleia geral (Roma, 29 de outubro a 03 de novembro de 1974)[5] e realizada no ano seguinte (Bogotá, 23 a 28 de fevereiro de 1976). Esta produziu um substancioso estudo da recepção de Medellín, publicado num volume de mais de 500 páginas.[6]

B) Aos dez anos de Medellín, em 1977, a Comissão de Estudos de História da Igreja na América Latina (CEHILA) dedicou seu simpósio anual, realizado em Melgar, Colômbia, à recepção de Medellín no continente.[7] Ao mesmo tempo Enrique Dussel, presidente da CEHILA, escrevia um alentado volume sobre a primeira década após Medellín, na vida da sociedade e da Igreja no continente.[8]

---

[5] CELAM, *Plan Global de Actividades 1975-1978*. Objetivos específicos, n. 7, 4; Medellín (Bogotá 1975), 16-17 (tradução do autor do castelhano ao português).

[6] CELAM, *Medellín*. Reflexiones en el CELAM (Madrid, 1977).

[7] RICHARD, Pablo (org.) *La Iglesia latinoamericana de Medellín a Puebla*. Bogotá: CODECAL/CEHILA, 1979.

[8] DUSSEL, E. *De Medellín a Puebla*: una década de sangre y esperanza. 1968-1979 (México 1979). A obra foi traduzida para o português e publicada pela Loyola em três tomos: DUSSEL, E. De Medellín a Puebla, uma década de sangue e esperança. Vol. I – De Medellín a Sucre – 1968-1972 [1981]; Vol. II – De Sucre à crise relativa do Neofascismo – 1973-1977 [1982] e Vol. III – Em torno de Puebla – 1977-1979. São Paulo: Edições Loyola, 1983.

C) A preparação da III Conferência do Episcopado Latino-americano, convocada para acontecer em Puebla, no México, aos dez anos de Medellín (27 de janeiro a 13 de fevereiro de 1979), desatou um profundo processo de debate, acolhida, rejeição e recepção de Medellín. Travou-se uma verdadeira batalha eclesial no sentido de se manter viva a herança de Medellín e de suas intuições mais decisivas. Numa síntese clarividente, Leonardo Boff resumiu em dez pontos o que considerou os ganhos de Puebla,[9] em meio a um difícil embate eclesial em que se perfilavam já os propósitos do novo Pontificado de João Paulo II (1979-2005). Estes apontavam para o que João Batista Libânio chamou de a "volta à grande disciplina" e à tentativa de enquadramento da Igreja Latino-americana.[10] Boff conclui dizendo que o balanço de Puebla é positivo: "consagra-se o rumo da caminhada da Igreja desde Medellín; as grandes opções dos últimos anos foram agora confirmadas e sacramenta-das... Se Medellín significou o batismo da Igreja latino-americana, Puebla pode ser considerada a celebração da sua confirmação".[11] Os ganhos aponta-dos por Leonardo Boff eram substancialmente a manutenção das intuições centrais de Medellín, opondo-se a uma leitura conservadora do Vaticano II, em que se privilegiava a sua continuidade com o passado, de fato represen-tada pela minoria conciliar, e não a sua novidade impulsionada pela "maio-ria conciliar". A minoria do Concílio acabou impondo-se no centro romano. Difundiu-se, a partir daí, como única legítima a interpretação que encon-trou acabada, formulação às vésperas do Sínodo Extraordinário de 1985, aos vinte anos da clausura do Vaticano II, no livro de entrevistas do Cardeal Joseph Ratzinger ao jornalista Vittorio Messori, *Rapporto sulla Fede.*[12]

---

[9] BOFF, L. Ganhos e avanços de Puebla: a consolidação de um Cristianismo libertário, in *O Caminhar da Igreja com os oprimidos*: do Vale de Lágrimas rumo à Terra Prometida (Petrópolis, 1988), 80-95.

[10] LIBÂNIO, J. B. *A volta à grande disciplina* (São Paulo, 1984).

[11] Ibidem, 91.

[12] MESSORI, V. *Rapporto sulla fede*: colloquio con il Cardinale Joseph Ratzinger (Cinisello, 1985). O livro foi traduzido no Brasil e publicado sob o título: A fé em crise: O Cardeal Ratzinger se interroga. São Paulo: E.P.U, 1985. Sobre o Sínodo Extraordinário aos vinte anos do Vaticano II e as posições em confronto, cf. P. HEBBLETHWAITE, *Synod Extraordinary*: the inside Story of the Rome Synod, November-December 1985 (London, 1986). Para uma crítica latino-americana à interpretação dada por Ratzinger ao Concílio e à sua recepção, cf. BEOZZO, J. O. (org.), *Vaticano II e a Igreja Latino-americana* (São Paulo, 1985).

D) Por ocasião dos vinte anos de Medellín, em Buenos Aires, a CEHILA lançou-se a um novo balanço da herança de Medellín, entrevistando os bispos e peritos que haviam participado de Medellín em vários países do continente. Os resultados foram publicados num número especial da *Revista Eclesiástica Brasileira*, sob o título: "Medellín, vinte anos depois".[13]

E) Em 1992, a IV Conferência do Episcopado Latino-americano, em Santo Domingo, funcionando dentro de novo quadro eclesial, afasta-se bastante de Medellín, de modo particular do seu método, em que a realidade, na sua complexidade e nos seus desafios, era sempre o ponto de partida para a reflexão bíblico-teológica e para a definição das opções pastorais. A presidência da Conferência proibiu expressamente que as comissões apresentassem seus relatórios segundo o método Ver, Julgar e Agir.[14] Na sua conclusão, entretanto, retoma alguns dos eixos de Medellín, como a centralidade do pobre e o compromisso da Igreja com sua libertação:

> Fazemos nosso o clamor dos pobres. Assumimos com renovado ardor a opção evangélica preferencial pelos pobres, em continuidade com Medellín e Puebla. Esta opção, não exclusiva nem excludente, iluminará, à imi-

---

[13] *REB* 48, 1988-4. Segue a lista dos dez artigos resenhando a recepção de Medellín em diferentes países: BEOZZO, J. O. *Medellín: vinte anos depois* (1968-1988): depoimentos a partir do Brasil, 771-805; COMBLIN, J. *Medellín: vinte anos depois*: balanço temático, 806-829; RAMIREZ, R. *Medellín e Puebla: um ponto de vista americano*, 830-841; DIAZ, M., *A voz profética de Medellín*, 842-859; BUYST, I. *Medellín na Liturgia*, 860-875; SALINAS, M. *O itinerário da Igreja dos pobres no Chile, vinte anos depois de Medellín*, 8876-879; MELENDEZ, G. *Significado de Medellín para a Igreja Católica na América Central*, 880-896; PUENTE DE GUZMÁN, M. A. *Medellín: vinte anos depois* – Significado para a Igreja do México, 897-905; MOYANO, M. *Medellín: vinte anos depois* – O testemunho de uma mulher que o viveu por dentro, 906-913; DURAN, M. *Medellín: vinte anos depois* – Legado para a Igreja do Paraguai, 914-915.

[14] Paradoxalmente, uma das comissões, ao tratar da Pastoral da Juventude, recomenda a utilização do método, e esta indicação permaneceu no texto final da Conferência: "Que abra a los adolescentes y jóvenes espacios de participación en la misma Iglesia. Que el proceso educativo se realice a través de una pedagogía que sea experiencial, participativa y transformadora. *Que promueva el protagonismo a través de la metodología del ver, juzgar, actuar, revisar y celebrar* [destaque do autor]. Tal pedagogía ha de integrar el crecimiento de la fe en el proceso de crecimiento humano, teniendo en cuenta los diversos elementos como el deporte, la fiesta, la música, el teatro" (Doc. SD 119).

tação de Cristo, toda nossa ação evangelizadora. À essa luz, convidamos a promover uma nova ordem econômica, social e política, conforme a dignidade de todas e cada uma das pessoas implantando a justiça e a solidariedade e abrindo para todas elas horizontes de eternidade (SD 296).[15]

III – Nos 30 anos, uma enquete entre seus protagonistas

Nos trinta anos de Medellín, houve novo esforço para se colher, no tecido eclesial, a influência de Medellín. A revista *Páginas* do Peru dedicou um denso número com nove estudos, sob o título: "30 años de Medellín: vigencia y novedad".[16]

No Brasil, a *REB* voltou a ocupar-se da II Conferência, sob o título: "Medellín, 30 anos".

Enquanto, porém, na passagem dos 20 anos, 10 diferentes artigos foram dedicados ao tema, recolhendo vozes do Brasil e de vários países da América Latina e da América do Norte; desta vez, a contribuição foi mais modesta, reduzindo-se a quatro contribuições, todas do Brasil.[17]

Aconteceu também a reedição das Conclusões de Medellín, pela Editora Paulinas, acompanhada de três estudos em anexo, sob o provocativo título: "Trinta anos depois. Medellín é ainda atual?".[18]

---

[15] CELAM, *Santo Domingo. Conclusões*. IV Conferência Geral do Episcopado Latino-americano, 12-28 de outubro de 1992: Nova Evangelização, Promoção Humana, Cultura Cristã. Jesus Cristo ontem, hoje e sempre (São Paulo, 1992).

[16] *PÁGINAS* 23, 152. (ago. 1998). Segue a lista dos artigos: GUTIERREZ, G. *Actualidad de Medellín*, 6-17; AMES, R. Un movimiento de vida busca nuevas expresiones, 18-27; CRESPO, L. F. La Juventud, un símbolo de la Iglesia, 28-36; GÓMEZ DE SOUZA, L. A. *Una mirada desde Medellín*, 37-40; A 30 años de Medellín. Mesa redonda con Rafael RONCAGLIOLO, Alberto ADRIANZÉN, Francisco CHAMBERLAIN, Catalina ROMERO, 41-54; DAMMERT, J. *Vivencia de Medellín*, 55-59; MOYANO M. *Medellín: una experiencia de comunión*, 60-63; CASTILLO J. Medellín: Semana Internacional de Catequesis, 64-67.

[17] *REB* 58, 232 (dezembro 1998). F. MORAS, Evangelização das classes médias e solidariedade com os pobres: o legado de Medellín, 787-821; J. O. BEOZZO, Medellín, inspiração e raízes, 822-850; P. SUESS, Medellín e os sinais dos tempos, 851-895; J. M. PIRES, A Igreja da América Latina a partir de Medellín, 920-928.

[18] CELAM, *Conclusões da Conferência de Medellín*: Texto Oficial (São Paulo, 1998. Anexos: C. PADIN, Educação libertadora proclamada em Medellín, 227-236; G. GUTIERREZ, A atualidade de Medellín, 237-252; F. CATÃO, Aos trinta anos de Medellín, 253-284.

No México, a revista do Centro Nacional de Comunicación Social, *CENCOS*, dedicou igualmente um número à II Conferência, sob o título: "A 30 años de Medellín".[19]

Por ocasião do trigésimo aniversário de Medellín, num encontro realizado em Riobamba, Equador, em agosto de 1998, e destinado a comemorar a vida e a obra de Mons. Leonidas Proaño (1910-1988), nos dez anos do seu falecimento, realizamos uma pesquisa entre os cerca de setenta bispos e teólogos vindos de vários países da América Latina e da Europa. Pedimos-lhes que respondessem, por escrito, a duas perguntas:

1. O que significou Medellín, para você, pessoalmente?

2. Que elementos fortes de Medellín entraram na vida de sua Igreja?

Selecionamos cinco dentre as trinta respostas, procurando cobrir a diversidade linguística, geográfica e confessional dos presentes, de modo a compor um painel em que se podem identificar convergências, mas também peculiaridades próprias de diferentes regiões e países: Argentina e Chile, México e Brasil, sendo um bispo metodista, três bispos católicos e um teólogo também católico.

Federico Pagura,[20] bispo metodista de Rosário, na Argentina, deu o seguinte depoimento:

> Yo no tuve el privilegio de encontrarme en Medellín, por tratarse de una conferencia, de un documento católico-romano. Sin embargo, sus trabajos llegaron a ser motivo de profundo estudio y consideración en el seno de nuestra Iglesia (evangélica metodista argentina). Puedo compartir lo siguiente:
>
> • Uno de nuestros pastores pudo participar de sus sesiones como observador fraternal y al regresar de Medellín nos dijo: 'creo que el Espíritu Santo estuvo muy presente en esas sesiones y que si sus

---

[19] CENCOS 296 (noviembre 1998), 3.

[20] Bispo metodista de Rosário, Argentina, presidente do CLAI (Conselho Latino-americano de Igrejas) de 1978-1996. Pagura nasceu a 20 de fevereiro de 1920 e faleceu a 06 de junho de 2016.

trabajos y reflexiones siguen profundizándose y ampliándose en los años futuros, los clamores pendientes de la Reforma del siglo XVI serán satisfechos y la perpetuación de nuestras decisiones y conflictos, injustificables en nuestra América y El Caribe [será interrumpida]'.

- A ese sentimiento de asombro y de reconocimiento, por la apertura que dicha conferencia tuvo a representantes de nuestras iglesias evangélicas, se sumó un sentimiento de gratitud por la riqueza de sus trabajos y de sus conclusiones, que han sido motivo de inspiración para nuestros pastores, teólogos y dirigentes laicos hasta el presente.

- Desde el punto de vista ecuménico no existe el mismo reconocimiento por las conferencias que le siguen Medellín (Puebla y Santo Domingo) que, a nuestro entender, no tuvieron la misma importancia profética ni la visión ecuménica que caracterizó a Medellín. Quizás en la recuperación de esos valores y la profundización de sus conclusiones podría estar la clave de un nuevo empuje a la renovación de la Iglesia Católica y del avance ecuménico.

Samuel Ruiz, bispo de San Cristóbal de las Casas, em Chiapas, no México, respondeu à primeira questão dizendo:

Muy difícil es sintetizar una experiencia que viví muy de cerca, por haber participado en una reunión preparatoria desde el ámbito misionero en Melgar, Colombia, y, posteriormente, con una ponencia sobre Evangelización en América Latina. Sintetizando un aspecto de la experiencia, diría que Medellín fue, para mí, el momento en que adquirí o viví lo que significa "yo creo en la Sta. Iglesia Católica, Apostólica y Romana".

- Desde el interior del Celam, recién invitado al Departamento de Misiones y luego a reuniones preparatorias del Documento de trabajo oficial, (Colombia presentó uno propio que permaneció en archivo); pude percibir a una iglesia Latinoamericana traspasada en su jerarquía misma por conflictos humanos y hasta mezquinos, fui testigo (y en algún caso víctima) de manipulaciones y al propio tiempo vi el testimonio de fe, de humildad y de audacia de grandes hombres de iglesia.

- Fui envuelto por una iglesia sumergida en la historia que respondió al reto que América Latina planteaba, ante un Concilio Ecuménico Vaticano II que fue un acontecimiento de dimensión universal, con planteamientos específicamente europeos. Medellín fue algo más que una 'traducción del Concilio' para nuestro continente: fue la emergencia de una Iglesia Latinoamericana madura e iluminadora.

- Toqué muy de cerca la dimensión ecuménica y la 'evolución' incoada de una iglesia vaticana representada en la figura del Cardenal Samoré:

- 'El Cardenal Samoré percibió la iluminación y la congruencia de la reflexión teológica'.

- 'Se vivió el testimonio de los evangélicos que participaran no solo con respeto, con una experiencia de comunión, sino que pidieron argumentadamente poder recibir la eucaristía en la celebración de clausura'.

- 'Fue edificante ver que el Cardenal Samoré accedió a que los evangélicos hicieran la primera edición de los documentos, ya que una revisión por parte de Roma, veía que no tendría una modificación sustancial. Ambas cosas le costaron su vida, cortada en sus actividades y arrinconado posteriormente.

À questão "Que más fuertemente llegó de Medellín a la Iglesia de México?", respondeu Mons. Samuel:

a) El claro pronunciamiento de la opción por los pobres.

b) La claridad sobre el significado de la violencia.

c) El pronunciamiento sobre la justicia.

d) Lamentablemente la reflexión sobre la pastoral indígena no entró en forma explícita, pero sí en otros tópicos.

O Pe. Sérgio Torres, padre da diocese de Talca, no Chile, exilado por muitos anos pela ditadura militar de Augusto Pinochet, um dos fundadores da ASETT (Associação Ecumênica de Teólogos do Terceiro Mundo, mais conhecida por sua sigla em inglês, EATWOT) e, ao seu retorno, padre na periferia da capital Santiago e professor de teologia, assim se exprimiu:

> Para mí, la Conferencia de Medellín tuvo un significado emocional muy grande. En ese tiempo, era un colaborador cercano de Mons. Manuel Larrain, Obispo de Talca, que como presidente del CELAM, tuvo la idea de realizar una conferencia para aplicar el Concilio en América Latina. Lamentablemente el falleció antes, en un accidente. Para mí, Medellín me confirmó en algunas opciones que ya había adquirido como parte de la iglesia chilena, que en esa época había hecho grandes progresos. Me hizo tomar conciencia de la realidad del continente, pues hasta entonces vivía muy centrado en mi Diócesis.
>
> Me abrió las puertas al análisis más estructurado de la dependencia, de las formas de violencia y de la educación liberadora.
>
> Como miembro de una diócesis y de la iglesia chilena, yo creo que Medellín vino a confirmar las orientaciones pastorales de esa iglesia. En 1962, el Episcopado escribió una carta pastoral sobre "El deber social y político". El episcopado apoyó la Reforma Agraria y obispos la realizaron en sus diócesis.
>
> El Sínodo de Santiago de 1967 y de Talca en 1969 adoptaron las conclusiones del Vaticano II. Medellín ayudó a un análisis más profundo de la realidad, confirmó la opción por las CEBs y promovió la inserción de la vida religiosa en las poblaciones periféricas. Los obispos adoptaron un estilo de vida más sencillo y cercano. Además abrió las puertas para

que la iglesia no condenara abiertamente y 'a priori' la experiencia de la Unidad Popular.[21]

Dom Antônio Fragoso (1920-2006), bispo de Crateús, no Ceará (1964-1998), naquele momento já emérito, ressaltou no seu depoimento que Medellín ofereceu:

- A oportunidade, para o Episcopado latino-americano e suas Igrejas, de repensar o Vaticano II dentro do contexto continental.

- A Introdução (Pe. Affonso Gregory) sobre a realidade americana permitiu situar a análise, a reflexão teológica e as propostas pastorais.

- Medellín foi uma tentativa de olhar a Igreja desde o lugar social, dos meios populares (indígenas, afro-americanos, camponeses, "empobrecidos") e convocar os cristãos para uma ação pastoral transformadora.

- É um esforço de latino-americanizar o Concílio Vaticano. II, uma busca de um rosto de Igreja mais encarnada e de um pluralismo eclesial em gestação.

Por graça de Deus – o Espírito Santo "pairava" sobre a conferência, suscitando profecia e criatividade – foi dado um passo "oficial" para uma Evangelização "inculturada", que não prioriza a reprodução da "Cristandade", mas abre para uma "Igreja Popular".

Sobre a recepção de Medellín na Igreja de Crateús, assim se exprimiu:

- Processo de suscitar CEBs (pequenas Igrejas vivas na Base) e ensaio da pedagogia especializada que as CEBs exigem.

---

[21] A Unidade Popular, uma frente de partidos de esquerda, elegeu presidente o líder do Partido Socialista, Salvador Allende, a 04 de setembro de 1970. Seu governo foi derrubado pelo golpe militar do General Pinochet em 11 de setembro de 1973, mergulhando o país numa longa e sangrenta ditadura.

- Objetivos elaborados por leigos, religiosas, padres e o bispo, em numerosos e, às vezes, tensos diálogos: "Ir-se tornando uma IGREJA POPULAR E LIBERTADORA".

- Progressiva busca de "leitura popular da Bíblia", em sintonia com o CEBI.

- Liturgia criativa e participativa, incorporando muitos elementos da cultura camponesa. Etc.

D. Tomás Balduino, OP (1922-2014), bispo de Goiás – GO (1967-1988), um dos fundadores do CIMI (Conselho Indigenista Missionário) e da CPT (Comissão Pastoral da Terra), deixou o seguinte depoimento:

> Medellín teve, para minha vida, uma influência de irrupção do Espírito de Deus, com muita clareza sobre a oportunidade para nosso continente das perspectivas do Vaticano II, sobretudo no que toca o mundo dos pobres. Medellín foi uma esperança indestrutível de futuro da Igreja a serviço deste continente. Significou também o reconhecimento da A. Latina como um lugar de anúncio do Evangelho para o mundo, a partir do potencial evangélico dos índios, dos negros, dos camponeses.

Acerca dos elementos fortes que entraram na vida da Igreja, destacou:

- A forma da *opção pelos pobres*.

- A força da *evangelização* que tomou um lugar prioritário com relação aos sacramentos ou à sacramentalização.

- A *Palavra de Deus* retomou seu lugar primitivo influenciando não só a Liturgia, mas sobretudo a vida da comunidade.

- A *conscientização* do povo oprimido na linha da própria libertação. Isto ajudou depois no nascimento das pastorais de fronteira como CIMI e CPT, que tiveram influência grande na pastoral global da nova Igreja.

IV – Aos 40 anos, a V Conferência de Aparecida. Sínodo ou conferência, evento episcopal ou eclesial?

Depois de Santo Domingo aconteceu o Sínodo da América (1997), que interrompeu a série das Conferências Gerais do Episcopado, ficando no ar a dúvida se haveria ainda espaço para uma nova Conferência Geral do Episcopado Latino-americano.

Na verdade, quando o CELAM solicitou uma nova Conferência, que no início do novo milênio permitisse à América Latina e ao Caribe pesar as novas circunstâncias e propor o rumo de sua caminhada, a resposta primeira da Secretaria de Estado, na pessoa do Cardeal Angelo Sodano, foi direta e dura: um "Sínodo", sim; uma "Conferência", não; Sínodo em Roma, sim; na América Latina, não, devido à precária saúde do Papa, que gostaria de participar.

O CELAM levou a questão diretamente a João Paulo II, manifestando sua desilusão com a resposta e reafirmando o desejo de se realizar uma V Conferência do Episcopado da América Latina e do Caribe. Diante do impasse, João Paulo II pediu que fossem consultados os cardeais latino-americanos e as Conferências episcopais do continente. Dos 30 cardeais, 12 propuseram a realização de um Sínodo e 18, de uma Conferência. Das 22 Conferências episcopais, apenas uma manifestou-se pelo Sínodo e 21 por uma nova Conferência. O Papa determinou, então, que se seguisse a tradição da Igreja latino-americana.

Esta tradição inaugurada com Medellín, sem similar na África, Ásia e Europa, forjou um modelo de exercício da colegialidade de caráter deliberativo, mais próximo de um Concílio Ecumênico do que de um Sínodo apenas consultivo.

Manter esta tradição é crucial para a América Latina, mas também para a Igreja universal, no sentido de que floresçam, em comunhão com a Sé romana, as igrejas locais, com sua pastoral, sua teologia, seu magistério e instrumentos próprios, cada vez mais enraizados e inculturados na realidade de cada região e do continente.

A V Conferência prevista inicialmente para Quito, no Equador, e depois para Buenos Aires, veio por decisão de Bento XVI, para Aparecida, no Brasil. Sua realização num santuário mariano de grande afluxo popular provocou alterações significativas: todas as celebrações foram planejadas para acontecer na Basílica com a presença do povo, permitindo que os bispos fossem acompanhados por romeiros e pela população local e tivessem diante dos olhos a realidade viva das comunidades e dos fiéis.

Se o postulado teológico, *lex orandi, lex credendi*, for esquadrinhado na sua significação, podemos concluir que as celebrações tornam-se elas mesmas um convite para meditar acerca do caráter mais entranhado do evento. A celebração congrega toda a assembleia dos batizados na diversidade dos seus ministérios e carismas e aponta para esta realidade central da Igreja como povo de Deus e para a Conferência como um evento não apenas episcopal, mas profundamente eclesial.

Quando dizemos profundamente eclesial, queremos significar que sua preparação, seu desenrolar e sua recepção interessam e envolvem todo o povo de Deus, e não apenas o corpo episcopal. Durante a preparação, todas as igrejas particulares e todos os fiéis foram convocados pelo CELAM a estudar o Documento de Participação (DP), a enviar suas propostas e reflexões. Umas mais, outras menos, todas as Conferências Episcopais debruçaram-se sobre o DP e enviaram uma síntese de suas contribuições, com exceção de apenas uma, a das Antilhas Inglesas. Segundo as autoridades do CELAM, a síntese do Brasil foi a que chegou de forma mais enxuta e estruturada, enquanto a maioria das sínteses chegou de forma muita fragmentada e justaposta.

Por outro lado, a própria composição da Conferência revela esta imagem eclesial e não exclusivamente episcopal. Estão convidados a participar, além dos bispos delegados, 24 presbíteros, um para cada conferência episcopal e mais um para o México e o Brasil, os dois países com o maior contingente de católicos; 16 religiosos, sendo 8 mulheres e 8 homens; 16 leigos e leigas, 4 diáconos permanentes e ainda observadores das Igrejas irmãs orientais e das Igrejas saídas da Reforma e do Movimento Pentecostal. Foram acrescentados, de última hora, 5 representantes dos Movimentos.

V – Povo de Deus, colegialidade, conciliaridade, ecumenicidade e Reino de Deus

Nesta forma de compor a Assembleia de Aparecida, estão presentes cinco verdades eclesiais da maior importância:

A – Que o bispo é sempre *bispo de uma porção do povo de Deus*, de uma Igreja particular à qual está unido, em comunhão com os demais bispos e com o bispo de Roma, com os quais partilha a *sollicitudo omnium ecclesiarum*, a solicitude por todas as Igrejas. Neste sentido, não é fora de propósito sonhar que as Conferências que já contam com leigos e leigas, religiosos e religiosas, presbíteros e diáconos, se aproximem, no futuro, das tão fecundas *Assembleias do Povo de Deus*, que acontecem em muitas dioceses e mesmo países. Santo Agostinho, ao exprimir este horizonte e realidade, o faz com muita propriedade, apontando a graça e o risco de ser bispo. Comenta o peso de suas responsabilidades, mas também a relação de recíproco apoio que une o pastor às suas ovelhas, o bispo com suas comunidades e ao povo dos batizados: "Atemoriza-me o que sou para vós; consola-me o que sou convosco. Pois para vós, sou bispo, convosco sou cristão. Aquilo [ser bispo] é um dever, isto [ser cristão], é uma graça. O primeiro, um perigo, o segundo, salvação" (LG 81).[22]

Que em Aparecida os bispos delegados possam se sentir acompanhados, respaldados e inspirados pelo povo fiel que deixaram em suas dioceses, mas também pelo povo que irá se congregar na Basílica para participar das celebrações, ouvindo juntos a Palavra de Deus e partilhando o Pão da Eucaristia.

B – Em Aparecida estará sendo exercida uma forma rica e mais completa da *colegialidade episcopal, a deliberativa* e não apenas a consultiva, como nos sínodos.

---

[22] "Ubi me terret, quod vobis sum, ibi me consolatur quod vobiscum sum. Vobis enim sum episcopus, vobiscum sum christianus. Illud est nomen officii, hoc gratiae, illud periculi est, hoc salutis" (S. Agostinho, Serm. 340, 1º; PL 38, 1483). Citado em LG 81.

C – Entre os convidados para a Conferência, alguns deles com voz e voto, estão os presidentes das Conferências Episcopais do Canadá, Estados Unidos, Espanha, Portugal e Filipinas, mantendo uma tradição inaugurada na Conferência do Rio de Janeiro, em 1955, e agora ampliada. Para Aparecida, estão também convidados os presidentes das Conferências continentais da Ásia, África e Europa. Como em todas as Conferências anteriores, a partir de Medellín, com Paulo VI, de Puebla e Santo Domingo, com João Paulo II, Bento XVI também quis abrir solenemente a Conferência de Aparecida, colocando o selo da missão que foi confiada por Jesus a Pedro: "*Et tu aliquando conversus, confirma fratres tuos*", "[...] e você, uma vez convertido, fortaleça teus irmãos" (Lc 22,32b).

O local e o universal se dão as mãos num momento eclesial tão importante. Aparecida interessa também às outras Igrejas locais espalhadas pelo mundo todo e nela resplandece não apenas o rosto latino-americano e caribenho da Igreja, mas o rosto da Igreja espalhada por todo o universo. Em Aparecida vão brilhar de forma eminente a *catolicidade e a conciliaridade* da Igreja, guiada pelo Espírito Santo.

D – A Conferência está também convidando as outras Igrejas cristãs vindas da antiga tradição oriental, da reforma protestante e da recente tradição pentecostal.[23] Assembleias, Conferências, Sínodos ou Concílios de uma Igreja cristã interessam de perto às demais igrejas cristãs, todas elas

---

[23] Do *Patriarcado Ecumênico de Constantinopla*, foi convidado, Mons. Tarasios, Arcebispo Grego-Ortodoxo de Buenos Aires; dos *Anglicanos*, Mons. Dexel Wellington Gómez, Arcebispo das Índias Ocidentais, bispo das Bahamas e de Turcos e Caicos; dos *Luteranos*, o Pastor Walter Altmann, presidente da IECLB do Brasil e atual moderador do Comitê Central do CMI; dos *Metodistas*, o biblista e professor de dogmática do ISEDET de Buenos Aires, Néstor Oscar Miguez; dos *Presbiterianos*, a pastora Ofélia Ortega de Cuba, atualmente na Nicarágua, co-presidente do CMI e ex-reitora do Seminário Bíblico de Matanzas; dos *Pentecostais*, o Pastor Juan Sepúlveda, da Iglesia Misión Pentecostal do Chile; dos *Batistas*, o pastor Harold Segura, presidente da União Batista Latino-americana; e da *Comunidade Israelita*, o rabino Henry Sobel do Brasil. Sobel foi substituído em Aparecida pelo rabino Claudio Epelman da Argentina, diretor executivo do Congresso Judaico latino-americano (Cfr. BEOZZO, José Oscar, O ecumenismo na V Celam, in RELIGIÃO E CULTURA – Departamento de Teologia e Ciências da Religião – PUC-SP, vol. VI, nº 12, jul/dez 2007, pp. 31-70.

partes do mesmo e único corpo de Cristo, que por todos morreu e ressuscitou. Há apenas uma única Igreja de Cristo que subsiste, como diz o Vaticano II, na Igreja Católica, mas que está também nas outras igrejas cristãs. O ecumenismo é nota essencial da Igreja de Jesus Cristo e a busca da unidade, um mandamento solene do Senhor.

E – Há ainda uma quinta verdade, talvez a mais decisiva, porque diz respeito à vocação profunda da própria Igreja e à sua missão. Esta não existe para si, mas para os outros e para salvação e libertação do mundo, pois está destinada a seguir os passos de Jesus, no anúncio e implantação do *Reino de Deus*: "Deus tanto amou o mundo que entregou seu Filho único, para que, quem crer, não pereça, mas tenha a vida eterna. Deus não enviou o seu Filho ao mundo para julgar o mundo, mas para que o mundo se salve por meio dele" (Jo 3,16-17). Anunciar e instaurar o Reino de Deus, reino de justiça e de paz, de fraternidade e de solidariedade foi o propósito de Jesus e o deve ser de sua Igreja, continuadora de sua obra.

A situação eclesial atual

Antonio Manzatto[1]

Desde os tempos da Assembleia de Medellín, quando começa a tomar corpo e forma o jeito latino-americano de fazer teologia, compreender o contexto onde se situam a ação eclesial e a reflexão teológica constitui o primeiro passo do trabalho do teólogo. Faz parte do ver a realidade, primeira preocupação de quem aplica o método ver-julgar-agir. Ver o contexto, eis o que se faz quando se quer fazer teologia. Era assim logo em seguida a Medellín, foi assim durante muito tempo, todo o tempo em que a teologia latino-americana foi conhecida no mundo como Teologia da Libertação.

Na verdade, Medellín é como que o momento oficial do nascimento dessa teologia propriamente latino-americana. Os anos que se seguiram foram os que puderam ver seu nascimento e desenvolvimento, animada depois pela Conferência de Puebla.[2] É verdade que, desde seu surgimento, a Teologia da Libertação não foi unanimidade na Igreja do continente. Sempre houve setores que se lhe opuseram por discordância metodológica ou, no mais das vezes, ideológica. Em Puebla se sentiram pesados movimentos de oposição a ela, mas apesar disso continuou hegemônica no continente e avançou sua reflexão em várias direções, interessando inclusive pensadores de outros continentes. Foram anos de intensa vibração eclesial na América Latina e de não poucas perseguições, dentro e fora da Igreja.

---

[1] Doutor em Teologia pela Universidade Católica de Lovaina (Louvain-la-Neuve, Bélgica, 1993). Possui também graduação em Filosofia (1978). Sua atuação acadêmica atual é como professor na Faculdade de Teologia da PUC-SP, onde é titular na área de teologia sistemática, trabalhando os tratados de Deus, cristologia, eclesiologia, antropologia e teologia da criação.

[2] Sobre o período, interessante ver DUSSEL, Enrique. *De Medellín a Puebla, una década de sangre y esperanza*. México: Edicol, 1979.

I – Memória

Os anos que se seguiram a Medellín constituíram um tempo em que a Igreja do continente parecia outra, mais juvenil, talvez mais ingênua, mas cheia de promessas e esperanças. Tempo em que todos os seus membros eram levados a participar, em todos os níveis, das atividades eclesiais. Tempo em que, se dizia, a Igreja havia assumido o lugar dos pobres, havia mudado de lado e se colocava de par com os necessitados e oprimidos. Tempo em que se dizia que a Igreja era lugar de comunhão e participação e que o mais importante era formar comunidades. Foi um momento histórico em que a Igreja falava para a sociedade e seu discurso interessava a todos; estabelecia planos de pastoral com prioridades e clamores, e tal planejamento era levado a sério em todos os níveis. Havia mesmo certo orgulho em dizer que se pertencia a essa Igreja cuja característica essencial era a afirmação da unidade da fé em torno do compromisso comunitário de construir uma sociedade de justiça e fraternidade. Em todos os lugares se multiplicaram ações baseadas em prioridades definidas por planejamento pastoral, de forma que todas as atividades responsabilizavam efetivamente os cristãos pela vida das comunidades, das regiões e das igrejas locais, também em assembleias participativas que davam a tonalidade da forma de ser Igreja e afirmavam a direção a seguir. Era o tempo da pastoral engajada, da espiritualidade encarnada, da teologia comprometida e do novo jeito de ser Igreja.[3]

Animavam-se as lideranças, sobretudo as leigas, na busca de participação social; a Igreja havia reencontrado seu povo, o Povo de Deus, nos movimentos sociais, nos sindicatos, na militância política, onde o que se buscava era o desenho de uma sociedade fraterna e sem exclusões. Padres e bispos se faziam próximos da vida das pessoas, religiosos e religiosas encontravam sentido em uma inserção pastoral desinibida, comungavam-se ministérios, multiplicavam-se espaços de formação, a ação pastoral era

---

[3] Novo jeito de ser Igreja é a forma como se compreendiam as Comunidades Eclesiais de Base na Teologia da Libertação.

vista como essencial à vida do cristão, tanto que se tornou aquele caminho de reflexão teológica própria da América Latina, a Teologia da Libertação, cuja base era a prática dos cristãos e que foi alimentada pelo sangue de tantos mártires da caminhada. Falava-se, então, de ortopráxis, da realidade circundante que precisava ser compreendida, do método ver-julgar-agir, da contemplação na ação e da busca de transformação social. Com maior ou menor intensidade, isso foi vivenciado em todos os cantos do continente porque, se esta forma de pensar e viver a Igreja nunca foi unânime, era ela largamente hegemônica.

E se o tempo era bom em termos de vibração na vida eclesial, também havia problemas, pois foi tempo de perseguição política, de custo de vida excessivamente alto, de desemprego e de escassez de todo tipo. Foi tempo de repressão, de opressão e de marginalização, de perseguição e de muitos martírios. Também no interior da Igreja havia problemas que se manifestaram em perseguições, processos, condenações. O conflito estava presente em diversos níveis, inclusive no eclesial, e as posições defendidas no interior da reflexão teológica e da prática eclesial se transformaram em linhas políticas de atuação que definiram o que aconteceu em seguida.

II – Mudanças

Parece bastante claro que a situação social e eclesial vivida naquele período pós-Medellín não duraria para sempre. E não durou mesmo, em parte porque as transformações pelas quais lutaram as comunidades eclesiais foram conquistadas. Aos poucos, toda a América Latina viu desaparecer os governos ditatoriais e véus de democracia, ainda que formais, desceram sobre os países do continente. Muito do desenvolvimento que se conseguiu, ainda que pequeno e insuficiente, se deve ao compromisso de luta de cristãos que o assumiram em aliança com outras forças sociais. Se o contexto social se transformava, também a ação eclesial e sua consequente reflexão teológica deveriam sofrer transformações. Por outro lado, nem todas as transformações ocorridas foram benéficas para a população, nem aconteceram por luta das comunidades. Houve também a ação das forças contrárias à transformação e eles fizeram avanços em sua política, inclusive penetrando nos espaços eclesiais.

Apenas como referência, a data de 1989 é simbólica para situarem-se as transformações que aconteceram inclusive no horizonte eclesial. Naquele ano em que se celebrava uma década da Conferência de Puebla, três fatos mostram bem a direção na qual evoluíram os acontecimentos. Em nível mundial, o principal acontecimento foi a queda do Muro de Berlim e a derrocada do regime marxista soviético que havia se imposto sobre metade da Europa. O fim do "comunismo real" significou, para alguns, a vitória do capitalismo que passou a ser a única opção de modelo político e econômico existente. Configurou-se uma "nova ordem mundial" com os países se alinhando aos centros econômicos liberais e desaparecendo os discursos de oposição. As consequências que se seguiram são conhecidas: crescimento das empresas financeiras, a implantação de uma economia mundial baseada no mundo das finanças, a globalização cultural, o neoliberalismo e seus desdobramentos todos.[4]

No Brasil, 1989 foi o ano em que aconteceu a primeira eleição presidencial depois do fim do regime militar, e ela foi vencida pelos liberais depois de uma campanha eleitoral vergonhosa. Rapidamente o país se viu mergulhado em tamanha crise institucional e econômica de onde mal conseguiu escapar. No interior da Igreja, aquele ano foi ainda marcado pela divisão da Arquidiocese de São Paulo, fato que repercutiu mundo afora como sinal do fim de uma era. O nascimento de novas dioceses, que seria algo positivo, acabou por dividir a Igreja na cidade, impediu a possibilidade de uma pastoral comum e fez desaparecer a expressão de uma voz eclesial para a cidade, além de mudar o rosto daquela Igreja. Pouco a pouco houve um recentramento sobre o clero, sobre o jurídico e suas estruturas, os espaços de participação foram desaparecendo ou se tornando inócuos e

---

[4] A este respeito podem ser vistos, por exemplo, HOLANDA, Francisco Uribam Xavier de. *Do liberalismo ao neoliberalismo*. Porto Alegre: Edipucrs, 1998. Não é sem interesse consultar EAGLETON, Terry. *As ilusões do pós-modernismo*. Rio de Janeiro: Jorge Zahar, 1996.

foi aparecendo uma outra maneira de compreender a função da Igreja na sociedade e sua própria configuração interna, já que ela se tornou eminentemente autorreferencial.

1. Mudanças na Igreja

A percepção das mudanças eclesiais começa pela compreensão da política de nomeações episcopais colocada em prática a partir do início dos anos 1980. O perfil desejado passou a contemplar pessoas comprometidas com a estrutura eclesiástica em vigor e de tendências mais conservadoras em termos, ao menos, eclesiológicos. Tornou-se comum ver bispos engajados na Teologia da Libertação serem sucedidos por conservadores mais preocupados com o jurídico e o administrativo do que com a pastoral. Ligado a isso, coloca-se a questão da formação presbiteral, pois define o tipo de padre que se deseja. Acontece um retorno ao grande seminário onde a prática pastoral deixa de ser eixo formativo, passando a sê-lo uma espiritualidade individual muitas vezes próxima a movimentos conservadores, o que resulta na formação de padres mais preocupados com a pureza da ritualidade litúrgica que com uma presença pastoral mais significativa junto a suas comunidades.

Como consequência, percebe-se a ausência de efetivos planos de pastoral que, quando existem, têm a qualidade de apresentar propostas e linhas genéricas de ação, mas não descem ao específico de sua concretização e por isso permanecem apenas como afirmações de boas intenções. Faz falta a clareza de objetivos a que tende cada ação pastoral e, depois, o seu conjunto, o que torna a pastoral orgânica inexistente e faz com que a Igreja local perca seu rosto e sua especificidade. O terreno da ação pastoral fica vazio e será ocupado pelos diversos novos movimentos eclesiais; a falta de identidade da Igreja local tornará a Igreja universal a única referência; e o discurso de autoridade, inclusive jurídica, tomará destaque com não poucas manifestações de poder e mando. Sem planos discutidos, assumidos e concretizados, a autoridade impõe, a cada momento, sua visão, e o espaço pastoral deixado vago será preenchido pelos movimentos de estrutura supradiocesana.[5] Os espaços de participação serão cada vez menores e perderão sua importância e função, facilitando a clericalização cada vez mais presente na estrutura eclesial.

Aos poucos, a ideia de Igreja como comunidade cede lugar à perspectiva de comunhão como obediência. Parece que há uma tentativa de desvincular-se da eclesiologia do Povo de Deus afirmada pelo Vaticano II e que na América Latina se manifesta na separação introduzida entre o religioso e o social. O que é relacionado à sociedade torna-se alheio à vida eclesial, que centrará suas preocupações na catequese e liturgia. Nota-se, por exemplo, uma grande ausência da Igreja junto aos movimentos populares. Por aí se vai facilmente a uma religiosidade de aparência, que traz paz e tranquilidade aos indivíduos em práticas bem ao gosto da classe média; multiplicam-se textos e encontros de autoajuda, de superação da depressão, anuncia-se a solução de problemas familiares e a conquista de bens materiais, tudo como que por encanto, de maneira mágica, sem que os desdobramentos sociopolíticos do comportamento religioso sejam afirmados. Torna-se evidente o cultivo de uma espiritualidade sem atenção à encarnação, vivida segundo as preferências pessoais e desenhada sem maiores referências à história, a Jesus ou ao Reino de Deus.

Assim ganham destaque os novos movimentos eclesiais, com suas propostas específicas de espiritualidade e suas estruturas próprias. Sua virtude é apresentar uma espiritualidade possível para o mundo dos leigos, mas suas estruturas deixam de referir-se à Igreja local e afirmam simplesmente sua pertença à Igreja universal. Sempre houve a coexistência de diversas linhas de espiritualidade, e isto não é ruim; mas espiritualidade se liga à Igreja local e ao testemunho da caridade, coisa que os movimentos atuais não enfatizam. Existe ainda uma grande preocupação dos pastores com a diminuição da prática religiosa e com a consequente diminuição do número de fiéis praticantes. Passou-se a afirmar que, se o número diminui,

---

[5] Veja-se José Lisboa MOREIRA DE OLIVEIRA, Fracasso do neoconservadorismo católico brasileiro, *Revista Eclesiástica Brasileira*, v. 73, n. 290 (2013), p. 484-487.

sua qualidade deve crescer, o que não esconde, de um lado, uma tendência à elitização e, de outro, o terreno confiado à ação dos movimentos. Na verdade, parece que se retoma o sonho de uma neocristandade que faz a Igreja tornar-se arrogante diante da sociedade e das outras religiões, mais atenta à ideia de posse da verdade do que aos sinais dos tempos. A Igreja que era dos pobres parece restabelecer sua aliança com as classes dirigentes da sociedade.

2. O fracasso do modelo

Tais mudanças produziram comportamentos eclesiais que dificilmente caracterizam a comunidade seguidora de Jesus. Discriminação, elitização, abuso de poder, juridicismo, legalismo e ritualismo parecem ser coisas que o Evangelho não aprova, mas se instalaram no ambiente eclesial. Houve o que foi várias vezes caracterizado como a penetração do espírito mundano em ambiente eclesial.[6] Ao invés de fazer o mundo mais cristão, a Igreja acabou por tornar-se mais mundana, e os escândalos atingiram também os seus altos escalões.[7] Carreirismo, estrelismo, busca desenfreada de sucesso e dinheiro, competição, conluio, espionagem, *lobbys*, tráfico de influência, corrupção e mais tudo o que se diz sobre as organizações políticas ou empresariais contemporâneas; tudo isso se percebeu presente dentro da Igreja. Ligados aos interesses das classes dominantes, os agentes eclesiais acabaram por repetir seus comportamentos.

Foi necessário confessar o fracasso deste modelo implantado e cultivado nas últimas décadas. Fracassou porque não produziu bons frutos, mas pecado e escândalos, e fracassou amplamente em suas assertivas e pressupostos. Não é verdade que basta o poder central decidir e as coisas

---

[6] Veja-se, por exemplo, o que diz Francisco a respeito em *Evangelii Gaudium*, 93-97.

[7] Não é preciso entrar em detalhes, bastando lembrar que os escândalos financeiros também rondaram o chamado Banco do Vaticano, por exemplo, que houve indevidamente publicação de documentos secretos, além de outros pontos que denotam o que se afirma.

acontecem, porque o mundo é adulto e já foi desencantado.[8] Foram desmascarados os interesses, pessoais e grupais, da aristocracia que quer ver restaurados seus poderes e privilégios ao se perceber claramente que a Igreja não governa a sociedade, pois esta pode existir independente dela. Afinal, desde o Concílio se fala na autonomia das realidades terrenas.[9] Fracassou mesmo a afirmação de que os tempos da Teologia da Libertação foram tempos sem espiritualidade e por isso as igrejas se esvaziaram. Fracassou porque aqueles tempos produziram mártires, enquanto os mais recentes produziram escândalos, e as igrejas continuaram a esvaziar-se, e ainda mais rapidamente, mesmo se a hegemonia pertencia agora a outra teologia que parece ter ganas de retornar à época pré-conciliar. A centralização do poder acabou produzindo uma luta por influência que destruiu o projeto neoconservador. Esclerosado, sem futuro, o projeto ruiu.

Assim como a data de 1989 é simbolicamente a referência para as mudanças que se efetivaram na vida eclesial, a data de 2013 parece adequada como momento simbólico referencial para se falar do fracasso do projeto neoconservador. Naquele ano, surpreendendo a todos, o Papa Bento XVI renunciou, ele que já havia surpreendido anteriormente no discurso realizado na abertura da Conferência de Aparecida, em 2007. Dizia ele, em sua renúncia, já não dispor de forças para conduzir a Igreja às reformas vitais e urgentes que eram necessárias, e a instalação do conclave para a eleição de seu sucessor já se fez na certeza de que o modelo anterior precisava ser mudado, e mudou.

III – Contexto contemporâneo

O contexto social em que vivemos atualmente é bastante diferente daquele vivido em épocas passadas, seja com relação ao período de influência da Teologia da Libertação, seja com relação à virada do milênio.

---

[8] Palavra usada no sentido de GAUCHET, Marcel. *Le désenchentement du monde*. Paris: Gallimard, 1985; também em PIERUCCI, Antonio Flávio. *O desencantamento do mundo: todos os passos de um conceito*. São Paulo: Editora 34, 2003.

[9] Assim em *Gaudium et Spes*, 36.

Muito se tem falado sobre uma mudança de época mais que uma época de mudanças,[10] e também sobre o fim das ideologias. Fato é que, do ponto de vista político, assistimos a um processo em que cada vez mais as empresas adquirem poder de influência junto aos partidos e junto aos políticos em exercício de mandato. A política norte-americana continua sendo aquela que determina os caminhos mais importantes para todo o mundo, rivalizando apenas com a China, menos no aspecto ideológico que no econômico. A crise econômica de 2008, que deixou grave sequelas no bloco dos países desenvolvidos, vai sendo ultrapassada, o que faz com que os países emergentes vivam um momento de diminuição de sua importância. É fato a diminuição da influência dos BRICS,[11] por exemplo, no cenário político mundial, onde apenas a China rivaliza com o Ocidente por conta de sua importância econômica. A Rússia procura ainda guardar influência no cenário mundial, mas de forma bastante diminuída se comparada aos tempos da guerra fria. O poder econômico continua concentrado no lado Ocidental do planeta, na América do Norte e Europa Ocidental, embora Japão e China sejam apontados como economias de grande importância no cenário global. Do ponto de vista econômico, assistimos ao desenvolvimento de grandes conglomerados financeiros mundiais que já não têm nacionalidade definida, não se importam com fronteiras e não produzem no sentido industrial. O capitalismo atual tornou-se eminentemente financeiro e transnacional, de maneira que a própria ONU viu diminuir sua capacidade de atuação, já que congrega nações e não empresas, e estas, muitas vezes, se sobrepõem aos interesses nacionais.

Vivemos uma época em que se decretou o fim das ideologias[12] ou, ao menos, o fim de sua capacidade de mobilização. O pragmatismo tornou-se

---

[10] Assim já constava no *Documento de Aparecida*, 44, retomado nas *Diretrizes Gerais da Ação Evangelizadora da Igreja no Brasil 2015-2019*, n. 19.

[11] Bloco de países ditos emergentes, composto de Brasil, Rússia, Índia, China e África do Sul, com larga influência regional, mas cuja presença no cenário internacional vem diminuindo.

[12] Em ROSAS, João Cardoso; FERREIRA, Ana Rita (org.). *Ideologias políticas contemporâneas*. Coimbra: Almedina, 2014.

regra, de forma que a antiga divisão do mundo entre capitalismo e comunismo já não se aplica mais nos dias atuais. Países que ainda são comunistas, como China e Cuba, por exemplo, vivem de maneira muito diferente da compreensão ideológica dos anos 1970, mesmo que não tenham se tornado capitalistas. As ideologias, inclusive a socialista, já não apaixonam nem mobilizam a juventude, por mais idealista que esta seja. Efetivamente o pragmatismo é a regra de vida, em tempos onde a tecnologia caminha em velocidade estonteante e possibilita novo tipo de comunicação instantânea, diferente do que se conhecia em outros tempos. Por isso a cultura atual, herdeira da modernidade, valoriza essencialmente o individualismo, o fragmento e o emotivo, em todos os níveis e sentidos, inclusive no aspecto religioso.[13] Os tempos atuais assistem a um renascimento de práticas religiosas, sejam elas de fundo pragmático individualista ou com conotações políticas definidas. Vimos o nascimento e desenvolvimento de grupos armados fundamentalistas que atuam em diversos horizontes, inclusive no terrorismo internacional, de forma que se a ideologia não mobiliza mais, o religioso ainda pode fazê-lo, mesmo que não da melhor forma.

A África ainda vive entregue à fome, a guerras internas intermináveis e à exploração contínua de suas riquezas por países e empresas neocolonialistas. O Oriente Médio continua vivendo guerras que se sucedem no Afeganistão, Iraque e, atualmente, Síria. A destruição que tais guerras causam é enorme, provocando morte, destruição, fome e o recente fenômeno da migração de refugiados em direção à Europa. A chamada Primavera Árabe[14] não produziu efeitos de democracia, apenas desequilíbrios que

---

[13] Para aprofundamento destes temas, veja-se BAUMAN, Zigmunt. *Modernidade líquida*. Rio de Janeiro: Jorge Zahar, 2001; EAGLETON, Terry. *As Ilusões do Pós-modernismo*. Rio de Janeiro: Jorge Zahar, 1996; para as questões mais propriamente teológicas, TRASFERETTI, José; GONÇALVES, Paulo Sérgio Lopes (org.). *Teologia na pós-modernidade*. São Paulo: Paulinas, 2003.

[14] Assim ficou conhecido o movimento social e político que atingiu vários países do Oriente Médio e do norte africano, no qual houve várias manifestações populares que reivindicavam melhores condições de vida e outra forma de organização política. Iniciado no final de 2010 na Tunísia, atingiu outros países onde ditadores foram derrubados e se buscou efetivamente uma nova ordem política. Os frutos deste movimento são pequenos, pois na maior parte significou apenas uma troca de governo. A guerra na Síria continua ainda hoje, provocando a fuga do país de milhares de civis em direção à Europa.

ainda não foram superados. Atentados terroristas na Europa e nos Estados Unidos tornam-se preocupação mundial, enquanto a situação política e econômica nos países periféricos é deliberadamente desconhecida.

A América Latina conheceu recente momento de desenvolvimento social ligado à conquista do poder por partidos de esquerda, e de forma democrática. Fruto, indiscutivelmente, do processo social do qual participaram a Teologia da Libertação e os movimentos populares, uma onda socialista varreu o continente em determinado momento. Chegou-se a algumas conquistas sociais na linha da educação e da distribuição de renda, mas nada que tirasse tais países ou sua população da zona de pobreza onde se encontram. Curiosamente, este momento em que os países latino-americanos se colocavam de forma mais progressista na organização de suas sociedades, coincidiu com o momento em que a Igreja latino-americana vivenciou a onda de conservadorismo a que aludimos.[15] O fato também aconteceu no Brasil, que conheceu desenvolvimento econômico coexistindo com projetos sociais sob um governo de esquerda, enquanto a Igreja se caracterizava por uma hegemonia de posturas conservadoras.

Esta situação parece inverter-se atualmente. A América Latina conhece uma nova onda de governos conservadores, o que se repete no Brasil. Grave crise política, econômica e institucional abateu-se sobre nosso país e a direção do governo federativo foi novamente abocanhada pelos políticos conservadores de plantão. O resultado é aquilo que já foi anunciado, com a retomada do projeto de desenvolvimento neoliberal para o país, o que significa que a balança volta a pender com sofrimento para o lado dos mais pobres. Incentivo ao agronegócio, privatizações, inclusive do petróleo do pré-sal, flexibilização de direitos trabalhistas, reforma da previdência social, congelamento de investimentos sociais, fim dos programas sociais de redistribuição de renda, criminalização da política e consequente politização do judiciário, diminuição do Estado com consequente

---

[15] Veja-se SANTOS, Alberto Pereira dos. *Geopolítica das igrejas e anarquia religiosa no Brasil.* Rio de Janeiro: Gramma, 2015.

crescimento de espaço econômico para iniciativas neoliberais; esta é a agenda do novo governo conservador implantado no país que, graças à importante campanha midiática, saiu vencedor também em recentes eleições. Curiosamente, quando a política no país e no continente se torna mais conservadora, a Igreja vive ares de renovação, de abertura e de retomada de uma linha progressista.

1. Primavera eclesial

Além do espanto causado pelo anúncio da renúncia de Bento XVI, causou também espanto a eleição de Francisco como seu sucessor. O primeiro jesuíta da história e o primeiro latino-americano a ocupar o posto de Bispo de Roma e sucessor de Pedro, Francisco chegou com ares de mudança, como era necessário por conta do fracasso do modelo anterior e pelos inúmeros escândalos que se sucediam. Como costuma acontecer com os Franciscos, as mudanças foram maiores do que se pensava, saíram do controle, e o Papa instaurou rapidamente um modelo de Igreja que deixou boquiabertos e sem reação os defensores do modelo ultrapassado. Ele mudou colaboradores, afastou os detentores dos antigos postos de comando, mudou sua residência, soube se utilizar dos meios de comunicação. Passou a oferecer um testemunho pessoal que não apenas dava credibilidade às suas palavras, mas cativava multidões. Humanizou o papado, insistiu na encarnação da Igreja, colocou o dedo em feridas e apresentou autêntica proposta de renovação, fazendo renascer o espírito do Concílio Vaticano II. Sua simplicidade pessoal desdobrou-se em simplicidade do modelo e dos comportamentos eclesiais. Sua capacidade de trabalho conjunto restaurou a esquecida colegialidade, e ele soube chamar à responsabilidade as Conferências Episcopais nacionais e os próprios bispos diocesanos. Sua visão de que a ação eclesial é de misericórdia, de acolhimento e de inclusão, deixava claro que o modelo do controle autoritário estava ultrapassado. Os tempos eram outros, era possível novamente respirar ares renovados na Igreja, o vento recomeçou a soprar e o Espírito dava sinais de sua atuação. De lá para cá, a atuação de Francisco confirma estas percepções iniciais.

As viagens do Papa têm sido marcadas por uma atenção especial ao ecumenismo e às igrejas dos países periféricos. Com suas palavras, francas e atuais, afirma a autoridade de liderança do papado sem precisar apelar para o jurídico ou o poder. Muito se esperou que ele reformasse o funcionamento da Igreja a partir da Cúria Romana, das nunciaturas ou da política de nomeações episcopais. Aliás, ele recebe críticas exatamente por não ter implementado estas reformas na velocidade esperada. Mas Francisco tem insistido em uma reforma que não comece nem se afirme apenas pela estrutura, mas sim pela conversão ao Evangelho de Jesus. Mudanças na forma de funcionamento podem ser feitas agora e desfeitas pelo sucessor, enquanto a referência a Jesus permanece sempre. Tem por isso insistido em uma Igreja pobre e para os pobres, que seja como um hospital de campanha que privilegie a misericórdia e, por isso mesmo, seja uma Igreja em saída. A renúncia à autorreferencialidade eclesiológica lhe traz muita oposição por parte de setores tradicionalistas e dos alinhados ao antigo modelo, que ainda não desapareceram. Talvez por isso ele seja um papa admirado no exterior da Igreja e criticado e boicotado em seu interior, pois muitos silenciam sobre as propostas de Francisco ou as transformam em outra coisa, como aconteceu recentemente com o Ano Santo da Misericórdia, transformado em catequese tradicional ou cumprimento de ritos religiosos.

Seus textos principais[16] apontam inequivocamente para uma Igreja aberta e acolhedora, preocupada com a inclusão e, por isso mesmo, com a transformação do sistema neoliberal que ele chama de "insuportável" e caracteriza como "cultura do descarte". Sua proposta de uma Igreja colegiada e participada, preocupada com os pobres e missionariamente em saída,[17] faz pensar nas características da eclesiologia latino-americana. Trata-se de um Papa efetivamente latino-americano não porque aqui nasceu, mas porque aqui construiu sua teologia e sua prática pastoral. Bebeu

---

[16] A Exortação Apostólica *Evangelii Gaudium* (2013), a Carta Encíclica *Laudato Si'* (2015) e a Exortação Apostólica Pós-Sinodal *Amoris Laetitia* (2016).

[17] Veja-se mais em PASSOS, João Décio. *A Igreja em saída e a casa comum*. São Paulo: Paulinas, 2016.

da fonte da Igreja deste continente[18] para agora apresentá-la ao mundo, sem receio de fazer da opção pelos pobres a base de seu ministério, sem medo de criticar o sistema e de chamar os cristãos todos a uma prática que transforme a realidade em benefício dos pobres, propondo algo concreto, a cultura do encontro, do diálogo e da convivência.

A última Assembleia do Celam em Aparecida, há uma década, compreendia a missão não como cruzada para reconquista de fiéis, muito menos como reconquista de poder social, mas como proclamação dos valores do Evangelho do Reino. O importante é que a sociedade se estruture segundo tais valores, já que "evangelizar é tornar o Reino de Deus presente no mundo",[19] o que significa que a retomada da busca por uma sociedade justa e fraterna seja percebida como sinal e anúncio do Reino definitivo. Pode-se perguntar se a Igreja proposta por Francisco conseguirá se instalar e evoluir pois ainda estão presentes comportamentos ligados ao antigo modelo. Assim, os movimentos eclesiais não conseguem superar sua tendência a se autorreproduzirem; as Conferências Episcopais, tornadas instituições burocráticas, têm dificuldade de se organizarem como colegiado; os vícios da administração eclesial e da burocracia pastoral têm problemas diante do chamado à decisiva ação missionária; anos de distanciamento dos movimentos políticos e sociais, isolamento da imprensa e enclausuramento nas torres de marfim produziram uma instituição com pouca agilidade, com dificuldade para acompanhar sua época, com agentes mais preocupados consigo que com o Povo de Deus. Mas Medellín deu seu fruto e, cinquenta anos depois, como no Ano do Jubileu bíblico, talvez tenha chegado o momento de começar a história de novo.

---

[18] Veja-se MANZATTO, Antonio. O Papa Francisco e a Teologia da Libertação. *Revista de Cultura Teológica*, n. 86, 2015, p. 183-203.

[19] *Evangelii Gaudium*, 176.

Justiça

Francisco de Aquino Júnior[1]

A *justiça* é um tema central em Medellín. Além de ser o conteúdo de seu primeiro documento, perpassa o conjunto dos documentos aprovados e está no cerne do imaginário eclesial que gerou ou desenvolveu: seja na constatação e na denúncia da situação de injustiça que caracteriza a América Latina; seja no compromisso evangélico da Igreja com a luta pela justiça e a transformação das estruturas da sociedade.

Já se advertiu com razão que, embora não se possa reduzir Medellín a um tema específico, não se deve esquecer que há temas mais centrais e mais decisivos que outros.[2] E o tema da justiça é, sem dúvida nenhuma, um desses temas centrais e decisivos. Também já se chamou atenção para o fato de não se poder identificar Medellín com seu Documento oficial. Por mais que não se possa separar nem muito menos contrapor, é preciso distinguir entre o *evento* (Conferência, Documento) e o *processo* gestado e/ou desencadeado por este evento (imaginário e dinamismo eclesiais) ou entre, como alguns o chamam, o Medellín "histórico" e o Medellín "simbólico" ou "querigmático".[3] Libânio chega a afirmar que "o mais importante não foram os textos, mas o significado e o símbolo que se tornou" para a Igreja e

---

[1] Doutor em teologia pela Westfälische Wilhelms-Universität de Münster, Alemanha; professor de teologia da Faculdade Católica de Fortaleza (FCF) e da Universidade Católica de Pernambuco (UNICAP); presbítero da Diocese de Limoeiro do Norte – CE.

[2] Cf. ANTOCICH, R. "El tema de la liberación en Medellín y en el Sínodo de 1974". *Medellín* 2 (1976) 26-35; OLIVEIROS, R. *Liberación y teología*: génesis y crecimiento de una reflexión (1966-1977). Lima: CEP, 1977, 118s.

[3] Cf. LIBÂNIO, J. B. "Medellín: história e símbolo". *Tempo e presença* 233 (1988) 22-23; idem. "O significado e a contribuição da Conferência de Puebla à pastoral na América Latina". *Medellín* 81 (1995) 71-107, aqui 80; BOFF, C. "A originalidade histórica de Medellín". *Convergência* 317 (1998) 568-576.

para o continente latino-americano.[4] Aliás, cinco anos depois de Medellín, o bispo de Mar del Plata, Eduardo Pironio, então presidente do CELAM, já tinha dito a mesma coisa: "Medellín vale mais pelo que sugere e inspira do que pelo que diz materialmente".[5] E isso que vale para o acontecimento Medellín como um todo, vale concretamente para o tema da justiça em Medellín. Ele não pode ser reduzido ao que aparece no conjunto dos documentos nem muito menos no documento dedicado a esse tema.

Nada disso diminui a importância e a centralidade do texto sobre justiça no Documento final aprovado pelos bispos. Apenas o situa no seu contexto vital (evento e processo) e oferece um critério de discernimento de seu valor e de sua importância no processo eclesial desencadeado pela Conferência (relatividade e eficácia). Por essa razão, nossa abordagem do tema Justiça em Medellín começa com uma análise do documento Justiça e conclui com algumas considerações sobre sua relevância histórica e sua atualidade.

I – Documento justiça

O simples fato de dedicar *um documento* especificamente ao tema da justiça já é um indicativo da importância desse tema na conferência de Medellín. E não se deve desconsiderar ou tomar como mera casualidade o fato de o documento sobre a justiça ser *o primeiro dos 16 documentos* de Medellín. É que a justiça não é apenas tema de um documento; é um tema que perpassa todos os documentos. É *um aspecto ou um princípio estrutural do conjunto dos documentos* de Medellín: faz compreender a situação do continente (injustiça) e indica o que deve ser feito ou qual deve ser o compromisso da Igreja nessa situação (transformação das estruturas da sociedade).

---

[4] LIBÂNIO, J. B. "O significado e a contribuição da Conferência de Puebla à pastoral na América Latina". *Medellín* 81 (1995) 80.

[5] Apud CATÃO, F. "Aos trinta anos de Medellín". In: *Conclusões da Conferência de Medellín – 1968. Trinta anos depois, Medellín é ainda atual?* São Paulo: Paulinas, 2010, 253-284, aqui 269.

Na análise que faremos do texto, indicaremos alguns fatores que condicionaram sua elaboração e apresentaremos uma síntese de seu conteúdo.

1. Condicionamentos

Nenhum texto é fruto do acaso nem pode ser compreendido adequadamente sem referência ao contexto em que ele é produzido e a seus autores e/ou redatores. Daí a importância de começarmos nossa análise do documento *Justiça* considerando alguns fatores que condicionaram positiva ou negativamente sua elaboração: contexto, influências, preparação e comissão de redação.

A – Contexto

Não se pode compreender Medellín e, concretamente, seu documento sobre justiça sem considerar o contexto eclesial e social em que ele é produzido. É claro que ele não é, sem mais, fruto ou resultado do contexto. É fruto de uma tomada de posição diante de um contexto determinado. Mas essa tomada de posição só pode ser compreendida em referência a esse contexto.

Seu contexto imediato é o processo de "recepção" do Concílio Vaticano II na América Latina, um continente marcado por profundas injustiças sociais. O Concílio abriu a Igreja ao mundo; compreendeu-a como "sacramento de salvação" no mundo. Mas quando falava de mundo, pensava quase sempre no mundo moderno-ilustrado e não no submundo dos pobres e marginalizados. Não por acaso o tema da "Igreja dos pobres", indicado por João XXIII e pelo grupo conhecido como Igreja dos pobres, não encontrou tanto eco no Concílio. Vai ecoar precisamente em Medellín.

Os bispos latino-americanos compreenderam muito bem que em um mundo estruturalmente injusto e onde suas consequências se mostram particularmente dramáticas, como é o caso da América Latina, a missão da Igreja tem a ver necessariamente com luta pela justiça. E essa foi sem dúvida a grande novidade e força de Medellín. Daí por que um tema marginal no Concílio se torna *um* ou mesmo *o* tema central em sua "recepção" na Igreja latino-americana.

Mas é preciso considerar também o contexto social mais amplo da América Latina nos anos 1960, marcado não apenas por profundas injustiças sociais, mas também por um processo crescente de tomada de consciência dessa situação e de organização e luta pela transformação da sociedade. E a Conferência de Medellín sintonizou muito bem com esse momento histórico do continente – "sinal dos tempos", como bem indica seu tema central: *Presença da Igreja na atual transformação da América Latina*.

B – Influências

A influência primeira e maior sobre Medellín, concretamente sobre o documento *Justiça*, é, sem dúvida nenhuma, o ambiente eclesial e social acima indicado.[6] Trata-se, aqui, de uma influência difusa e indireta; uma espécie de sentimento e imaginário eclesial e social. Mas uma influência fundamental e determinante que condiciona, inclusive, a interpretação e recepção de teorias, textos e discursos em si mesmos pouco ou nada afinados com a perspectiva de transformação das estruturas da sociedade.[7]

Já a influência mais direta e explicita sobre o conjunto dos documentos de Medellín e, concretamente, sobre o documento *Justiça* são a

---

[6] Ambiente e perspectiva confirmados e impulsionados pelo Papa Paulo VI em seu discurso aos bispos da América Latina, em Roma, no dia 23 de novembro de 1965, por ocasião do décimo aniversário do CELAM – discurso redigido em grande parte pelo então presidente do CELAM, dom Manuel Larraín. Discurso disponível em: https://w2.vatican.va/content/paul-vi/it/speeches/1965/documents/hf_p-vi_spe_19651123_celam.html. Sobre o discurso, cf. MCGRATH, M. "Vaticano II – Medellín: Iglesia de los pobres y teologia de la liberación". *Cuestiones Teológicas y Filosóficas* 63 (1998) 89-122, aqui 96ss.

[7] É o caso, indicado por dom Helder, do "discurso felicíssimo em que D. Avelar deu uma interpretação muito inteligente e muito hábil dos discursos e homilias" de Paulo VI em Medellín. "O perigo era que os bispos se convencessem de que o papa dera marcha a ré: as consequências seriam terríveis. D. Avelar provou que, longe de recuar, o papa avançou. Obra prima de habilidade e diplomacia. Que recuou, recuou. Mas ainda há passagens que nos podem ajudar muito" (CÂMARA, H. *Circulares pós-conciliares*. Volume IV, Tomo II, 230).

46 | 50 anos de Medellín

Constituição Pastoral *Gaudium et Spes* e a Encíclica *Populorum Progressio* do papa Paulo VI, publicada em 1967.[8] Das 14 citações diretas que aparecem no documento *Justiça*, 8 são citações da *Gaudium et Spes* e 2 da *Populorum Progressio*.

E há no texto, não tanto na leitura e no uso que se fez dele posteriormente, certa influência de teorias e mentalidades desenvolvimentistas da época, parcialmente superadas pela perspectiva de "desenvolvimento integral" da *Populorum Progressio*, mas ainda não suficientemente elaborada em termos de libertação, expressão que aparece apenas duas vezes no texto sobre justiça.

C – Preparação e comissão de redação

Além do contexto e das influências acima indicados, convém fazer algumas referências ao processo mais imediato de preparação do texto e à comissão de redação do mesmo.

No que diz respeito ao processo de preparação do documento, é preciso destacar a importância da assembleia extraordinária do CELAM em Mar del Plata – Argentina, em outubro de 1966, sobre a "Presença ativa da Igreja no desenvolvimento e integração da América Latina",[9] e a reunião dos presidentes das comissões episcopais de Ação Social em Itapoã, Salvador-Bahia, em maio de 1968, que teve como tema "América Latina: Ação e Pastorais Sociais".[10] Ambas estiveram sob a responsabilidade de Dom Eugênio Sales, então presidente do Departamento de Ação Social

---

[8] Cf. GUTIÉRREZ, G. "A atualidade de Medellín". In: *Conclusões da Conferência de Medellín – 1968. Trinta anos depois, Medellín é ainda atual?* São Paulo: Paulinas, 2010, 273-252, aqui 239, nota 4.

[9] Cf. CELAM. *A Igreja na América Latina*: desenvolvimento e integração. Petrópolis: Vozes, 1967; CELAM. "Conclusões de Mar del Plata sobre a presença ativa da Igreja no desenvolvimento e na integração da América Latina". *REB* 27 (1967) 453-466.

[10] Cf. CELAM. "Igreja e Desenvolvimento". *SEDOC* 2 (1968) 241-246; Cf. *REB* 28 (1968) 478-480.

do CELAM.[11] Também é preciso destacar aqui a importância da primeira parte do Documento de Trabalho de Medellín[12] e da exposição de Dom Eugênio Sales no início da Conferência sobre "A Igreja na América Latina e a Promoção Humana".[13] Aos poucos vai se produzindo uma tensão e uma sutil superação da perspectiva desenvolvimentista por uma perspectiva libertadora.[14]

Quanto à comissão de redação, era presidida por Dom Eugênio Sales. Na verdade, ele era responsável pela Comissão Justiça e Paz que foi dividida em duas subcomissões,[15] cabendo a ele a responsabilidade da comissão sobre Justiça. Atuaram como peritos dessa comissão o jesuíta argentino Alberto Silly, diretor do Centro de Investigación y Acción Social da Companhia de Jesus, escolhido em plenário como relator da comissão, o Pe. José Ávila Coimbra, estreito colaborador de Dom Eugênio Sales, o jesuíta chileno Rafael Larraín, o jovem Pe. Afonso López Trujillo, a argentina Elena Cumela, da União Mundial das organizações femininas católicas, o economista venezuelano Acedo Mendonza e o sindicalista brasileiro Tibor Suliki.[16]

---

[11] Cf. DUSSEL, E. *De Medellín a Puebla*: uma década de sangue. V. I. São Paulo: Loyola, 1981, 63-67; OLIVEIROS, R. Op. cit., 58-84; BEOZZO, O. *A Igreja do Brasil*: de João XXIII a João Paulo II, de Medellín a Santo Domingo. Petrópolis: Vozes, 1993, 158, 166s.

[12] Cf. CELAM. "Documentos para a Presença da Igreja Pós-conciliar na América Latina". *REB* 28 (1968) 431-442.

[13] Cf. SALES, E. "A Igreja na América Latina e a promoção humana". *REB* 28 (1968) 537-554. Segundo José Marins, um dos peritos de Medellín, "o trabalho de Dom Eugênio foi em grande parte preparado por José Ávila Coimbra, e procurou recolher pontos da Conferência de Mar del Plata, onde já se introduz uma certa análise da realidade latino-americana e a necessidade de revisar a missão pastoral da Igreja tendo em conta a situação das maiorias pobres do continente" (apud. BEOZZO, O. Op. cit., 176).

[14] Cf. BOFF, C. Op. cit., 573s; BEOZZO, O. Op. cit., 119s; DUSSEL, E. Op. cit., 72.

[15] Em depoimento feito a Oscar Beozzo, Dom Eugênio Sales afirma que coube a ele "a orientação dos grupos Justiça e Paz, sendo que o segundo ficou sob a responsabilidade imediata de Dom Helder. Como você há de supor, houve tensões, mas foram atingidas convergências sobre as quais foram elaboradas as conclusões" (Apud BEOZZO, O. Op. cit., 176).

[16] Cf. SCATENA, S. *In populo pauperum*: la chiesa latino-americana dal Concilio a Medellín (1962-1968). Bolonha: Società Editrice il Mulino, 2008, 475.

2. Conteúdo

Seguindo a orientação da Conferência para o trabalho das comissões, o texto está estruturado em três partes: *Fatos* (análise da realidade), *Fundamentação doutrinal* (princípios teológicos) e *Projeções de Pastoral Social* (opções e linhas de ação).[17]

A – Fatos

O texto começa fazendo referência a estudos sobre a situação dos povos latino-americanos, onde se "descreve a miséria que marginaliza grandes grupos humanos". Caracteriza essa miséria como "fato coletivo", como "injustiça" e como "injustiça que clama ao céu". Chama atenção para o fato, pouco esclarecido nesses estudos, de que "os esforços que foram feitos, em geral, não foram capazes de assegurar que a justiça seja respeitada e realizada em todos os setores das respectivas comunidades nacionais": família, juventude, mulher, camponeses, produtores, classe média, profissionais e técnicos, pequenos artesãos e industriais e grandes industriais. E afirma que "não podemos ignorar o fenômeno desta quase frustração universal de legítimas aspirações, que cria o clima de angústia coletiva que já estamos vivendo" (1).

Destaca ainda a "falta de integração cultural" que origina "superposição de culturas" na maioria dos países latino-americanos, bem como a implantação de sistemas econômicos que favorecem apenas os "setores com alto poder aquisitivo". Tudo isso "origina uma frequente instabilidade política e a consolidação de instituições puramente formais". Sem falar que essa "falta de solidariedade" provoca, no campo individual e social, "verdadeiros pecados, cuja cristalização aparece evidente nas estruturas injustas que caracterizam a situação da América Latina" (2).

B – Fundamentação doutrinal

Essa segunda parte do texto começa afirmando que "a Igreja latino-americana tem uma mensagem para todos os homens que neste continente

---

[17] Cf. ibidem, 472.

têm 'fome e sede de justiça'": "o mesmo Deus que cria o homem [...], cria a 'terra e tudo o que nela existe para uso de todos os homens e de todos os povos'"; esse mesmo Deus envia seu Filho para "libertar todos os homens, de todas as escravidões a que o pecado os sujeita: a fome, a miséria, a opressão e a ignorância, numa palavra, a injustiça e o ódio que têm sua origem no egoísmo humano" (3).

Em vista dessa "verdadeira libertação", todos são chamados a uma "profunda conversão para que chegue a nós o 'Reino de justiça, de amor e de paz'". Essa conversão tem a ver com a "mudança de estruturas" da sociedade, mas, sobretudo, com a "conversão do homem", uma vez que "a origem de todo desprezo ao homem, de toda injustiça, deve ser procurada no desequilíbrio interior da liberdade humana". Neste sentido, o texto afirma [com certa ambiguidade] que "a originalidade da mensagem cristã não consiste tanto na afirmação da necessidade de uma mudança de estruturas quanto na insistência que devemos pôr na conversão do homem, que [superando a ambiguidade indicada] exige imediatamente essa mudança". Pois "não teremos um continente novo, sem novas e renovadas estruturas, mas, sobretudo, não haverá continente novo sem homens novos, que à luz do Evangelho saibam ser verdadeiramente livres e responsáveis" (4).

Tudo isso só se esclarece "à luz de Cristo", cuja obra é "uma ação de libertação integral e de promoção do homem em toda sua dimensão, que tem como único objeto o amor". "Criado em Cristo" e feito nele "criatura nova", o homem é "transformado, cheio do dom do Espírito, com um dinamismo novo, não de egoísmo, mas de amor que o leva a buscar uma nova relação mais profunda com Deus, com os homens seus irmãos e com as coisas". Esse amor, "lei fundamental da perfeição humana e portanto da transformação do mundo", diz o texto, "não é apenas o mandamento supremo do Senhor", mas é "também o dinamismo que deve mover os cristãos a realizar a justiça no mundo, tendo como fundamento a verdade e como sinal da liberdade" (4).

É desta forma que a Igreja "quer servir ao mundo, irradiando sobre ele uma luz e uma vida que cura e eleva a dignidade da pessoa humana, consolida a unidade da sociedade e dá um significado mais profundo a toda a atividade dos homens". Certamente, a "plenitude e a perfeição da vocação humana" só se alcançam na participação na "páscoa ou triunfo de Cristo". Mas "a esperança de tal realização definitiva, antes de adormecer, deve 'avivar a preocupação de aperfeiçoar esta terra [...], o que pode, de certa maneira, antecipar a visão do novo século'". O texto adverte para não confundir "progresso temporal com Reino de Cristo". Mas adverte igualmente que o progresso temporal, "enquanto pode contribuir para ordenar melhor a sociedade humana, interessa em grande medida ao Reino de Deus" (5).

E conclui afirmando sem meias palavras que "a busca cristã da justiça é uma exigência do ensinamento bíblico". Por essa razão, "na busca da salvação devemos evitar o dualismo que separa as tarefas temporais da santificação". E não podemos esquecer que "o amor a Cristo e aos nossos irmãos" é tanto "a grande força libertadora da injustiça e da opressão" quanto a grande força "inspiradora da justiça social, entendida como concepção de vida e como impulso para o desenvolvimento integral de nossos povos" (5).

C – Projeções de pastoral social

Por fim, na última parte do texto, os bispos começam esclarecendo que sua "missão pastoral" consiste num "serviço de inspiração e de educação das consciências dos fiéis, para ajudar-lhes a perceber as exigências e responsabilidades de sua fé, em sua vida pessoal e social". Nesta perspectiva, e tendo em conta as reflexões dos "últimos documentos do Magistério" sobre "a situação econômica e social do mundo atual", passam a indicar o que consideram as "exigências mais importantes" (6): mudanças sociais, reforma política e informação e conscientização.

a) No que diz respeito às *mudanças sociais*, o texto afirma que "toda a população, especialmente as classes populares, devem ter, mediante estruturas territoriais e funcionais, uma participação receptiva e ativa, criadora e decisiva, na construção de uma sociedade". Afirma que "essas estruturas intermediárias entre a pessoa e o Estado devem ser organizadas livremente, sem uma intervenção da autoridade ou de grupos dominantes no seu desenvolvimento e na sua participação concreta na realização do bem comum total". Elas "constituem a trama vital da sociedade" e são "expressão real da liberdade e da solidariedade dos cidadãos" (7).

Dentre essas "estruturas intermediárias", destaca:

- "Família": não enquanto "grupo natural", mas enquanto organizadas econômica e culturalmente para defender suas "legítimas necessidades e aspirações" nos "setores onde se tomam as decisões fundamentais" (8);
- "Organização profissional": ligada à produção de "bens e serviços que permitem a existência e o desenvolvimento da vida humana", especialmente o "setor camponês e operário" (9);
- "Empresas e economia": empresa enquanto "base fundamental e dinâmica do processo econômico global"; o dilema entre um "sistema capitalista" e um "sistema marxista" e o desafio de uma "economia verdadeiramente humana" (10) com a incorporação dos trabalhadores na gestão da empresa e na macroeconomia (11);
- "Organização dos trabalhadores": "organização sindical rural e operária" com força "capaz de fazer valer o direito de sua representação e participação nos níveis da produção e da comercialização, continental e internacional", bem como nos "níveis políticos, sociais e econômicos, onde se tomam decisões relativas ao bem comum" (12);
- "Unidade de ação": de "todos os setores da sociedade, principalmente o setor econômico-social", superando os antagonismos para "se transformarem em agentes do desenvolvimento nacional e continental" e se livrarem do "neocolonialismo" (13);
- "Transformação do campo": necessidade de uma "autêntica e urgente reforma das estruturas e da política agrária" que não se limite a uma "simples distribuição de terras", mas assegure condições de ocupação e rendimento. Isso exige "organização dos camponeses" e criação de "centros urbanos nos meios rurais" (14);
- "Industrialização": rever os planos e as macroeconomias nacionais, garantindo "a legítima autonomia de nossos países, as justas reivindi-

cações das nações mais fracas e a almejada integração do continente, respeitando sempre os direitos inalienáveis das pessoas e das estruturas intermediárias, como protagonistas desse processo" (15).

b) Quanto à *reforma política*, é apresentada como "requisito" para uma "transformação global nas estruturas latino-americanas". É que o "exercício da autoridade política e suas decisões", que deveriam ter "como única finalidade o bem comum", aparecem frequentemente "favorecendo sistemas que atentam contra o bem comum ou favorecem grupos privilegiados". Há que se assegurar, juridicamente, "os direitos e liberdades inalienáveis dos cidadãos e o livre funcionamento das estruturas intermediárias". É preciso "proporcionar e fortalecer a criação de mecanismos de participação e de legítima representatividade da população, ou o estabelecimento de novas formas, se for necessário". É preciso "vitalizar e fortalecer a organização municipal e comunal". E, dada a "carência de uma consciência política em nossos países", é imprescindível "a ação educadora da Igreja, com vistas a que os cristãos considerem sua participação na vida política da nação como um dever de consciência e como o exercício da caridade em seu sentido mais nobre e eficaz para a vida da comunidade" (16).

c) Finalmente, a importância da *informação e conscientização*. Os bispos afirmam que "é indispensável a formação da consciência social e a percepção realista dos problemas da comunidade e das estruturas sociais". É preciso "despertar a consciência social e hábitos comunitários em todos os meios e grupos profissionais". E tanto "dentro do mesmo grupo" quanto nas "relações com grupos sociais maiores". Essa "tarefa de conscientizar e educar socialmente deverá ser parte integrante dos planos de Pastoral de Conjunto, em seus diversos níveis" (17).

Para isso, é imprescindível o "contato direto com os distintos grupos socioprofissionais, em encontros que proporcionem a todos uma visão mais completa da dinâmica social" (18). Atenção especial merecem, aqui, "os homens-chave, ou seja, aquelas pessoas que estão em postos de decisão e comando e cujas atitudes repercutem nas estruturas básicas da vida nacional e internacional": "técnicos, políticos, dirigentes, operários, camponeses, empresários e homens de cultura em todos os níveis" (19). Também "é necessário que as pequenas comunidades sociológicas de base se desenvolvam para o estabelecimento de um equilíbrio ante os grupos minoritários, que são grupos que detêm o poder" (20).

O texto conclui afirmando que "a Igreja, Povo de Deus, prestará sua ajuda aos desamparados de qualquer tipo e ambiente social, para que tomem consciência de seus próprios direitos e saibam fazer uso deles". Para isso, "utilizará sua força moral e procurará a colaboração de profissionais e instituição competentes" (20); criará estruturas, instituições e articulações próprias de serviço pastoral como Comissão Justiça e Paz (21), Comissão de Ação ou Pastoral Social, colaboração com Igrejas e instituições cristãs não católicas e Caritas (22); estimulará de modo especial as "organizações que têm como objetivo a promoção humana e a aplicação da justiça", atuando "a título supletivo e em situações impostergáveis" (23); e conclamará as pessoas que atuam nos meios de comunicação social a fazerem destes um "instrumento necessário e muito apto à educação social, à conscientização de acordo com a transformação das estruturas e à vigência da justiça" (23).

II – Relevância histórica e atualidade

Tendo analisado brevemente o documento Justiça de Medellín, resta fazer algumas considerações sobre sua relevância histórica e sua atualidade, ainda que de modo meramente indicativo.

1. Relevância histórica

Chama atenção a ausência de estudos mais desenvolvidos sobre os 16 documentos de Medellín, particularmente sobre o documento Justiça. Há muitos textos que fazem referência a ele e até o citam ocasional e/ou pontualmente. Sempre que se fala de Medellín, fala-se de justiça e refere-se a este documento. Mas praticamente não existem comentários nem estudos mais desenvolvidos sobre ele.

Parece que sua importância e seu impacto estão mais ligados ao imaginário eclesial que se gestou/desenvolveu a partir de Medellín que do documento propriamente dito. Em todo caso, esse imaginário não é algo completamente independente nem muito menos contraposto ao texto aprovado, ainda que não se reduza a ele nem o assuma em sua totalidade. Nesse sentido, vale a pena destacar algumas características e alguns elementos do documento *Justiça* que estão mais diretamente ligados ao imaginário eclesial de Medellín e que ajudam compreender melhor sua relevância histórica.

Em primeiro lugar, o tema justiça não aparece no contexto de discussões e especulações morais teórico-abstratas, mas referido à realidade social latino-americana. Negativamente, indica a situação sub-humana e de negação de direitos – até dos mais elementares – de grandes setores da população. Positivamente, indica o que deve ser feito para mudar essa situação. Tem, portanto, um caráter muito real, concreto, práxico. E nisso difere de modo significativo dos tratados clássicos de moral e de doutrina social da Igreja, bem como da grande maioria dos documentos do magistério.[18]

Em segundo lugar, justiça aparece nesse documento como chave de leitura fundamental da realidade latino-americana. O texto começa fazendo referência a vários estudos que qualificam a situação de miséria e marginalização em vivem grandes grupos na América Latina como "fato coletivo" e como "injustiça que clama ao céu" (1); uma injustiça cristalizada nas "estruturas" da sociedade" (2). Três aspectos fundamentais na compreensão da situação de miséria e marginalização na América Latina: é um *fato coletivo*; esse fato é uma *injustiça*; e uma *injustiça estrutural*.

Em terceiro lugar, essa injustiça, vale insistir, é uma "injustiça que clama ao céu" (1), é "pecado" cristalizado em "estruturas injustas" (2, 3). E sua superação ou transformação em termos de justiça social é tarefa cristã: "A busca cristã da justiça é uma exigência do ensinamento bíblico" (5). De modo que a problemática injustiça x justiça diz respeito essencialmente à

---

[18] Cf. ZENTENO, A. "Justicia: Denuncia-Anuncio-Compromisso en Medellín". *CHRISTUS* 428 (1971) 39-46, aqui 39s; AMAYA, J. P. "Medellín y la justicia social. Novidades y desafios". *BOLETIN CELAN* 281 (1998) 272-292, aqui 275.

Justiça | **55**

fé cristã. Não é apenas uma questão social, política, econômica, cultural, mas é também uma questão teológica que diz respeito, negativa (pecado) ou positivamente (salvação), a Deus e a seu projeto de salvação.

Em quarto lugar, a problemática injustiça x justiça está sempre referida à tarefa e à ação dos cristãos no mundo. Mais que uma questão teórico--especulativa, é uma questão práxica. O próprio método ver-julgar-agir aponta nessa direção. "Devemos evitar o dualismo que separa as tarefas temporais da santificação" (5). E isso é fundamental para se compreender a relevância e eficácia do tema justiça na Igreja latino-americana. Ele tem a ver com a "transformação das estruturas" da sociedade (3, 5, 11, 14, 16, 23) e com a "libertação integral" de nossos povos (3, 4).

Estes parecem ser os aspectos mais determinantes da temática *justiça* na Igreja latino-americana pós-Medellín. Aspectos presentes no documento Justiça, mas que o extrapolam em sua letra (desenvolvimento e acentos), constituindo-se, fecunda e criativamente, como elemento determinante do imaginário e da práxis eclesial gestados/desencadeados pelo evento Medellín.

2. Atualidade

Resta destacar a atualidade socioeclesial da problemática injustiça x justiça. Ela diz respeito tanto ao processo de aprofundamento e complexificação da injustiça no mundo quanto ao processo de autofechamento eclesial e de subjetivação da fé nas últimas décadas.

Por um lado, temos um processo de aprofundamento e complexificação da injustiça no mundo. Processo cada vez mais globalizado em sua extensão, em seus mecanismos ou suas estruturas e em suas consequências. Processo que extrapola o âmbito estritamente social e compromete a biodiversidade e o equilíbrio ambiental com consequências sociais trágicas para as populações mais vulneráveis e para as futuras gerações. Processo que se materializa e se visibiliza na contradição entre o acúmulo crescente de bens-riquezas-poder por uma pequena elite e a carência até de condições básicas de sobrevivência de grande parcela da população. Sem falar no processo crescente de destruição de direitos trabalhistas conquistados a duras penas e de políticas sociais compensatórias mínimas (suavizado por eufemismos cínicos como "flexibilização das leis trabalhistas" e "ajuste fiscal"), bem como de direitos das chamadas minorias étnico-racial-sexuais, e no que se convencionou chamar "injustiça ambiental",[19] em que as populações pobres e vulneráveis arcam com as consequências e pagam o preço dos danos ambientais causados pelos grandes grupos econômicos.

Por outro lado, temos um processo de autofechamento eclesial e de subjetivação da fé em que a Igreja cada vez mais se volta para suas questões e seus interesses institucionais e em que a fé cada vez mais se restringe a questões e interesses subjetivos. Neste contexto, o mundo, concretamente os pobres e marginalizados, com seus problemas e seus dramas, cada vez mais se torna algo alheio e estranho à Igreja. Esta parece ter coisas mais importantes a fazer que perder tempo com os caídos à beira do caminho... Na melhor das hipóteses, estimula-se a caridade individual e pontual. Mas quase já não se fala de sociedade, de estruturas, de injustiças, de transformação das estruturas da sociedade... Basta a conversão do coração. Política, só se for para defender os interesses/privilégios da instituição... Temos um ambiente eclesial avesso e, em boa medida, contrário ao ambiente eclesial que se gestou no Concílio Vaticano II e na Conferência de Medellín: uma Igreja aberta e voltada para mundo e seus problemas, concretamente para os pobres e marginalizados; uma Igreja que assume a missão de ser sinal e instrumento de salvação/libertação no mundo. Não por acaso o papa Francisco encontra tanta resistência e indiferença na Igreja a seu projeto de uma "Igreja em saída para as periferias do mundo" ou de uma "Igreja pobre para os pobres".

Neste contexto, um tanto sombrio ("noite escura" dos pobres e seus aliados na sociedade e Igreja), a construção da justiça, enquanto garantia

---

[19] Cf. ACSELRAD, H.; MELO, C. C. A; BEZERRA, G. N. *O que é justiça ambiental*. Rio de Janeiro: Garamond, 2009.

de direitos dos pobres e marginalizados, torna-se a questão mais central e mais decisiva para sociedade e para a missão da Igreja nesta sociedade.[20]

Está em jogo a *vida de milhões de pessoas* ameaçadas por uma forma desigual e injusta de organizar a sociedade. E, *nisto*, está em jogo a própria *obra criadora de Deus e seu projeto salvífico*; o *Evangelho de Jesus Cristo* que é Boa Notícia, em primeiro lugar, para os pobres e marginalizados; a *ação vivificadora (salvífico-recriadora) do Espírito de Deus e de Jesus Cristo* – que não dizem respeito apenas ao "coração" (interioridade, subjetividade), mas também à "sociedade" (estruturas, instituições); "conversão do coração", mas também "transformação das estruturas da sociedade"...

E, aqui, Medellín como um todo e o documento Justiça em particular são profundamente atuais. Apontam para a problemática mais determinante e desafiadora de nossa realidade (situação de injustiça) e para a tarefa mais urgente e mais importante da Igreja nesta realidade (construção da justiça).

Certamente, a situação de injustiça na América Latina e no mundo tem hoje dimensões, características e expressões próprias que a distingue da situação dos anos 1960, quando se realizou a conferência de Medellín. E, consequentemente, as formas e os meios de superação da injustiça e de construção da justiça não podem ser os mesmos de cinquenta anos atrás. Tampouco se podem desconsiderar as experiências e os aprendizados na luta pela justiça nas últimas décadas. Cada momento histórico tem suas características e suas exigências próprias. Mas não há dúvida de que o desafio maior de nosso momento histórico é construção da justiça, entendida como garantia dos direitos dos pobres e marginalizados de nosso tempo. Não aconteça que, ocupada com coisas mais "religiosas e sagradas", a Igreja passe à margem do Senhor, caída à beira do caminho (Lc 10,25-37) ou se recuse a servi-lo na humanidade sofredora que é, n'Ele, juíza e senhora de nossas vidas, de nossa sociedade, de nossa Igreja e de nossa teologia (Mt 25,31-46).

---

[20] Cf. AQUINO JÚNIOR, F. A. *A dimensão socioestrutral do reinado de Deus*: escritos de teologia social. São Paulo: Paulinas, 2011; idem. "Fé e Justiça". In: AJEAS/FAJE. *Theologica Latinoamericana*. Enciclopédia Digital. Disponível em: http://theologicalatinoamericana.com/?p=183; idem. *Pastoral Social*: Dimensão socioestrutural da caridade cristã. Brasília: CNBB, 2016.

A paz em construção

Faustino Teixeira[1]

A Segunda Conferência Geral do Episcopado Latino-Americano, ocorrida em agosto de 1968, instaura um marco fundamental na caminhada da Igreja Latino-Americana. O período que cobre os anos de 1965 a 1968 foi decisivo para a experiência do movimento popular na América Latina. Foi o tempo onde se gestou as Comunidades Eclesiais de Base, bem como se firmou as raízes da teologia da libertação. Como mostrou com pertinência Gustavo Gutiérrez, "a teologia da libertação, que surgiu pouco antes de Medellín, tem suas raízes nesse período. Sem a vida das comunidades cristãs nessa época não se pode explicar o que aconteceu na Conferência Episcopal de Medellín: nela se expressaram as experiências da inserção desses cristãos no processo de libertação".[2]

Na intenção da Conferência estava a aplicação das intuições do Concílio Vaticano II (1962-1965) às condições específicas do continente latino-americano. Na prática, o vigor da realidade continental e o compromisso dos cristãos no processo de libertação proporcionaram uma maior amplitude à temática proposta. Em verdade, novas pistas de ação e reflexão foram lançadas, sempre relacionadas à perspectiva dos pobres, o que conferiu a Medellín o seu caráter e originalidade.

Embora o tema dos pobres tenha sido aventado em momentos do Vaticano II, sobretudo em razão da presença e atuação explícita do cardeal Lercaro, arcebispo de Bolonha, o terreno não estava ainda preparado para a radicalidade deste argumento. O Concílio, porém, lançou pistas

---

[1] PPCIR/UFJF.

[2] GUTIÉRREZ, Gustavo. *A força histórica dos pobres*. Petrópolis: Vozes, 1981. p. 291

importantes neste sentido, criando um espaço propício para as experiências e reflexões que se seguiram na linha da Igreja dos pobres. A Conferência de Medellín foi uma destas expressões mais vivas de realização.[3] É quando se firma na pastoral latino-americana a opção preferencial pelos mais pobres, com inspiração viva nos textos da Conferência.[4]

Um dos eixos centrais no Documento relaciona-se ao tema da paz. Um tópico que se insere no campo temático da Promoção Humana, junto com o desafio da Justiça. Não era tarefa fácil pensar a questão da paz no início da década de 1960. As resistências ao tema eram muitas. No prefácio do livro de Thomas Merton, sobre a paz na era pós-cristã, Jim Forest reconhece que a expressão "paz" causava suspeição naquela ocasião. O livro, que era para ser publicado em 1962, acabou sendo proibido pelo abade superior dos trapistas, Dom Gabriel Sortais, tendo em vista as resistências que a palavra encontrava também no campo político. Aqueles que a utilizavam eram logo identificados com "vermelhos" ou "simpatizantes".[5]

A Conferência de Medellín é expressão de uma nova presença da Igreja na América Latina, pontuada pela coragem profética de reagir contra a situação de miséria, injustiça e alienação que marcavam o continente naquela ocasião. Os bispos reconheciam a gravidade do momento e percebiam que o projeto de paz não podia ser firmado fora do exercício da justiça. A situação era grave, sendo identificada com "violência institucionalizada".[6] Interpretando tal realidade à luz do Evangelho, o diagnóstico era preciso. Tratava-se de uma "situação de pecado".[7] O olhar atento diante

---

[3] GUTIÉRREZ, Gustavo. La Chiesa e i poveri, visti dall'America Latina. In: ALBERIGO, G.; JOSSUA, J.-P. (Ed.). *Il Vaticano II e la Chiesa*". Brescia: Paideia, 1985. p. 243-246; TEIXEIRA, Faustino. *A gênese das CEBs no Brasil*. São Paulo: Paulinas, 1988. p. 290.

[4] CONSELHO Episcopal Latino-Americano (CELAM). *A Igreja na atual transformação à luz do Concílio*. Petrópolis: Vozes, 1969 (Documento de Medellín). p. 141.

[5] MERTON, Thomas. *Paz na era pós-cristã*. Aparecida: Santuário, 2007. p. 8.

[6] CONSELHO Episcopal Latino-Americano (CELAM). *A Igreja na atual transformação à luz do Concílio*. p. 55.

[7] Ibidem. p. 50.

da conjuntura vislumbrava desacertos em vários âmbitos: as diversas formas de marginalização; as desigualdades excessivas; as frustrações crescentes; as formas de opressão e exercício de poder dos setores dominantes. Mas captava também os sinais de resistência crescente, com a tomada de consciência dos segmentos oprimidos.

Toda essa dinâmica nefasta vinha alimentada por tensões internacionais, acirrando um problemático neocolonialismo. Fala-se claramente em situação de "dependência", com um peso econômico substancial: a distorção crescente do comércio internacional; a fuga dos capitais econômicos e humanos; a evasão de impostos e fuga de lucros e dividendos e o endividamento progressivo. O documento reflete uma nítida mudança de foco, com o reconhecimento das causas mais profundas que alimentam a triste realidade continental: "o subdesenvolvimento aparece cada vez mais claramente como fato global e, antes de mais nada, como a consequência de uma dependência econômica, política e cultural de centros de poder que estão fora da América Latina".[8]

A seção sobre a paz vem construída com base nesse enfoque da situação latino-americana. Após o olhar sobre o contexto social e econômico, vem a reflexão doutrinal, também pontuada pela ousadia e sensibilidade profética. O lema é bem claro: "a paz é, antes de tudo, obra da justiça".[9] Ela não traduz "a simples ausência de violência ou derramamento de sangue", mas é um exercício artesanal, que envolve um "trabalho permanente" voltado para o "desenvolvimento integral do homem".[10] A paz não é algo que já se encontra dado, ou que se encontra pelo caminho, mas uma dinâmica que se constrói a cada dia. E o cristão é convocado a ser um "artesão da paz". Como um fruto que se desdobra do amor, a paz é expressão viva de uma "real fraternidade" entre todos: "o amor é a alma da justiça. O cristão

---

[8] GUTIÉRREZ, Gustavo. *A força histórica dos pobres*. Petrópolis: Vozes, 1981. p. 46.

[9] CONSELHO Episcopal Latino-Americano (CELAM). *A Igreja na atual transformação à luz do Concílio*. p. 53.

[10] Ibidem. p. 54.

que trabalha pela justiça social deve sempre cultivar a paz e o amor em seu coração".[11]

Num toque teológico de alta profundidade, o documento sinaliza que o fundamento último da paz interior e da paz social está na "paz com Deus".[12] Teresa de Ávila tinha captado isto de forma tão singela na sua reflexão espiritual, ao tratar das quintas moradas. Reconhecia que a forma mais sublime de verificar a unidade do amor a Deus e o amor ao próximo era a caridade fraterna. O compromisso efetivo de amor ao próximo selava a presença do amor a Deus. A santa de Ávila indicava assim um "outro modo de união" possível, de alcance do favor de Deus mediante a prática do amor. Reconhecia, porém, igualmente que o amor ao próximo nunca poderia desabrochar perfeitamente a não ser que brotasse da "raiz do amor de Deus" (V M, 3,9). É o que também lembra o Documento de Medellín ao assinalar a centralidade da "paz com Deus". É dela que brotam os frutos mais novidadeiros da harmonia interior e do essencial equilíbrio para a atuação firme no tempo. Uma paz que brota da profundidade, como indicou Leonardo Boff:

> Dessa paz espiritual a humanidade precisa com urgência. Ela é a fonte secreta que alimenta a paz cotidiana em todas as suas formas. Ela irrompe de dentro, irradia em todas as direções, qualifica as relações e toca o coração íntimo das pessoas de boa vontade. Essa paz é feita de reverência, de respeito, de tolerância, de compreensão benevolente das limitações dos outros e da acolhida do Mistério do mundo. Ela alimente o amor, o cuidado, a vontade de acolher e de ser acolhido, de compreender e de ser compreendido, de perdoar e de ser perdoado.[13]

Onde não existe a paz social e predominam as desigualdades sociais, políticas, econômicas e culturais, o que ocorre é um "rechaço do dom da

---

[11] Ibidem. p. 54.

[12] Ibidem. p. 54.

[13] Leonardo BOFF. A espiritualidade na construção da paz. Disponível em: http://www.adital.com.br/site/noticia.asp?lang=PT&cod=48305, acesso em 18/10/2016.

paz do Senhor, e ainda mais, um rechaço do próprio Senhor".[14] Essa pista aberta por Medellín veio acolhida e abraçada pela teologia da libertação. Toda situação de injustiça revela, em verdade, uma situação de pecado, envolvendo uma precisa responsabilidade humana. Trata-se, como indica Gustavo Gutiérrez, "do pecado como fato social, histórico, ausência de fraternidade, de amor nas relações entre os homens, ruptura da amizade com Deus e com os homens e, em consequência, cisão interior, pessoal".[15]

Se há um "rechaço do próprio Senhor" numa realidade carente de "paz social", o Deus que se visibiliza é, na verdade, um *Deus inversus*, como mostrou Leonardo Boff. Um Deus que se presencializa por uma dupla ausência. De um lado, ausência em razão da injustiça estrutural vigente, que oculta a visibilização da justiça, da solidariedade e do amor. De outro, a "ausência de Deus concreto, vivo e verdadeiro naqueles que usam em seus lábios o nome de Deus e o veneram em seus templos". O Deus que vem venerado e proclamado é "antes um ídolo do que o Deus vivo que interpela".[16]

Diante de tal realidade que clama aos céus, os bispos reunidos em Medellín assumem a tarefa profética de contundente denúncia. Identificam como grave a situação, exigindo "transformações globais, audazes, urgentes e profundamente renovadoras".[17] Não é para eles motivo de estranheza o fato da "tentação da violência" como caminho de reação ao traço da opressão vigente: "Não se há de abusar da paciência de um povo que suporta durante anos uma condição que dificilmente aceitaria quem tem uma maior consciência dos direitos humanos".[18] Com base na encíclica *Populorum progressio* (1967), de Paulo VI, os bispos não descartam

---

[14] CONSELHO Episcopal Latino-Americano (CELAM). *A Igreja na atual transformação à luz do Concílio*. p. 54-55.

[15] GUTIÉRREZ, Gustavo. *Teologia da libertação*. Petrópolis: Vozes, 1975. p. 153.

[16] BOFF, Leonardo. *Atualidade da experiência de Deus*. Rio de Janeiro: CRB, 1974. p. 38-39.

[17] CONSELHO Episcopal Latino-Americano (CELAM). *A Igreja na atual transformação à luz do Concílio*. p. 55.

[18] Ibidem. p. 55.

a legitimidade da insurreição revolucionária, que se legitima no caso de 'tirania evidente e prolongada', quando os direitos fundamentais da pessoa são gravemente afetados, com prejuízo ao bem comum.[19]

Nas conclusões pastorais, ao final do documento, os bispos assumem responsabilidades bem concretas: despertar em todos a consciência da justiça na linha de uma efetiva solidariedade; defender o direito dos pobres; denunciar com vigor os abusos e injustiças e fazer valer na pregação, catequese e liturgia "a dimensão social e comunitária do cristianismo formando homens comprometidos na construção de um mundo de paz".[20]

O compromisso evangélico em favor da paz e o desafio de compromisso com os pobres ganham vitalidade nos anos seguintes, sendo confirmados na III Conferência Episcopal Latino-Americana, realizada em Puebla em janeiro e fevereiro de 1979. Fala-se ali, com vigor, em "edificar a paz na justiça".[21] Talvez tenha sido esse o grande legado da Igreja Latino-Americana, com seu testemunho vigoroso em favor da libertação, da busca da paz e do compromisso efetivo em favor dos mais pobres. Como asseverou com acerto o teólogo italiano Ernesto Balducci, foi o momento do "retorno" das caravelas, agora partindo das Índias ocidentais, com os "novos anunciadores do Evangelho".[22]

Essa presença profética da Igreja Latino-Americana ganhou repercussão importante em âmbito mais amplo, com irradiações singulares em documentos do magistério. Pode-se registrar o rico documento do Sínodo dos Bispos sobre a justiça no mundo (1971). Assume-se com clareza a consciência de que a situação do mundo moderno vem pontuada pelo "grande pecado da injustiça".[23] Como principal novidade, a acolhida da ação em

---

[19] CONSELHO Episcopal Latino-Americano (CELAM). *A Igreja na atual transformação à luz do Concílio.* p. 56.

[20] Ibidem. p. 57.

[21] Ibidem. p. 285.

[22] BALDUCCI, Ernesto. Dalla teologia della dominazione alla teologia della liberazione. *Testimonianze,* v. 28, n. 1, 1985. p. 22.

[23] SÍNODO dos Bispos. *A justiça no mundo.* Petrópolis: Vozes, 1972. p. 11.

favor da justiça e da participação na transformação do mundo como dimensões constitutivas da missão da Igreja.[24] Ou seja, a luta pela justiça vem percebida como dimensão essencial da evangelização. Infelizmente, duas décadas depois, a conjuntura eclesiástica é outra, com nítidas mudanças na compreensão de evangelização. Como exemplo, uma passagem precisa do Sínodo especial para a Europa, em 1992, com a retomada de uma dinâmica evangelizadora mais centrada no anúncio explícito. Como argumentaram os bispos nesse Sínodo, "para a nova evangelização, portanto, não é suficiente prodigalizar-se para difundir os valores evangélicos' como a justiça e a paz. Só se a pessoa de Jesus Cristo é anunciada é que a evangelização se pode dizer autenticamente cristã".[25]

O eixo de referência para a evangelização na América Latina, nas trilhas de Medellín e Puebla, foi o compromisso com a causa da justiça e do trabalho em favor da paz. Uma perspectiva que veio partilhada por outros episcopados, como o da Ásia. A proclamação evangélica vem marcada sobretudo pelo "diálogo e pelos atos". Como sublinharam os bispos da Federação das Conferências Episcopais da Ásia, "proclamar a Cristo significa antes de tudo viver como ele, no meio dos próximos e vizinhos", tendo como meta o reino de Deus.[26] O papa Francisco retoma esse itinerário de Medellín, centrando sua atenção na escuta do clamor dos pobres e no exercício evangélico da misericórdia. O desafio que ele lança para a Igreja é o de "alongar mais o olhar e abrir os ouvidos ao clamor dos outros povos".[27] O tema da paz volta a ganhar centralidade, e ela vem entendida

---

[24] SÍNODO dos Bispos. *A justiça no mundo*. p. 4.

[25] SÍNODO dos Bispos. *Testemunhas do Cristo*. Petrópolis: Vozes, 1992 (Sínodo dos Bispos – Assembleia especial para a Europa). p. 14. É a linha assumida pela carta encíclica de João Paulo II, sobre a validade permanente do mandato missionário (*Redemptoris missio* – 1990). Fala-se ali também em "prioridade permanente" do anúncio: *Redemptoris Missio*, n. 44.

[26] FABC. O que o Espírito diz às Igrejas – Documento de síntese da Federação das Conferências Episcopais da Ásia. *Sedoc*, v. 33, n. 281, julho/agosto de 2000. p. 42.

[27] FRANCISCO. *Evangelii Gaudium*: a alegria do Evangelho. São Paulo: Paulus/Loyola, 2013. p. 113.

como um processo "artesanal", envolvida no processo amplo e complexo da abertura ao outro.[28] O jeito de ser da Igreja, seu estilo mais singelo, não é de empenho em "vencer a guerra", mas de esforço em "vencer a paz".[29]

Nessa abordagem do tema da paz o nome referencial é o de Mahatma Gandhi, que foi sempre uma fonte inspiradora para todos os "artesãos" que se comprometem com essa nobre causa. A paz permanece sendo um desafio essencial. Como ele bem assinalou, "não existe um caminho para a Paz, a Paz é o caminho".

---

[28] Ibidem. p. 135.

[29] Homilia de Francisco por ocasião da canonização dos novos beatos, em 16/10/2016. Disponível em: http://w2.vatican.va/content/francesco/pt/homilies/2016/documents/papa-francesco_20161016_omelia-canonizzazione.html, acesso em 18.10.2016.

Família e pastoral nas transformações socioculturais

Márcio Fabri dos Anjos[1]

Entre as grandes percepções da Conferência de Medellín, os impactos das transformações socioculturais sobre as famílias ocupam lugar de destaque. As preocupações a este respeito se devem a três serviços essenciais que as famílias prestam à Igreja e à Sociedade de modo geral e que se veem ameaçados nas transformações: a tarefa de ser a primeira instância a contribuir na formação de "personalidades fortes e equilibradas para a sociedade" (3,4); a correspondente tarefa de ser a primeira educadora nos valores da fé, particularmente através do bom exemplo e dos ensinamentos no cotidiano da vida; e o "fator importantíssimo no desenvolvimento" (3,7), desempenhado pelas famílias através do serviço de transição da vida privada para a vida pública, cuja qualidade depende de virtudes sociais, humanismo, capacidade de amar, ou seja, sair do círculo dos próprios interesses, assumindo as causas da justiça e do bem comum. Pode-se dizer que aqui estão também as grandes razões que levam a Igreja a considerar a *família* como um lugar de extrema importância na Igreja e na Sociedade.

A interpretação das ameaças a estes serviços essenciais é atribuída pela Conferência a fatores que de modo geral agravam "as consequências dos círculos viciosos do subdesenvolvimento: más condições de vida e cultura, baixo nível de salubridade, baixo poder aquisitivo, transformações que nem sempre se podem captar adequadamente" (3,1). E a seguir se destacam

---

[1] Doutor em Teologia, é docente e pesquisador do programa de pós-graduação em Bioética do Centro Universitário São Camilo, de São Paulo, e membro da Câmara Técnica de Bioética do Conselho Regional de Medicina do Estado de São Paulo.

transformações em curso no mundo, cujos impactos nas famílias da América Latina merecem atenção: "a passagem de uma sociedade rural a uma sociedade urbana"; o desenvolvimento econômico que "implica em abundantes riquezas para algumas famílias, insegurança para outras e marginalidade social para as restantes"; o crescimento demográfico que vem se somando com outros problemas; o "processo de socialização que subtrai à família alguns aspectos de sua importância social e de suas zonas de influência" (3,2).

Estes passos de compreensão da Conferência merecem reconhecimento pelo significativo avanço nas formas de entender os desafios pastorais em termos de Família, à luz do Concílio Vaticano II. Aqui há que se fazer uma importante observação sobre o decisivo papel da teologia da Família, que preside as linhas de sua pastoral. O Concílio representou uma mudança bastante radical na hermenêutica teológica como um todo, o que deu legitimidade em Medellín para adotar outro método para pensar a ação pastoral referente à Família.

De fato, até então as ênfases dadas à sacramentalidade do Matrimônio e às exigências formais de sua celebração ofuscavam em grande parte os contextos das realidades familiares. Além de favorecer a visão dos ideais cristãos sem muito nexo com os desafios existenciais nos diferentes contextos para vivê-los, privilegiava também uma centralização em aspectos normativos intraeclesiais; ênfases no estatuto jurídico em torno da celebração do casamento e em disciplinas de moralidade particularmente relacionadas com comportamentos sexuais e fecundidade biológica. O Concílio, especialmente através da *Gaudium et Spes*,[2] abriu caminho na superação destas barreiras ao situar as famílias no amplo contexto da pluralidade sociocultural, bem como os serviços que cabem à instância familiar prestar não apenas entre os cônjuges, familiares e à Igreja, mas ao próprio conjunto da convivência social. Este passo de *encarnação*, essencial à fé cristã, pode não parecer à primeira vista, mas implicou diretamente em repensar

---

[2] CONCÍLIO VATICANO II. *Constituição Pastoral Gaudium et Spes*.

e repropor a sacramentalidade da experiência familiar e conjugal nos diferentes contextos existenciais. Assim se entende e se propõe com mais propriedade a experiência do mistério de Deus nas realidades humanas, na transmissão da vida e de seus sentidos mais profundos, com a correspondente missão cristã reservada à família.

Nesse sentido, em Medellín se avança decididamente na busca de compreender quais transformações socioculturais mais impactam esta experiência e missão no campo familiar. Ressalta as persistentes desigualdades de condições no contexto latino-americano que afetam diretamente as famílias e tomam novos contornos com a marginalidade social reproduzida nas cidades. Em um continente de amplo espaço territorial para se expandir, aponta com visão clara para as exigências sociais necessárias a um crescimento demográfico com qualidade e dignidade. E, superando condicionamentos na esfera eclesiástica quanto à predominante visão sociocrítica da época, reconhece uma crise de valores, orquestrada pela "civilização de consumo" (3,3d), que afeta as famílias cristãs.

As propostas teológico-pastorais que acompanham a visão sociocrítica de Medellín merecem particular atenção. O movimento de *encarnação* do Amor de Deus na experiência familiar leva a uma visão bem realista das condições socioculturais de seus membros, particularmente dos cônjuges, e gera novas conotações sobre suas responsabilidades no desempenho de sua missão cristã a partir da família. De fato, a moralidade e a espiritualidade na vida familiar vinham pagando um pesado tributo à idealização do amor que reforçava a proposta de deveres. Deixava deste modo diminuída a atenção ao protagonismo dos próprios membros da família para serem sujeitos e atores cristãos em seus diferentes contextos. O Concílio,[3] em outros termos, afirma com vigor esse protagonismo insubstituível. Em Medellín, acentuam-se os contextos precários das famílias para desenvolverem tal protagonismo, e se vê nisto um megadesafio pastoral, ou seja, "a necessidade

---

[3] Cf. em particular *Gravissimum Educationis*, n. 3; *Apostolicam Auctuositatem*, n. 11; *Gaudium et Spes*, nn. 48, 52, 61.

de se dotar a família atual de elementos que lhe restituam a capacidade evangelizadora" (3,6). São preciosos sinais da saída de uma dependência obediencial para a vivência criativa da fé nas situações e contextos particulares em que vivem as pessoas e se organizam suas comunidades.

I – Pós-Medellín: CNBB e sínodo sobre família (1980)

As percepções sobre Família afirmadas na Conferência de Medellín, embora necessitadas de crescer em consistência e abrangência, alimentam uma direção revitalizante para os rumos da teologia pastoral na vida familiar. A Conferência Nacional dos Bispos do Brasil (CNBB), já no início dos anos 1970, assumiu esta nova forma de percorrer o caminho ou método de propor a Pastoral referente às Famílias. Em 1974, lançou como "Estudos da CNBB" um subsídio inovador nos ambientes eclesiásticos para a compreensão sociocultural desse desafio em vista de propostas pastorais.[4] Ali busca considerar frontalmente as dificuldades encontradas pelas famílias e o que se nomeou como "família nova" a partir de um contexto da "família na crise do mundo". E é também significativo que no ano seguinte, diante das tendências em favor do reconhecimento civil do divórcio no Brasil, o documento n. 3 da CNBB (1975)[5] tenha argumentado não apenas com razões teológicas, mas através de argumentos em torno das questões socioculturais de fundo no tecido social, que abrigam o desafio da fidelidade conjugal. Persistem as necessárias demandas de "orientações pastorais sobre o matrimônio"[6] e não propriamente sobre as famílias. Mas é interessante como, diante da emenda constitucional que passou a permitir o divórcio no Brasil, outro documento se originou, em 1977, de um encontro "que contou com a participação de alguns Bispos e Padres, mas onde os leigos casados eram maioria".[7] Mesmo que voltado para orientações pastorais

---

[4] CNBB. *A família: mudanças e caminhos*. Estudos da CNBB, n. 7. São Paulo: Paulinas, 1974.

[5] CNBB. *Em favor da Família*. Documentos da CNBB, n. 3. São Paulo: Paulinas, 1975.

[6] CNBB. *Orientações Pastorais sobre o Matrimônio*. Documentos da CNBB, n. 12

[7] CNBB. *Pastoral da Família*. Estudos da CNBB, n. 20. São Paulo: Paulinas, 1978, p. 5.

em torno do novo contexto jurídico social, e não propriamente sobre família, esse documento analisa numa primeira parte a situação das famílias no Brasil e conclui que tal "situação constitui, para a própria Igreja, um desafio e uma interpelação que a estimulam a discernir os sinais dos tempos e a redobrar seu trabalho de evangelização".

O Sínodo mundial sobre "a missão da Família Cristã no mundo atual" (1980), do qual resultou a Exortação Apostólica de João Paulo II,[8] representa um passo significativo por recolher uma abertura às experiências advindas dos diferentes contextos culturais; e por recolher as percepções teológicas e pastorais, entre as quais estão os fermentos das contribuições da Conferência de Medellín. Nessa Exortação é interessante o marco introdutório que põe "a Igreja a serviço da Família", enquanto muitos miravam os serviços que as famílias prestam à Igreja. A estreita relação entre transformações socioculturais e vida familiar é colocada em foco em termos de "luzes e sombras", que desafiam o discernimento cristão na vida concreta; o desafio à formação da consciência moral nos novos tempos se associa ao mesmo tempo à necessidade de inculturação; e se afirma um conceito inovador na época, de gradualidade no discipulado e conversão, a ser considerado nas relações pastorais. Nas percepções sobre a missão das famílias se ressaltam os valores básicos do amor fiel que a constituem, com amplo espaço para a dignidade da mulher e para os direitos dos diferentes membros nas relações familiares. Enquanto serviço da Família à vida, os destaques vão para as questões de transmissão (particularmente biológica) da educação. Mas o serviço à vida se completa pelos realces dados à participação das famílias no desenvolvimento social e à participação na vida (espiritual) e na missão (atuação) da Igreja.

Através da exortação apostólica de João Paulo II, o Sínodo mundial sobre Família deixa, em linhas gerais, um saldo de confirmação do método reforçado na Conferência de Medellín pelo qual se busca situar a pastoral

---

[8] JOÃO PAULO II. *Familiaris Consortio*. Exortação Apostólica sobre a missão da Família Cristã no mundo atual. Vaticano, 1981, n. 34.

familiar a partir dos contextos sociais; sem eles não se percebem os reais desafios das pessoas à vivência cristã em família, nem os consequentes desafios aos serviços pastorais. Com a proposta da *gradualidade* da consciência moral e dos processos de conversão, deixa-se também uma abertura a aprofundar o alcance de tal proposta na pastoral e nas disciplinas eclesiásticas para estas serem um serviço construtivo, e não simplesmente restritivo, diante do que se considera fragilidade moral. E deixa ainda um saldo de preocupação com a moralidade na transmissão biológica e educacional da vida, como contribuição ao desenvolvimento social; e com a fidelidade conjugal, proposta em termos de indissolubilidade do matrimônio. Em vista dos desdobramentos atuais do tema, e pelos vínculos da coerência entre fundamentação e normas, vale ressaltar que na fundamentação teológica para estas preocupações morais estão, entre outras, as doutrinas interpretativas da lei natural e da indissolubilidade.

II – Família nas trajetórias das conferências subsequentes

Os avanços subsequentes a Medellín, dados nas Conferências latino-americanas de Puebla (1979), Santo Domingo (1992) e Aparecida (2007), não seriam compreensíveis sem essas linhas de leitura conciliar reforçadas por Medellín. Em Puebla se aprofundam os esforços na identificação dos rostos das desigualdades que envolvem diretamente as famílias em seus membros. Derivada de uma linha de pastoral da CNBB, a fundação da *Pastoral da Criança*, em 1983, como um organismo, pode ser considerada uma forte expressão dos frutos gerados por estas sementes; de fato se conseguiu através dela desencadear um serviço ao fortalecimento dos próprios membros das famílias pobres no desempenho de suas tarefas; e se provocou nas esferas públicas a responsabilidade, mesmo que ainda precária, pelo cuidado social nesta área.[9] Em Santo Domingo, o grande

---

[9] RICCI, Luiz Antonio Lopes. Mistanásia infantil e Pastoral da Criança: avaliação ético-teológica da Pastoral da Criança no Brasil enquanto potencialização da cultura de vida. Tese (Doutorado). Pontifícia Universidade Lateranense, Academia Alfonsiana, 2008.

passo, como se sabe, foi aproximar as realidades familiares das diferenças étnico-culturais. Desdobrou assim o alcance do desafio da inculturação à pastoral familiar mencionado na *Familiaris Consortio*. Levou adiante as percepções já bem acentuadas em Medellín em termos de educação, as carências, mas também as potencialidades culturais presentes na diversidade das experiências familiares. Neste sentido, alguns estudos fizeram a releitura sobre a atualidade da Conferência de Medellín, após 30 anos de sua realização.[10]

Em Aparecida, a Conferência mais recente da CELAM, em 2007, o termo *família* ocorre 159 em diferentes sentidos. A consciência sobre as grandes transformações, na linha que vem do Concílio e de Medellín, se mostra bem nesta síntese:

> Vivemos uma mudança de época cujo nível mais profundo é o cultural. [...] Surge hoje, com grande força, uma sobrevalorização da subjetividade individual. Independentemente de sua forma, a liberdade e a dignidade da pessoa são reconhecidas. O individualismo enfraquece os vínculos comunitários e propõe uma radical transformação do tempo e do espaço, dando um papel primordial à imaginação. [...] Deixa-se de lado a preocupação pelo bem comum para dar lugar à realização imediata dos desejos dos indivíduos, à criação de novos e, muitas vezes, arbitrários direitos individuais, aos problemas da sexualidade, da família, das enfermidades e da morte (n. 44).[11]

Mostra certo pessimismo na interpretação das transformações, ao deplorar que "nossas tradições culturais já não se transmitem de uma geração à outra com a mesma fluidez que no passado"; e deplora que a família tenha perdido a condição de ser "um dos veículos mais importantes da transmissão da fé" (n. 39). Vê também como fatores adversos a ideologia

---

[10] CATÃO, Francisco. "Aos trinta anos de Medellín". In: *Conclusões da Conferência de Medellín-1968*. Anexo "Trinta anos depois, Medellín é ainda atual?". São Paulo: Paulinas, 1998, p. 253.

[11] DAp n. 44.

de gênero e as questões relativas à identidade sexual (n. 40). Mas aponta com clareza as diversas formas de exclusão das famílias e de seus membros em bens fundamentais como condições para a saúde, educação e inserção em boas relações sociais participativas (n. 65); e ressalta graves problemas atuais, entre os quais a fome, o desemprego, tráfico de pessoas, migrações forçadas e violências generalizadas (nn. 73-78).

Do ponto de vista teológico, a família é inserida no contexto da alegria em sermos discípulos e missionários para anunciar o Evangelho de Jesus (nn. 114-119). A perspectiva de discipulado sugere teoricamente um aprendizado a se realizar dentro dos novos tempos e condições. Mas a apresentação assertiva dos ideais, às vezes, dificulta um pouco a percepção dos desafios a um processo criativo de aprendizado cristão dentro dos novos tempos. Considerando a análise feita sobre as situações das famílias hoje, à primeira vista parece teórico e utópico dizer que, "no seio de uma família, a pessoa descobre os motivos e o caminho para pertencer à família de Deus" (n. 118). Nesta mesma linha se colocaria o conceito de família como *Igreja Doméstica*, que sugere os principais ministérios dos pais no seio das famílias (n. 105-106). Entretanto, a consciência sobre a relação entre discipulado e realidade é apontada como um processo que se dá "dentro e através dos atos, das dificuldades, dos acontecimentos da existência de cada dia"; e quanto à missionariedade, chama-se a atenção para não se dirigir apenas a quem está afastado, mas sim à vida de todas as famílias (n. 107).

Essa tensão entre o horizonte ideal cristão com que se projeta a figura de família e os contextos em transformação e muitas vezes adversos à sua realização, é uma tensão que fica mais clara nas propostas pastorais. Embora o documento de Aparecida esteja organizado em vista de outras ênfases, alguns fundamentos podem ser identificados e esclarecedores. Note-se em primeiro lugar a base espiritual de seres criados à imagem e semelhança de Deus, Amor total revelado em Jesus, pelo qual o amor nas relações familiares é chamado a ser um sinal sacramentário para a Humanidade (n. 433). Neste horizonte se insere o ideal de que as famílias sejam uma "primeira escola da fé" na educação para o amor, solidariedade a partir dos pobres e excluídos da vida, que leva a priorizar a atenção para as mães, pais e crianças atropelados pelas desigualdades sociais (nn. 302; 409).

Um detalhamento de sugestões práticas está reunido de forma bastante mesclada em tópicos que variam entre atividades voltadas para a formação humana e religiosa, para atividades sociais e políticas, para organizações na ação pastoral, questões morais e semelhantes (nn. 437; 441; 446; 469). Chamam à atenção dois tópicos: um que lembra a proibição de acesso à Eucaristia por *casais irregulares*, especificamente as pessoas divorciadas que se casam novamente; e outro voltado a agilizar os Tribunais eclesiásticos que julgam os casos de separação. Por outro lado, é interessante que em todo o documento não haja referência à *anticoncepção* nem a *métodos artificiais* de controle da natalidade, nem a questões de reprodução assistida. Apenas a recomendação quanto a métodos naturais de regulação, como exercício da paternidade responsável (n. 469).

Neste breve olhar sobre trajetórias das Conferências da CELAM após a Conferência de Medellín, podemos ressaltar alguns pontos em síntese, e por isso mesmo de certo modo simplificado:

A) As percepções sobre as transformações socioculturais que afetam a sociedade e incidem diretamente sobre a vida familiar vão assumindo contornos mais detalhados; é persistente a consciência sobre as desigualdades sociais que agravam as famílias, criam inúmeros obstáculos à realização dos ideais cristãos na vida familiar e desafiam ações pastorais no interior da Igreja e necessariamente também no seio da sociedade.

B) Mas até que ponto cresce a consciência de que as transformações plasmam uma nova condição de ser na vida em sociedade? Pode-se notar que, no modo de interpretar as transformações, se carregam bastante as tintas sobre os aspectos adversos; o que é sem dúvida indispensável nos persistentes contextos das desigualdades sociais. Mas na medida em que o reconhecimento dos benefícios se reduz às conquistas tecnológicas, fica mais remota a percepção sobre as novas condições do viver que se plasmam hoje. Novas condições também para a vida familiar, a serem antes de tudo fermentadas pelo Evangelho de Jesus. Esta parece uma interrogação aguda em nossos tempos.

C) Os fundamentos teológicos para a pastoral familiar enfatizados em Medellín à luz do Concílio foram perceptivelmente influentes para impulsionar a ação pastoral no seio da sociedade, em favor das famílias agravadas pelas desigualdades sociais. Deriva daí uma espiritualidade de compromisso social diante das *outras* famílias, conjugada até certo ponto com as motivações espirituais para a vivência cristã do próprio casal. Aparecem menos, porém, os aprofundamentos relacionados com as práticas concretas dentro das novas condições desenhadas nos novos tempos. O conceito de *paternidade responsável* selado pelo Concílio pode ser considerado um exemplo nesse sentido; mas foi em seguida bastante afetado pela discussão sobre a moralidade de meios *naturais* e *artificiais*. Seria o silêncio a esse respeito no documento de Aparecida um sinal de busca do fermento evangélico dentro das novas condições culturais?

D) A esse ponto, é interessante notar como as transformações socioculturais e os enfoques dados em Medellín afetam os critérios da moralidade familiar. Embora isto se dê lentamente, sua polarização em torno de questões sexuais se desloca para as exigências cristãs em outras direções. Entre estas, a sensibilidade às famílias necessitadas, o respeito diante dos rostos concretos das pessoas que também integram as relações familiares, e que são marcadas por discriminações, especialmente as mulheres e crianças, e outras pessoas que integram a rede de serviços na vida familiar. Cresce a consciência sobre as estruturas sociais de onde se originam as desigualdades e exclusões. Mas, embora sempre lentamente, cresce também a consciência sobre os condicionamentos socioculturais que afetam a própria liberdade das pessoas em suas decisões morais.

E) A teologia sacramentária do matrimônio, estreitamente associada à moralidade da vida conjugal particularmente sexual, enriquece o sentido de *sinal do Amor* de Deus com a perspectiva de compromisso social e de vocação missionária em direção à sociedade e a outras famílias. Por outro lado, a estreita vinculação entre *sacramentalidade* e *indissolubilidade*, proposta por Sto. Agostinho,[12] chega aos nossos dias com a restrição do acesso à Eucaristia para pessoas separadas que assumem nova união; e embora com menor ênfase, também para casais que *não se casaram na Igreja*. Nos bastidores desta conhecida tensão pastoral, há vários aspectos, entre os quais a pergunta no âmbito doutrinal sobre a relação entre a fé dos nubentes e o vínculo sacramental indissolúvel. O papa Bento XVI afirmou que, para a indissolubilidade sacramental, "o que é exigido, como condição mínima necessária, é a intenção de fazer o que a Igreja faz";[13] mas ao mesmo tempo reconhece a dificuldade em esclarecer sobre o alcance de tal *intenção*;[14] pelo que o papa em seu discurso conclui que "sobre esta problemática, sobretudo no contexto atual, será preciso promover ulteriores reflexões".

De fato, nos tempos atuais, a questão ganha outros contornos com as novas condições de temporalidade trazidas pelas transformações socioculturais, que afetam as razões de bem pelas quais se propõe a *indissolubilidade* por toda a vida. Uma explicitação a esse respeito escapa ao âmbito deste ensaio. Mas a título de simples elucidação, vale lembrar como nosso momento civilizatório, sem dúvida em meio a crises, tem ensaiado profundas transformações em seus sistemas de alianças e vínculos.[15] Estes dizem respeito a relações ambientais e ao complexo conjunto de relações sociais colocadas sob o nome de *globalização*; e chegam obviamente também aos sistemas das alianças familiares, em torno da reprodução humana, das formas de subsistência econômica e de satisfação afetiva, entre outros. Junto

---

[12] SCHILLEBEECKX, Edouard. *Matrimônio: realidade terrestre e mistério de salvação*. 2. ed. Petrópolis: Vozes1973.

[13] BENTO XVI. Discurso na Inauguração do Ano Judiciário do Tribunal da Rota Romana. 26/01/2013. Disponível em: //w2.vatican.va/content/benedict-xvi/pt/speeches/2013/january/documents/hf_ben-xvi_spe_20130126_rota-romana.html.

[14] Em 1977, a Comissão Teológica Internacional já levantara questões a esse respeito. Cf. La dottrina cattolica sul sacramento del matrimonio. In: *Documenti 1969-2004*, vol. 13. Bolonha 2006. Disponível em: http://www.vatican.va/roman_curia/congregations/cfaith/cti_documents/rc_cti_1977_sacramento-matrimonio_it.html.

[15] Veja interessantes aspectos psicossociais em KAËS, René. *As Alianças inconscientes*. São Paulo: Ideias e Letras, 2014.

à indispensável leitura crítica e cautelosa sobre estes processos, parece caber também a pergunta sobre a inculturação do Evangelho dentro das novas condições socioculturais, sem incidir em simples concessão ao descompromisso.

O desafio formulado em Medellín de pensar família e pastoral nas transformações socioculturais da América Latina chega desta forma aos nossos dias em um processo dinâmico de significativos avanços e de questões persistentes. Entretanto, estaria faltando ainda somar a isso a dimensão das tensões entre tendências teológicas e pastorais que se fizeram presentes desde a própria realização da Conferência em Medellín. Essas tensões na verdade têm proporções mundiais manifestas na realização do próprio Concílio. E como se sabe, elas cresceram no pós-Concílio, de modo que pouco mais depois de uma década já se apontava um processo de reversão na herança conciliar assumida pelas Conferências latino-americanas a partir de Medellín.[16] Esta breve nota é uma introdução necessária às considerações que a seguir fazemos sobre a realização do Sínodo sobre Família (2014-2015) e as linhas que dele derivam.

III – Alegria de amar em meio às transformações

O Sínodo Extraordinário sobre Família surpreendeu ao ser organizado em duas etapas, que os respectivos documentos de trabalho nomearam como "Os Desafios Pastorais da Família no Contexto da Evangelização" (2014); e "A vocação e a missão da Família na Igreja e no mundo contemporâneo" (2015).[17] Mas este Sínodo não se compreende fora do contexto eclesial mais amplo em que se insere. As características do pontificado do Papa Francisco somadas à celebração do 50º aniversário de encerramento do Concílio Vaticano II colocam o Sínodo sobre a Família em um lugar estreitamente associado à *Gaudium et Spes*, que exatamente dedica uma

---

[16] Cf. LIBÂNIO, J. Batista. *Volta à grande disciplina*. São Paulo: Loyola, 1979.

[17] Os documentos deste Sínodo sobre Família, aqui citados, disponíveis em: http://www.vatican.va/roman_curia/synod/index_it.htm.

substancial parte de seus conteúdos ao lugar da Família na sociedade e à pastoral conjugal e familiar. Não é por acaso que o conceito de *alegria* deste documento conciliar seja retomado para nomear as duas significativas exortações apostólicas *Evangelii Gaudium* (2013) e *Amoris Laetitia* (2016). Assinala com isto a disposição de aprofundar as direções apontadas no Concílio para a ampla renovação e atualização de métodos hermenêuticos e fundamentos teológicos subjacentes, necessários à ação pastoral.

Sob esse ponto de vista, o Sínodo representou um decisivo passo metodológico na aproximação ao tema. Começa por ouvir as realidades sobre família, *tristezas e angústias* pastorais, teóricas, existenciais, nos diferentes contextos socioculturais e eclesiais. No discurso de encerramento o Papa Francisco[18] ressalta que no método do Sínodo "as diversas opiniões que se expressaram com liberdade – e infelizmente às vezes com métodos nem sempre benévolos – com certeza enriqueceram e animaram o diálogo, oferecendo uma imagem viva de uma Igreja que não usa 'módulos pré-fabricados'". E amparado por uma fundamentação,[19] ampliada depois na *Amoris Laetitia*, ressalta como resultado desse diálogo o encontro com a grande pluralidade cultural e seu desafio à inculturação do Evangelho: "De fato, as culturas são muito diferentes entre si e todo princípio geral – como dissemos, as questões dogmáticas bem definidas pelo Magistério da Igreja – precisa ser inculturado, se quiser ser observado e aplicado" (n. 3).

Pode-se dizer que o método de realização deste Sínodo se aproxima da atitude metodológica do *ver-julgar-agir* usado na Conferência de Medellín; a qual também já aparece de forma implícita na expressão do Papa João XXIII propondo o Concílio em termos de "abrir as janelas da Igreja" para ver e se beneficiar de ares renovados. O resultado desse método que leva a afirmar

---

[18] FRANCISCO, Papa. Discurso na conclusão do Sínodo sobre Família (24/X/2015). Vaticano, 2015. Disponível em: http://w2.vatican.va/content/francesco/pt/speeches/2015/october/documents/.

[19] PONTIFICIA COMMISSIONE BIBLICA. *Fede e cultura alla luce della Bibbia. Atti della Sessione plenaria 1979 della Pontificia Commissione Biblica*. Torino: LDC; Leumann, 1981; CONC. ECUM. VAT. II, Const. *Gaudium et spes* n. 44.

a necessidade de *inculturação* das questões dogmáticas é de certo modo o mesmo que permitiu ao Concílio a coragem de renovar a hermenêutica de importantes fundamentos da fé e de sua organização eclesial. A proposta do ano jubilar da Misericórdia é um modo de responder com sabedoria ao risco de se perderem as referências fundamentais da fé ao lidar com a inculturação dos marcos doutrinários.

Este abreviado quadro inicial sugere um contexto eloquente para se entender a Exortação apostólica pós-sinodal *Amoris Laetitia*.[20] Em uma linguagem despojada de aparatos científicos, longa em seu gênero e direcionada de modo consciente a diferentes grupos eclesiais, ela inclui inúmeros aspectos. As importantes tensões e questões surgidas no Sínodo são aqui retomadas, com um método de leitura e de ênfases que apontam caminhos de prosseguimento, não obstante a tensões. No interesse de perceber as atualizações que vão se dando desde o Vaticano II e Medellín para pensar a Família em meio às transformações, ressaltamos aqui os passos significativos de método e de enfoques que vemos na Exortação:

A) Olhar a realidade com Misericórdia: Família é um "terreno sagrado" em que estão vidas concretas das pessoas, e não um simples tema. Dar rosto aos temas ajuda "a ouvir o que Deus nos diz em nossas situações". Liberta de soluções abstratas e impele a "procurar a presença de Deus nas mudanças da história", nos coloca dentro e não fora da história humana; e assim evita "juízos e atitudes que não assumem a complexidade da vida".[21] A Misericórdia leva a considerar a Família com o realismo de Deus, a "lógica da compaixão" (AL 308). Nesta atitude, se dá valor ao sonho que vem se realizando nos testemunhos das práticas cristãs nas famílias em que se pode ver o encontro do "sonho de Deus e a vida dos homens" (AL 321).

B) *Olhar contemplativo e analítico – teorias e sistematizações – vida e interação.* Notamos nas afirmações e opções do roteiro assumido na

---

[20] FRANCISCO, Papa. *Amoris Laetitia*. Exortação Apostólica (19 de maio de 2016). São Paulo: Paulinas, 2014.

[21] Disponível em: //w2.vatican.va/content/francesco/pt/speeches/2016/june/documents/papa-francesco_20160616_convegno-diocesi-roma.html.

Exortação um implícito ajuste ao chamado método *ver-julgar-agir*. A leitura da realidade familiar se faz em um olhar de contemplação e análise, e não apenas de análise científica, seguindo a própria evolução do pensamento científico que mostra a não neutralidade das ciências e como partem de opções hermenêuticas mais ou menos conscientes. As teorias e sistematizações, onde se incluem as explicitações e doutrinas da fé cristã, se subordinam ao critério de servir para a construção e animação da vida cristã familiar, de um modo interativo. O *agente* é um interagente.[22] Esse conceito está implícito numa pastoral que não substitui os verdadeiros sujeitos em suas realidades diversas e complexas, mas se propõe a estimulá-los nos valores conjugais e familiares (AL 5).

C) Na análise da realidade se dá particular atenção à diversidade cultural, anotada acima; às situações de carências e de exclusões aos bens indispensáveis para viver com dignidade em família e matrimônio; à educação integral, com suas diferentes instâncias de serviço e/ou de interferência, entre mídia, Estado, escola, família e comunidades cristãs (AL 84); à criatividade cristã dos próprios membros nas famílias, em particular os esposos, em suas diferentes situações (AL 74).

D) Na interação com sujeitos complexos, nas diversidades culturais e diferenças de condições sociais, é praticamente impossível ter definições e regras comuns a todos, sem atropelar as pessoas e tornar as definições inadequadas. Assim, "nem todas as discussões doutrinais, morais ou pastorais devem ser resolvidas através de intervenções magisteriais; [...] a unidade de doutrina e práxis [...] não impede que existam maneiras diferentes de interpretar alguns aspectos da doutrina ou algumas consequências [...] soluções mais inculturadas, atentas às tradições e aos desafios locais" (AL 3).

E) O roteiro da Exortação sugere como a dimensão sacramentária da Família e Matrimônio, em seu sentido amplo, é delineada em termos de

---

[22] Cf. ANJOS, Márcio F. "Sujeito da Missão ou Sujeitos na Missão? Conceitos que fazem diferença". *Espaços* (São Paulo), v. 21/2, p. 195-208, 2013.

vocação a participar do mistério do Amor de Deus pela criação e revelação cristã do significado do Amor em meio às tensões e transformações. Assim, o *sacramento* em seu sentido fundamental precisa ser aprendido constantemente através do testemunho e da educação interativa entre as comunidades, os pais e filhos e as famílias entre si. Trata-se de um processo dinâmico em meio às confusões da vida, onde um pequeno passo pode significar um grande avanço (AL 305).[23] A vivência da *sacramentalidade* em seu sentido fundamental se dá como *espiritualidade*.

F) O Matrimônio como um dos sete sacramentos, caracterizado pela indissolubilidade e forma canônica que o protegem, é naturalmente olhado com respeito. Mas ressalta outros aspectos, como sua dimensão de "dom para a santificação e salvação dos esposos", radicado na vocação cristã cuja resposta está centrada no consentimento do casal, não obstante a forma canônica variada através da história. Lembra ainda a tradição da bênção aos noivos nas Igrejas Orientais como sinal desse dom (AL 75). Alivia deste modo alguns excessos de centralização nas disciplinas em torno do vínculo e forma canônica; incentiva assim as linhas já lançadas por Bento XVI em aprofundar as fundamentações sobre a indissolubilidade, e se antecipa em conferir mais agilidade aos bispos e tribunais diocesanos para discernir causas matrimoniais.

G) Nas questões relacionadas à moral familiar, nota-se persistência numa visão macroestrutural em que se inserem a compreensão, desafios e críticas às questões particularizadas, considerando também os processos gradativos da consciência moral em âmbito coletivo. O respeito aos processos culturais não arrefece a contundência das críticas, mas as coloca no contraponto de metas para a dignidade; o que igualmente se faz em questões comportamentais do amor e da fecundidade.

Com estas rápidas anotações se sugere um modesto esboço sobre o desenvolvimento das intuições neste percurso de 50 anos desde a Conferência

---

[23] FRANCISCO, Papa. *Evangelii Gaudium*. Exortação Apostólica, 24 de novembro de 2013; n. 44. São Paulo: Paulinas, 2014.

de Medellín. Em rápida comparação com o tempo passado vemos hoje a contundência das transformações socioculturais que plasmam os modelos familiares, e que moldam de modo desafiador nossas formas de ser no mundo, de pensar, de crer e de ser Igreja. Em meios a estas transformações cada vez mais velozes se percebe como pode ser decisivo acentuar a importância da vocação cristã às pessoas concretas, sujeitos individuais, comunitários e coletivos, e de suas respostas criativas a serem dadas na atualidade dos contextos e situações. Estamos em tempos de colher alguns frutos de uma primavera, que forneçam também sementes resistentes e sempre criativas nas surpresas do futuro.

Educação

Fernando Altemeyer Junior[1]

I – O antes do documento de Medellín

É preciso refazer o mapa histórico que nos levou ao documento de Medellín promulgado e difundido sem censura romana em seis de setembro de 1968, com a explícita aprovação papal e do representante pontifício cardeal Antônio Samoré. Nascia um novo jeito de ser Igreja naquele paradoxal ano de 1968, marcado por revoluções culturais na Europa e por golpes militares nas Américas. O evento episcopal emergia como uma sequência natural do Concílio Vaticano II entre 1962 e 1965 em Roma. O capítulo quatro, dedicado à educação, se conecta ao *Gravissimum Educationis* (GE), Declaração sobre a Educação Cristã, de 28/10/1965, aprovada por 2.290 padres conciliares e 35 votos contrários. Esta declaração sinodal parte de um texto curial burocrático sobre as "Escolas Católicas" que foi ampliado para um diálogo com as culturas e uma educação multifacetada, e não mais como instrumental catequético. Os bispos sentiram-se obrigados a passar de uma educação como privilégio de alguns para a educação como direito de todos, incluso na perspectiva cristã. Foram instados a superar a escola católica separada e das elites ricas dos países colonizados, em favor de uma política educacional que incluísse a participação das instituições católicas, em clima de liberdade nos projetos cívicos de seus países,

---

[1] É teólogo leigo, possui graduação em Filosofia e em Teologia, mestrado em Teologia e Ciências da Religião pela Universidade Católica de Louvain-La-Neuve, na Bélgica, e doutorado em Ciências Sociais pela Pontifícia Universidade Católica de São Paulo – PUC. Atualmente é professor e integra o Departamento de Ciência da Religião da Faculdade de Ciências Sociais da PUC–SP.

engajada agora em processos culturais diversos em Estado laicos. Depois de duzentos anos da negação da revolução francesa e dezessete de silêncio sobre a Declaração Universal de Direitos da ONU, a Igreja Católica reconhece o papel dos Estados modernos na garantia do direito inalienável da educação e, descendo de sua torre de marfim, se propõe parte ética na educação como fato de humanização e como uma das atrizes na mediação escolar adaptada às novas realidades com sua identidade católica dialogal. O documento conciliar tradicional, fraco e sem novidades, entretanto, abriu horizontes para a compreensão dos processos democráticos nos quais estava inserta a Igreja Católica ainda que cooptada pelas elites financeiras. Compreender a educação para além dos bancos escolares abriria um portal de diálogo com os outros atores educativos, da sociedade civil e mesmo nos aparelhos de Estado. Este texto conciliar foi citado apenas seis vezes nas conclusões de Medellín. A compreensão subterrânea dos textos propostos pelos padres presentes no Vaticano II foi europeia e ocidental, marcada pelo pensamento liberal, por correntes do existencialismo e do personalismo cristão e de forma incipiente por estudos de algumas das pedagogias modernas. Os bispos conciliares tomaram contato com as propostas de Jan Amos Komensky (Comenius), Johan Heinrich Pestalozzi, Jean Piaget, Simone Weil, John Dewey e particularmente com os italianos Giovanni Melchiorre Bosco (dom Bosco) e Maria Tecla Artemesia Montessori. Na América Latina e Caribe, alguns liberais e mesmo muitos positivistas distantes do universo católico. Entre os precursores na educação continental temos: Olga Cossetini, Salomé Ureña, Félix Varela, Eugenio Maria de Hostos, Domingo Sarmiento, Andrés Bello e Anísio Teixeira.

Alguns encontros episcopais foram os ensaios prévios para se chegar à maturação na Segunda Conferência Geral do Episcopado em 1968. Em primeiro lugar o encontro sobre Educação, Apostolado dos leigos e Ação social, em Baños, Equador, de 5 a 8 de junho de 1966. A décima Assembleia Ordinária do CELAM em Mar del Plata, entre 11 a 16 de outubro de 1966. As duas reuniões proféticas ocorridas em Buga, Colômbia: o Encontro latino-americano e caribenho das Universidades Católicas entre 12 a 18 fevereiro de 1967 e o Seminário dos bispos sobre a presença da Igreja na realidade latino-americana entre 19 e 25 de fevereiro de 1967. Aqui estavam as sementes que eclodiriam em Medellín no ano seguinte. O encontro do departamento de Pastoral Social, ocorrido em Itapuã, em Salvador da Bahia, Brasil, entre 12 e 19 de março de 1968. E, finalmente, o encontro em Melgar, Colômbia, entre 20 e 27 de abril de 1968, sobre a missão. Todos estes encontros foram peças do mosaico completado e articulado na Colômbia com a presença do papa Paulo VI.

Medellín foi um marco inaugural para a Igreja latino-americana e caribenha. Foi como que o seu batismo de fogo e sangue. Depois de 476 anos da chegada dos colonizadores, pela primeira vez, em lugar de reproduzir esquemas estrangeiros, os seguidores de Jesus assumiam, pela voz dos bispos católicos, uma voz própria e um novo jeito de ser Igreja a partir dos pobres explorados do continente. Em Medellín temos o início do processo de transformação de nossa Igreja "a ganhar distância dos regimes e sistemas com os quais convivia. Ganhando distância e altura sobre eles, ela começa a vê-los sob luz nova; começa a iluminá-los com a irradiação evangélica, percebe tudo o que neles havia de injustiça e iniquidade".[2]

Quatro personagens emergiram da II Conferência Geral do Episcopado como luzes da nova consciência eclesial e educativa. São eles: dom Manuel Larraín Errázuriz (17/12/1900-22/06/1966), bispo de Talca, Chile, entre 1939 e 1966, fundador do CELAM e vice-presidente da Conferência Episcopal de Chile, precursor do evento de Medellín; dom Cândido Padin (nascido Rubens Padin – 05/09/1915-25/01/2008), monge beneditino e bispo de Lorena e Bauru, membro do Departamento de Educação e seu presidente entre 1967-1972, consultor da Congregação para a Educação Católica do Vaticano, entre 1968 a 1973; dom Helder Pessoa Câmara (07/02/1909-27/09/1999), bispo auxiliar de São Sebastião do Rio

---

[2] ÁVILA, Fernando Bastos de. *Pequena Enciclopédia da Doutrina Social da Igreja*. São Paulo: Loyola, 1995, verbete Medellín, p. 288.

de Janeiro, RJ, e arcebispo de Olinda e Recife, PE, grande articulador das conferências episcopais e do próprio Concílio Vaticano II; e, enfim, Paulo Reglus Neves Freire (19/09/1921-02/05/1997), educador brasileiro de renome internacional e atualmente patrono da educação brasileira. Este quarteto de pensadores articulou a coluna vertebral do documento destinado à Educação no texto final de Medellín. Dom Cândido e dom Helder presentes como autores do documento e dom Manuel e Paulo Freire, como inspiradores. Entre os quatro havia uma grande sintonia de projeto e utopias. Diz Paulo Freire sobre a sensibilidade libertadora de dom Helder:

> A dom Helder não lhe dói apenas o Brasil, mas o mundo. A ele lhe dói a dor não importa quem sofra. A dor dos que, chegando à vida, pouco ficam; dos que, ficando, em breve, são devolvidos. A dor dos maldormidos, dos traídos, dos assustados, dos ofendidos, dos violados, dos inseguros, dos torturados. A dor de quem se perde na desesperança. A dor daqueles e daquelas a quem a malvadez dos poderosos nega o direito de sonhar. O fundamental, porém, é que, assumindo a dor de não importa quem, não o faz como se nada mais pudesse e devesse fazer. Ele tem na assunção do sofrimento do mundo o ponto de partida da esperança em tempos melhores.[3]

II – Educação em Medellín

A Segunda Conferência Geral do Episcopado Latino-americano – CELAM realizou-se em Medellín, Colômbia, entre 26 de agosto a 6 de setembro de 1968. Sediada no Seminário Maior da Arquidiocese de Medellín, capital da província de Antioquia. A Segunda Conferência Episcopal continental foi convocada pelo papa Paulo VI, por insistência de D. Manuel Larraín Errázuriz (falecido em acidente automobilístico no Chile em 22 de junho de 1966) e pela articulação permanente de D. Helder Pessoa Câmara,

---

[3] FREIRE, Paulo. In: apresentação. *Dom Helder, palavras e reflexões*. Recife: UFPE, 1995, p. 7-8.

arcebispo de Olinda e Recife-PE. A temática proposta em reunião preparatória de novembro de 1967, em Lima, Peru, foi: "A Igreja na presente transformação da América Latina à luz do Concílio Vaticano II". A abertura da Conferência feita pelo Papa coincide com a primeira visita de um pontífice à América Latina. Foi inaugurada na catedral de Bogotá, em dia 24 de agosto, por ocasião do XXXIX Congresso Eucarístico Internacional. O total de participantes nesta Segunda Conferência foi de 138 bispos com direito a voz e voto, somados a 71 sacerdotes (entre os quais 17 peritos); 3 irmãos consagrados, sete religiosas (sendo uma perita), 19 leigos (17 representantes de organizações latino-americanas e dois peritos), 11 observadores cristãos não católicos. O total de 122 bispos de 138 presentes havia anteriormente sido parte ativa do Concílio Vaticano II.

A Conferência foi marcada pelo discurso inaugural dos três presidentes: cardeal Landázuri, cardeal Samoré e dom Avelar Brandão, seguido de oito exposições. Marcante a exposição de padre Afonso Gregory, que causou forte impacto com os dados da situação de miséria e de violência institucionalizada no continente, fazendo ressoar a pergunta que não queria calar: "Que resposta de esperança podemos dar aos nossos povos, em nome do Evangelho de Jesus Cristo?".[4]

O segredo dos 16 documentos da Assembleia Latino-americana e caribenha esteve centrado no método de estudo e participação: ver, julgar e agir. A contemplação da realidade latino-americana como ponto de partida para a ação cristã alterou a perspectiva impositiva de documentos europeus que aqui chegavam sem inculturar-se nem dialogar. Padre Fernando Bastos Ávila assim resume o ponto de partida do acontecimento episcopal de Medellín: "partem da constatação de uma situação de miséria, como fato coletivo, constituindo uma situação de injustiça que brada aos céus. Esta situação não permite ignorar o fenômeno de uma quase universal frustração de legítimas aspirações, criando um clima de angústia coletiva.

---

[4] PADIN, Candido. In: "José Oscar Beozzo, Medellín: vinte anos depois (1968-1988)", in: *REB* 48, fasc. 192, dez. 1988, Petrópolis: Vozes, p. 788.

Esta situação tem raiz amarga no pecado, cuja cristalização aparece evidente nas estruturas injustas que caracterizam o continente".[5]

Outro elemento catalizador para um documento inédito e consensual foi que a maioria dos bispos e peritos havia participado colegialmente do processo reformador do Concílio Vaticano II em seu *aggiornamento* e opções missionárias. Vieram todos empolgados com as mudanças conciliares ainda frescas em sua memória e vidas. Vieram marcados pelas transformações de uma Igreja que queria estar sintonizada com os tempos e os novos sinais do Espírito de Deus na história. Especialmente ciosos de que a Igreja precisava ser um sacramento e sinal crível no mundo. Não mais a Igreja da cristandade com discursos moralizantes e que optará pelas elites nacionais burguesas, mas uma Igreja *intra mundi* e *pro vita mundi*, optando pelos pobres radicalmente como um sal fecundo no meio do Povo de Deus. O processo de revisão teológica vivido pelos episcopados do continente, particularmente pelo brasileiro, nos quatro anos do Concílio, havia convertido os bispos e suas prioridades pastorais. Dom Antonio Fragoso, bispo de Crateús, CE, é uma testemunha explícita do salto em seu próprio pensamento e forma de ser bispo. Em carta escrita em 15 de setembro de 1998 confessa:

> Nos bastidores do Concílio, um grupo de Bispos se reunia no Colégio Belga e tematizava a identidade entre Jesus e os pobres, ensaiando a compreensão das consequências sociais, políticas, culturais e místicas dessa identidade; ficou-nos a certeza de que o Vaticano II não era o ponto de chegada, mas o ponto de partida de um processo exigente de conversão pessoal e eclesial. O Antônio Fragoso, que saiu do Concílio, não era mais o mesmo que nele entrou, em outubro de 1962. Nunca direi demais a Deus toda a minha gratidão por ter sido e continuar sendo Padre Conciliar.[6]

---

[5] ÁVILA, Fernando Bastos de. *Pequena Enciclopédia da Doutrina Social da Igreja*. p. 286-287.

[6] Disponível em: http://www.ihu.unisinos.br/523070-testamento-testemunho-de-dom-antonio-fragoso-ex-bispo-de-crateus-ce.

Esta convicção de dom Fragoso era a de grande parte dos bispos na América Latina: chegara a hora de ouvir e responder aos clamores dos povos espoliados e pisados do continente paradoxalmente dito cristão. O lamento dos indígenas, negros, camponeses exigia uma nova Igreja atenta, profética e companheira das periferias e interiores. Felizmente emergiu como dádiva do Ressuscitado um conjunto de bispos antenados e alguns teólogos como o peruano Gustavo Gutierrez para exprimir essa nova teologia libertadora. Uma plêiade de pensadores lúcidos esteve em Medellín naquela hora da América. Gente como padre José Marins, padre camiliano Júlio Munaro, padre geral dos jesuítas Pedro Arrupe, padre Affonso Felippe Gregory e padre Raimundo Caramuru de Barros. O ponto de mutação do encontro foi partir dos povos concretos e das histórias reais, não aplicando normas advindas de fora ou de cima que falseavam a realidade e a inserção da mensagem do Evangelho. Assumir o rosto dos pobres para completar a tarefa conciliar na identidade própria na América Latina e Caribe. Em lugar de uma teologia descendente, os bispos propuseram uma teologia invertida. Produzir a perspectiva libertária ascendente graças à sensibilidade de uma leitura crítica da realidade, a ausculta dos clamores dos povos com a imprescindível sintonia refinada dos personagens-chave que conduziam a Assembleia, como dom Eduardo Francisco Pironio, secretário-geral do CELAM, e o subsecretário, o padre espanhol marianista Cecílio de Lora Soria, de modo a articular serenamente e aprovar os dezesseis documentos de forma colegial. Riqueza imensa era a presença de bispos conectados com as culturas indígenas, como dom Samuel Ruíz Garcia, de Chiapas, México, e dom Leonidas Proaño Villalba, bispo de Bolívar-Riobamba, no Equador. Outro elemento catalizador inédito eram as treze mulheres (sete religiosas e seis leigas) presentes, entre elas as brasileiras Irany Vidal Bastos, MJC, irmã Missionária de Jesus Crucificado, e Marina Bandeira, leiga, representante do MEB, do Rio de Janeiro-RJ. Destaque para a afetiva e efetiva presença de onze irmãos de outras confissões religiosas, participantes plenos no encontro, inclusive na mesa da Eucaristia. As oito conferências inaugurais de alguns peritos confirmaram o cenário a partir do qual se queria evangelizar.

É certo que houve confronto entre dois modelos ou estilos de pensar a evangelização. O grupo dos reformistas se contrapôs à corrente libertária expressa com vigor por dom Helder Câmara e pela novidade do Vaticano II. Assim, resgatamos textos inovadores que denunciam o analfabetismo, a marginalização, em crítica contundente aos formalismos abstratos que colocam as escolas e a educação a serviço do mercado e não da pessoa humana. Mas podemos ler textos que pedem que seja superada a tendência fatalista, dos fanatismos, superstições, complexos e passividades das quais precisam ser libertados, revelando traços do discurso ocidental e elitista que os mesmos bispos diziam condenar. Essa tensão real do pensamento colonial de vários episcopados presente em documento de consenso não obscurecia a tarefa das Igrejas na busca do protagonismo dos povos, por meio de um planejamento capaz de superar o modelo colonial construído pelo mercado e por uma cultura capitalista dominante. Há um claro desejo de crescer em humanidade para despertar um novo mundo. Os mesmos bispos assinam em documento algo que muitos ainda precisam descobrir nos rostos de seus países: a diversidade indígena e a marca da matriz afro-americana ainda silenciada nas igrejas.

O documento foi redigido em cinco páginas, 210 linhas e 2828 palavras, sem uma visão uniforme de cultura nem de educação.[7] Possui três núcleos de articulação: 1. As características da educação na América Latina, 2. O sentido humanista e cristão e 3. As orientações pastorais. O capítulo inteiro destaca a urgência do desenvolvimento integral como critério fundamental da educação. Apresenta o panorama geral que se mostra ao mesmo tempo como "drama e desafio". Os bispos se sentem chamados a "entrosar a Igreja no processo de transformação dos povos latino-americanos (Introdução)". Afirmam os bispos que hoje temos esforços educativos inadequados, pois "padecem de sérias deficiências e inadequações (4,1)". Não se trata de incorporar os marginalizados e oprimidos "nas estruturas

---

[7] Disponível em: http://www.cefep.org.br/documentos/textoseartigos/documentosecartas/Medellín.doc/view.

culturais que existem", pois estas "podem ser também opressoras (4,1)". A novidade está na educação libertadora, onde o educando é sujeito de seu próprio desenvolvimento, "aprofundando a consciência de sua dignidade humana, favorecendo sua livre autodeterminação e promovendo seu sentido comunitário (4,2)". Esta tarefa se inspira em categorias pedagógicas da libertação, bem como na experiência e proclamação do Cristo Pascal. É uma tarefa criativa e original, sem discriminações de qualquer espécie, que realize o parto de um homem novo como agente de mudança social consciente. Os graves pecados do subdesenvolvimento, do colonialismo, da deformação dos valores populares e da fuga da consciência crítica devem ser enfrentados por todas as Igrejas. As orientações são precisas: ouvir a juventude no próprio processo formativo; pais não podem ficar marginalizados do processo educativo; formação profissional e ética dos professores; e consciência de que a educação de base não deve ser olvidada, para "capacitar o homem para convertê-lo em agente consciente de seu desenvolvimento integral", como tarefa da Igreja em tempos de crise e mudança; rejeitar as soluções inspiradas no liberalismo capitalista, atendendo às exigências da justiça como critério e ponto de partida. Padre Beozzo afirma que

> o documento de Medellín acolhe, assim, as grandes linhas de uma educação libertadora, nascida das experiências de educação popular desenvolvidas nas campanhas de educação de base, a partir dos métodos inovadores da pedagogia do oprimido do educador brasileiro Paulo Freire, ao mesmo tempo que a fundamente teologicamente no mistério pascal do Cristo.[8]

O documento sobre a Educação aponta alguns desafios concretos para os agentes evangelizadores: respeito à cultura, proximidade com a realidade dos educandos, respeito ao pluralismo, democratização da educação, universidades e currículos atentos aos problemas sociais, diálogo

---

[8] BEOZZO, José Oscar. "Medellín: inspiração e raízes". In: *REB* fasc. 232 dez. 1998, p. 837.

multidisciplinar. Define a educação como espaço e projeto libertador. A educação é aquela que transforma e que nasce da base. Nasce das dores dos oprimidos e quer ser voz dos sem-voz. Em relação às escolas católicas, os bispos sugerem alguns deveres urgentes: 1. Ser comunidade. 2. Integrar-se na comunidade e abrir-se ao nacional e latino-americano. 3. Ser dinâmica e viva. 4. Estar aberta ao diálogo ecumênico. 5. Transformar a escola em centro cultural, social e espiritual da comunidade.

III – Atualização do documento de Medellín

Certamente, retomar as conclusões será o primeiro passo para atualizar a profecia latino-americana, mesmo que uma boa parte do episcopado tenha decidido esquecer e apagar o documento. Afirma o padre José Comblin:

> pode-se dizer que Medellín esgotou as suas virtualidades históricas? De modo algum. Pode-se dizer que Medellín já cumpriu, já realizou a sua tarefa histórica? De modo algum. Já passamos para outra época histórica? Certamente não. Não somente os males denunciados em 1968 ainda existem, mas ficaram piores. A situação do continente ficou mais trágica. Mais do que nunca Medellín é atual. Preservar a memória de Medellín é uma grave responsabilidade de todos os que estão empenhados na continuidade da pastoral específica da América Latina. Medellín é a Carta Magna, a grande legitimação do movimento de renovação pastoral da segunda metade do século XX, o documento autêntico do primeiro movimento pastoral original e autóctone deste continente.[9]

Um segundo passo é avançar no espírito conciliar que esteve submerso nos textos e até silenciado. Será preciso valorizar o papel de sujeitos a cada povo e cultura de nossa Pátria Grande, neste tempo de neoliberalismo feroz e excludente. A libertação e a pedagogia da liberdade não avançam com textos e destinatários.

---

[9] COMBLIN, José. "Medellín: vinte anos depois – balanço temático". In: *REB* 48, fasc. 192, dez. 1988, Petrópolis: Vozes, p. 828-829.

> Precisa de novos atores. Os pobres, os operários, os Outros, as mulheres e a juventude não são apenas consultores da Igreja. O povo de Deus não é só uma instância consultativa ou apelativa para a hierarquia. Os pobres são a instância constitutiva para a Igreja. A questão do protagonismo constitucional dos pobres no interior da Igreja seria, como a revolução copernicana, não uma mudança da órbita celeste, mas o reconhecimento cognitivo de que essa órbita já funciona desde sempre diferentemente.[10]

É preciso que os educadores assumam o mergulho para o mais profundo que as adaptações curriculares ou estatais. Que valorizem os idiomas personalizados e a cultura material, simbólica e artística de nosso povo. Que sejam sempre mais interlocutores da diversidade étnica, sexual e religiosa num mundo em mutação. Que transformem escolas em centros culturais das cidades e bairros. Que as universidades sejam antes de tudo competentes e de vanguarda na investigação, na pesquisa e na ética. Que a busca da verdade seja tarefa comum de todos os interlocutores do conhecimento. Como lembra o padre Sertillanges: "Um homem inteligente encontra inteligência por toda parte, um tolo projeta em todos os muros a sombra de sua fronte estreita e inerte".[11] Assim, os universitários poderão responder com espírito criador e coragem às exigências do próprio país, em suas necessidades reais e de futuro. Sem contrapor a escola confessional da laica ou estatal, mas atuando em aberta e franca colaboração. O caráter confessional se exprimirá no diálogo e não em guetos asfixiantes e estéreis.

Inspirados no documento sobre Educação proclamado em Medellín, pode-se desenhar um projeto de uma escola cristã alicerçada em cinco pilares: 1. Uma escola que contribua com a justiça social em atos de solidariedade concretos. 2. Uma escola que permita e valorize a expressão da liberdade. 3. Uma escola que se abra às questões da ecologia integral.

---

[10] SUESS, Paulo. "Medellín: os sinais dos tempos". In: *REB*, 58 fasc. 232 Dez. 1998, Petrópolis: Vozes, p. 866-867.

[11] SERTILLANGES, A. D. *A vida intelectual, seu espírito, suas condições, seus métodos*. São Paulo: Editora É, 2010, p. 123-124.

4. Uma escola que valorize as novas relações entre jovens, adultos, imigrantes e outros povos numa visão planetária. 5. Uma escola que estimule aos jovens a descoberta de sentido em suas vidas.

E, enfim, uma visão educativa que transforme cada pessoa humana em um educador e intelectual. Como diz dom Paulo:

> o intelectual é o arauto da aurora da humanidade, o homem que precede a história. Mais. O amor é a característica básica do intelectual. Sua marca básica é o amor em geral e o amor pelo pensamento em particular. É papel do intelectual a luta pela justiça e pela solidariedade, não apenas pela preservação da saúde física da humanidade, mas também pela garantia da sobrevivência da imaginação.[12]

Educar é amar e saber-se amado. Educar é arrancar de dentro das pessoas sua palavra que busca a verdade. Ainda o padre Sertillanges, para nos ajudar na ação de aprendizes: "O espírito é como o aeroplano que não pode se manter em altitude se não avançar com a hélice em rotação máxima. Parar é desabar. O infinito que está a nossa frente quer o infinito de nosso desejo para corrigir tanto quanto possível o desfalecimento de nossa força".[13]

Façamos do aprendizado a nossa missão. Coloquemos a escola em missão libertadora!

---

[12] ARNS, Cardeal. "Um intelectual". In: AGUIAR, Flavio. (org.). *Antonio Candido*: pensamento e militância. São Paulo: Fundação Perseu Abramo/Humanitas, FFLCH/USP, 1999, p. 293.

[13] SERTILLANGES, A. D. *A vida intelectual, seu espírito, suas condições, seus métodos*. p. 107-108.

Juventudes: aproximações, leituras e releituras – 50 anos depois

Carlos Eduardo da S. M. Cardozo[1]

Os jovens emergem hoje como tema, como categoria, como movimento, como organização, como política pública, num início de século em que as clássicas tribos da América Latina passam a serem reconhecidas como povos, direitos, idiomas próprios, territórios demarcados, pelas sociedades ocidentais, com novas fronteiras concebidas por meio de práticas de comunicação voltadas à superação ou potencialização de conflitos latentes ou confrontos que se objetivam.

Em 1968, a II Conferência Geral do Episcopado Latino-Americano voltou seu olhar para a Juventude. "Juventude" é o tema do quinto documento da Conferência de Medellín, tendo sido antecedido pelo documento da Educação e precedido do documento da Pastoral das Massas. O documento da juventude apresenta a seguinte estrutura: situação atual, fazendo uma reflexão dos jovens na América Latina, critérios para a orientação pastoral, onde aprofunda os princípios pastorais e teológicos entre os jovens e, por fim, recomendações pastorais, onde a Igreja traça linhas e orientações para a ação pastoral.

Atualmente, após 50 anos da reflexão dos bispos presentes, nesse horizonte de trabalho de evangelização da juventude, algumas questões se

---

[1] Especialista em juventude, docente do Programa de Pós-Graduação em Educação da UNIRIO (PPGEdu-UNIRIO). Atualmente é vice-diretor do Colégio Stella Maris no Rio de Janeiro-RJ e professor de "Cultura atual e Juventude" na pós-graduação do Instituto Santo Tomás de Aquino (ISTA). Também é autor de diversos artigos sobre "juventudes", além de desenvolver outros trabalhos de juventude junto à Igreja e à sociedade.

impõem. Quais foram as contribuições de Medellín? No cenário sociocultural dos países latino-americanos, quais mudanças vemos empreendidas após 50 anos? Passado meio século, que outras direções podemos seguir no trabalho com a Evangelização da Juventude?

Estas questões se colocam no cerne deste trabalho, com o intento de fazer aproximações, leituras e releituras do cenário juvenil após 50 anos da Conferência de Medellín, a fim de compor um cenário social mais correlacionado com a realidade, para pensar e mudar estruturas de presença da Igreja na América Latina.

I – A história em movimento, movimentos da história

A evangelização da juventude foi escolhida como tema central deste 5º documento. É, em primeiro lugar, um fato significativo. Pela primeira vez, em 500 anos de evangelização no continente, o episcopado latino-americano debate e tenta pronunciar-se, como corpo, sobre a evangelização da juventude. Os bispos o fazem pressionados, provavelmente, por vários "acontecimentos".

Um deles é a situação "interna" da própria evangelização juvenil: visões diferentes, experiências variadas, choques de visão de Igreja e de concepção de evangelização, jovens longe da Igreja, o clero longe da juventude etc. Tudo se resumia, aparentemente, em conflitos entre pastorais e movimentos e análises de atitudes questionadas pipocando em muitos cantos.

Outro movimento "pressionador", mais externo, é a "onda juvenil", como tal, vivida pela sociedade latino-americana e mundial. A situação juvenil não pode ser mais escondida debaixo do tapete. Que o digam as mortes e as manifestações ocorridas por todo o mundo neste icônico ano de 1968. Nunca na história o segmento juvenil foi numericamente tão significativo; nunca na história o "fenômeno juvenil" foi tão olhado como tal; nunca na história a sociedade, ao mesmo tempo, foi tão fortemente levada a olhar esses indivíduos como sujeitos da história, como categoria social.

Do ponto de vista da história e da sociologia da juventude, o ano de 1968 foi um ano simbólico para o surgimento da juventude como categoria social.

Edgar Morin, um dos primeiros intelectuais a refletir sobre os acontecimentos contestatórios do período, disse, em entrevista concedida em 1978:

> A revolta estudantil nos anos 1967-68 foi surpreendente por ser internacional, atingindo países muito diferentes quanto ao nível de vida ou quanto ao sistema social ou político. Essa revolta começa nos Estados Unidos, em Berkeley, sacode em seguida os países ocidentais, depois os países comunistas, como a Polônia, e chega até o Oriente Médio e a América Latina.[2]

O que levou jovens em grande parte "bem-nascidos", com acesso à cultura, estudo, formação universitária e condições de sobrevivência em uma sociedade materialmente próspera, a uma revolta que se caracterizou por contestar tudo o que estava estabelecido social e politicamente?

O "estabelecido" gera nos jovens que protagonizam os movimentos rebeldes do período analisado a necessidade de quebrar exatamente o que está estabelecido. Existe um sentimento de não adaptação que se mistura com a busca por novas formas de ação diferentes das maneiras da "contestação tradicional". Existe uma influência das teorias da esquerda, sem dúvida – autores como Herbert Marcuse, por exemplo, influenciaram muito a juventude intelectual que se revoltava –, mas até mesmo essa influência guarda uma peculiaridade: as teorias marxistas estavam sob contestação.

Em maio de 1968 a revolta estudantil na França explode, dando visibilidade a quem antes estava invisível: os jovens. A França não foi um caso isolado.[3]

Os protestos e as manifestações marcaram o cenário político de 1968 em muitos países. A juventude tornou-se mais integrada e começou a intervir

---

[2] MORIN, Edgar. "O jogo em que tudo mudou". In: COHN, Sérgio; PIMENTA, Heyk (org.). *Maio de 1968*. Rio de Janeiro: Beco do Azougue, 2008, p. 28.

[3] Cf. SAVAGE, Jon. *A criação da juventude*: como o conceito de *teenager* revolucionou o século XX. Rio de Janeiro: Editora Rocco, 2007.

na forma de pensar e agir de toda uma geração. O "espírito libertário" traduzido por numa cultura *underground* não só criticou os governantes e a política adotada por eles, mas também o tradicionalismo dos valores familiares que ditavam as regras e normas.

Contagiado pela onda de contestação, o movimento feminista nos anos 1960 foi às ruas não só para queimar sutiãs como forma de protesto contra a condição subalterna em relação aos homens. Mas principalmente para defender que a hierarquia de sexo não era uma fatalidade biológica, e sim uma construção social. O feminismo foi um dos primeiros movimentos a tocar na raiz cultural da desigualdade.

A expansão da liberdade comportamental dos jovens *hippies,* a consciência pelas drogas, a luta pela paz, a liberdade sexual, o amor livre e a valorização da natureza se constituíam como a bandeira de luta que movia os movimentos sociais e os grupos em suas reivindicações. Esses foram apenas alguns dos itens defendidos pelo movimento mais expressivo da contracultura, que revolucionou a maneira de pensar e agir dos jovens de todo o mundo. Com trajes que chocavam os americanos médios da época, barbas e cabelos compridos, diversos jovens de diferentes níveis sociais rejeitavam a sociedade de consumo norte-americana e passavam a viver em comunidades rurais ou em bairros separados, onde todos os "ditames" capitalistas eram deixados de lado. Os *hippies* não se caracterizaram por uma postura política engajada, eram contra "o sistema" e o "poder", pregavam o pacifismo e criticavam a intervenção militar, principalmente a Guerra do Vietnã, porém não mostravam grande interesse em alterar os rumos políticos dos EUA.[4]

É nesta conjuntura que aparece, portanto, a Conferência de Medellín. É no bojo desta revolução juvenil que aparece o documento sobre juventude da Conferência Episcopal. Em meio a tudo isso, como não falar em juventude?

---

[4] Cf. CARMO, Paulo Sérgio do. *Culturas da rebeldia*: a juventude em questão. São Paulo: Senac, 2001.

II – Evangelização juvenil como tema central

Em primeiro lugar vem uma *introdução*. Ela explicita a concepção e o Espírito que orienta as reflexões: "para a busca de formas de presença mais intensa e renovada da Igreja na atual transformação da América Latina". É claramente visível o apelo pastoral das orientações e reflexões do documento de Medellín. É a hora da ação, imprime o caráter emergencial de mudança da ação da Igreja ante as realidades em constantes e rápidas transformações.

Vamos olhar mais atentamente o documento com a temática de Juventude.

O documento obedece ao método ver-julgar-agir e, por isso, inicia-se com uma "situação da juventude". O primeiro aspecto descrito, na perspectiva do "ver", analisa elementos para o conhecimento da realidade juvenil. Isto é, a pauta é compor o cenário a partir das transformações culturais na perspectiva juvenil, na perspectiva das transformações, crises e desenvolvimento que os países latino-americanos estavam vivendo naquele momento. Ressalta: a) a personalização, chamando a atenção para a tendência para rejeitar a tradição; b) idealismo excessivo, que pode afetar nas formas de aceitação de estruturas advindas de um processo histórico; c) a espontaneidade, vista como elemento negativo pelos bispos por levar ao menosprezo "das formas institucionais, as normas, a autoridade e ao formalismo". E, por fim, o documento apresenta o sentido comunitário dos jovens, interpretado como uma tendência para haver um fechamento em "pequenos grupos agressivos".[5]

Ainda olhando a realidade, o documento lança um pequeno perfil da juventude latino-americana, destacando: a) um perfil demográfico, ressaltando o grande contingente populacional deste grupo. Aponta para alguns elementos da cultura daquele tempo que afetam diretamente os jovens: secularização, pela juventude ser aberta ao pluralismo, os bispos enxergam

---

[5] Neste tópico, utilizo originais do próprio documento sobre a Juventude de Medellín, citando-os apenas com aspas.

que a juventude apresenta uma factualidade para elementos seculares e problemas sociais, cujos principais afetados são os jovens.

Desenvolvendo o "julgar", fala de "critérios básicos para orientação pastoral", olhar de fé a partir da palavra de Deus e do magistério, atendo-se a dois aspectos: vê a juventude como sinal de renovação da Igreja e do mundo e, a partir da juventude, a Igreja descobre também um sinal em si mesma. "A juventude é um símbolo da Igreja, chamada a uma constante renovação de si mesma, ou seja, a um constante 'rejuvenescimento'", afirma o documento.

Seguem-se depois "recomendações pastorais". Como diz o documento:

> [...] a Igreja, adotando uma atitude francamente acolhedora para com a juventude, saberá distinguir os aspectos positivos e negativos que ela apresenta na atualidade. Por um lado, quer perscrutar atentamente as atitudes dos jovens que são manifestações dos sinais dos tempos: a juventude anuncia valores que renovam as diversas épocas da história; quer aceitar com prazer em seu seio e em suas estruturas a juventude e promovê-la numa ativa participação das tarefas humanas e espirituais.

O documento apresenta a ideia de uma pastoral da juventude autêntica, com a necessidade da elaboração de uma pedagogia orgânica, visando a uma pastoral de conjunto. Apresenta a necessidade de um constante e atualizado estudo sobre a realidade sociorreligiosa da juventude, para se implementar uma formação de assessores de juventude (sacerdotes, religiosos/as e leigos/as).

Recomenda firmemente que a Igreja seja "autenticamente pobre, missionária e pascal, desligada de todo poder temporal e corajosamente comprometida com a libertação do homem todo e de todos os homens".

Faz um aceno pequeno quanto à pastoral vocacional, para que seja autêntica e que tenha em conta os diferentes "estados de vida", cujo principal objetivo deva ser levar o jovem a assumir com responsabilidade os processos de mudança como cristãos.

Aponta, por fim, para a necessidade de a Igreja oferecer apoio e diálogo a organizações e movimentos católicos de juventude e a iniciativas de grupos de caráter ecumênico. Conclui com a possibilidade de ter junto ao CELAM assessoria de especialistas leigos em juventude.

III – As novas formas de estar entre os jovens hoje

Os tempos atuais, para um olhar sobre as juventudes, parecem muito distantes da realidade que os bispos em Medellín tinham nas mãos. Por isso, é necessário, ao se deparar com a cultura contemporânea, ter um olhar atento a esse mosaico complexo que se constitui a juventude hoje.

No contato com os jovens, eles mesmos já nos apontam luzes, onde não parecia ter saídas. No trabalho de acompanhamento às juventudes, um imperativo vem surgindo: que é preciso descobrir um novo caminho para ser trilhado com eles a fim de oportunizarem uma experiência mais profunda de Deus, para que suscite um desejo mais ardente de seguir Jesus, de maneira autêntica, sem que isso seja contrário a sua identidade juvenil.

Assim, urge renovar o compromisso de uma pastoral juvenil que esteja atenta ao cuidado da pessoa (identidade), ao seu sentido da existência (construção do projeto de Vida) e a uma experiência profunda de Deus (espiritualidade) que seja integradora e humanizadora.

Por isso, à luz de um olhar atento do contexto atual, podemos extrair seis apontamentos pastorais para uma pastoral juvenil voltada aos tempos e aos jovens de hoje.

1. Estabelecer um itinerário de Educação à fé dos jovens

A palavra itinerário propõe, sobretudo, a ideia de uma caminhada, de uma trilha. Numa trilha, definimos bem aonde queremos chegar, mas não sabemos ao certo quais os desafios que no caminho vamos encontrar. Há trilhas mais tranquilas, que passam por caminhos mais fáceis, mas há outras muito difíceis, que passam por caminhos inesperados. Numa trilha, sempre há o desejo do novo, da experiência, da emoção, da superação dos desafios... de chegar no fim, e ao chegar lá, o desejo de querer mais.

Propor aos jovens a fé num itinerário implica pensar em um projeto que priorize a pessoa, a sua autonomia, a sua evolução. Passa de uma verdade aprendida a uma verdade vivenciada e experimentada. Propor hoje a fé é muito mais do que oferecer conteúdos (dar aulas). É, sobretudo, oferecer-lhes projetos de vida. A palavra projeto tem aqui um sentido existencial, amplo e profundo. Um projeto é um trajeto, um itinerário mais ou menos longo. Uma experiência de caminhada solitária ou acompanhada. Um projeto é uma experiência vivida, que toca todas as dimensões da pessoa (física, intelectual, afetiva, espiritual). É um período da vida com tudo o que supõe de descobertas, encontros, tensões, conhecimentos adquiridos e progressos. Mais do que um conjunto de atividades ou estratégias pedagógicas, um projeto é a imersão na realidade, de onde saímos de alguma forma transformados.

Libânio nos ajuda a pensar melhor sobre este aspecto, quando propõe que

> O caminho pastoral pode começar por uma das três experiências. Alguém se diz tocado por uma série de experiências religiosas que lhe falam à religiosidade. Então, o passo seguinte consiste em ir fundo. Essas experiências configuram a religião que o jovem segue? Elas estão soltas? Elas revelam experiência de fé cristã? Ao responder tais perguntas, ajudamos os jovens a encontrar o caminho, de modo que se identifique numa relação com Deus de maneira mais profunda. A pastoral deve ajudar o jovem a estabelecer um itinerário de fé cristã.[6]

No passado, a primeira pergunta era: como distribuir a doutrina cristã para propô-la aos jovens nas diversas etapas de sua vida? Quais os conteúdos que os jovens "querem" para que eu possa montar um curso? Pensava-se num conjunto de lições (conteúdos) a propor de forma cronológica.

Esta imagem de itinerário implica uma outra metodologia. É uma imagem de um caminho aberto... de trilha a ser descoberta. Este caminho se apresenta diante deles como uma aventura: novas paisagens, com um relevo montanhoso... cada um está chamado a fazê-lo ao seu ritmo... mas espera

---

[6] LIBÂNIO, J. B. *Para onde vai a Juventude?* São Paulo: Paulus, 2011. p. 188.

encontrar elementos que permitam avançar. Por isso, uma pastoral juvenil com um itinerário claro tem de levar em conta a *gradualidade do processo.* Cada um tem um ritmo na caminhada dessa trilha. É preciso respeitar o ritmo de cada um. É marcar etapas, situar os descansos, saber o que já se andou e saber o que ainda falta para atravessar. Jesus dizia: "Vinde e vede!".

Aquilo que queremos dizer aqui com a palavra itinerário fica bem ilustrado no episódio evangélico dos discípulos de Emaús. No caminho, descobrimos a presença do Ressuscitado, que nos desperta para uma nova esperança e nos põe de novo a caminho na direção dos nossos irmãos, na direção de Jerusalém. Levando cada um dos discípulos a uma experiência única, a seu tempo, a seu modo, levando seu coração a arder. A nossa oferta ou proposta não pode dirigir-se apenas à razão ou à memória, mas sim à felicidade do ser e à alegria de viver. Devemos ser capazes de desafiar os jovens a fazer a experiência de viver a vida, sob o impulso e o poder do Espírito.

2. Formação e capacitação para um acompanhamento às juventudes

Hoje, como noutras épocas, propor a fé é convidar os jovens a comprometer-se nos caminhos da experiência cristã. É dar os primeiros passos no sentido de fazer com eles uma parte do caminho. É criar um clima e um ambiente que lhes dê o prazer de confiar e o desejo de ir mais longe. Para isso, é preciso ter acompanhantes capacitados.

Homens e mulheres que conheçam os caminhos que acabamos de mencionar; que já os tenham feito primeiro, com as suas alegrias e dificuldades. Guiar ou iniciar é sempre conduzir através de um caminho, cheio de obstáculos, seguros de que esse caminho nos leva a um crescimento e amadurecimento que nos provoca uma humanização e uma paixão pelo projeto do próprio Jesus. Precisamos de animadores que se arrisquem a convidar os jovens para algo diferente, por vezes duro, mas profundamente libertador. Precisamos de animadores capazes de propor e contagiar a força para viver!

Segundo Libânio, "a pastoral inteligente e atualizada favorece o diálogo geracional, criando espaços e momentos de mútua escuta. Mas, para isso, é necessário ter um/a facilitador/a (adulto ou não) que tenha maturidade e conheça suficientemente da realidade juvenil para bem acompanhá-la".[7]

Para que a proposta de seguimento de Jesus possa ser acolhida pelos jovens, é preciso pessoas (animadores), cujo coração, cabeça, corpo e respiração se tenham cruzado com a "boa notícia", e que estejam dispostos a ir ao encontro dos jovens, estejam imersos na realidade destes jovens, convidando-os a caminhar na mesma direção. Não é preciso que sejam testemunhas extraordinárias, nem grandes personalidades, mas sim pessoas próximas, "normais", que se atrevem a segui-lo apaixonadamente.

3. Pensar projetos de/para/com os jovens

Os grupos juvenis nascem com a finalidade de ser lugar em que o jovem possa se expressar, entrar em contato com outros jovens, criar e recriar sua identidade e, dessa maneira, vivenciar experiências que proporcionam o amadurecimento na fé e o crescimento enquanto pessoa, permitindo-lhes ampliar o sentido da vida. Todo o processo vivido contribui para que o jovem perceba sua importância na transformação do mundo e descubra sua vocação.

Uma pastoral juvenil comprometida deve promover a participação do jovem e do adulto como corresponsáveis de um processo pastoral, com a "cara do jovem", com a sua linguagem e jeito de ser. Estou falando de reinventar o *protagonismo juvenil*. Para ser efetiva, a ação evangelizadora deve favorecer o protagonismo em diferentes âmbitos, dentre os quais enfatizo: a) participação eclesial: no envolvimento com a Igreja local, despertando o jovem para encontrar nela espaços de referência da vivência comunitária da fé, partindo do pressuposto de que o projeto de Jesus é um projeto de fraternidade; b) participação político-social: inserção em espaços nos quais

---

[7] LIBÂNIO, J. B. *Para onde vai a Juventude?* p. 78.

o jovem tenha a possibilidade de vivenciar a cidadania, sendo semente de transformação social, participando de espaços democráticos de decisão, reconhecendo-se como sujeito de direitos.

Para Libânio

> pastoral recebe luzes da pedagogia construtivista. Consiste em conhecer e agir em vista de transformar a realidade objetiva, a transformar-se a si mesmo num processo dialético. Para isso, uma pastoral para atingir os jovens precisa de elaborar projetos com os jovens, para que eles sintam-se capazes e com poder de transformar a realidade que os circunda.[8]

4. Formar comunidades a partir de pequenos grupos

Uma pastoral juvenil para os tempos atuais precisa fortalecer as opções por um processo metodológico de *formação integral* que desenvolva os aspectos da espiritualidade, da eclesialidade, da autonomia, do aprofundamento no carisma marista, do protagonismo juvenil e da intervenção na sociedade. Deve ser uma proposta educativo-evangelizadora que almeja, por meio da escuta e da participação dos jovens, capacitá-los para encontrar respostas autênticas aos anseios e necessidades fundamentais das juventudes e da evangelização.

Ao contemplar os horizontes dessa experiência, não é possível uma caminhada solitária, mas sim no grupo. Também não em grupos de massa, mas em pequenos grupos. Nos pequenos grupos é possível desenvolver habilidades de uma juventude solidária, protagonista, com valores evangélicos, comprometida com a cidadania e com o conhecimento científico, inserida na realidade, portadora de esperança e transformadora da sociedade.

Analisando a cultura contemporânea, Libânio aponta que "não há retorno à era pré-virtual. O abandono da relação real desumaniza. Logo,

---

[8] LIBÂNIO, J. B. *Para onde vai a Juventude?* p. 95.

a única saída pastoral consiste em conjugar, articular essa dupla presença na vida do jovem de hoje. A nova pastoral da juventude conta com maravilhoso potencial da tecnologia de comunicação. Por isso, é preciso oferecer espaços em pequenos grupos para que os jovens formem comunidades autênticas e saudáveis".[9]

Em relação aos espaços ocupados por crianças e jovens no mundo de hoje, necessário se faz destacar a importância que as tecnologias da comunicação assumem na vida desses sujeitos. São ferramentas e espaços que constituem os novos areópagos[10] dessa geração. Observamos com entusiasmo a democratização quase universalizada do acesso amplo à informação entre os mais jovens. No entanto, o maior desafio parece ser integrar na informação um processo de educação imbuída de valores.

No ambiente virtual, transmitir informações significa, com frequência, inseri-las e intercambiá-las em redes sociais, devido à vontade das pessoas em interagir. Elas já estavam interagindo antes das tecnologias digitais por outras vias, nem melhores, nem piores. Ocorre que hoje elas podem fazer isso mais rápido e encurtando distâncias. Também é necessário avaliar os novos riscos[11] advindos da utilização inapropriada dessas novas ferramentas. Esta dinâmica contribuiu para uma nova avaliação do papel da comunicação, considerada primeiramente como diálogo, intercâmbio, solidariedade e criação de relações sociais.

Do ponto de vista evangelizador, justifica-se, portanto, o interesse em reconhecer e problematizar cada vez mais o potencial educativo das tecnologias da comunicação. Desconsiderar essa influência constitui um equívoco histórico e estratégico, sobretudo ao se pensar o processo de desenvolvimento integral dos sujeitos jovens.

---

[9] Ibidem. p. 137.

[10] BENTO XVI, Papa. *Carta para o 45º Dia Mundial das Comunicações*. Disponível em: http://www.vatican.va.

[11] Pirâmide de segurança digital: *O que é uma pirâmide de confiança?* Disponível em: http://www.miudossegurosna.net/artigos/2007-02-27.html.

5. Ofertar experiências de Deus originais e profundas que afetam o sentido da existência dos jovens

O Reino de Deus constitui o núcleo central da pregação de Jesus (cf. Marcos 1,15 e Lucas 4,16-19). Portanto, é objeto e objetivo de toda a ação da Igreja e isso nos leva ao seguinte imperativo: "Evangelizar é tornar o Reino de Deus presente no mundo".[12] É possível perceber o Reino de Deus acontecer no mundo por meio de "sinais do Reino". Os principais sinais são: as atitudes de amor, de perdão, de misericórdia, de justiça, de paz, de solidariedade, de unidade, de respeito, de fraternidade. Por outro lado, sinais de violência, de egoísmo, de destruição, entre outras, equivalem à sua negação. É tarefa fundamental da pastoral mostrar aos jovens que o Reino de Deus constitui uma dimensão real da existência humana e que é possível vislumbrar em todas as culturas as sementes desse Reino. Para além disso, é possível que a experiência desse Reino seja uma autêntica experiência de transcendentalidade, afetando o sentido da existência de cada jovem.

O encontro pessoal com Jesus se dá de formas diversificadas e por caminhos nem sempre previsíveis, e a própria Igreja "deve aceitar esta liberdade incontrolável da Palavra, que é eficaz a seu modo e sob formas tão variadas que muitas vezes nos escapam, superando as nossas previsões e quebrando os nossos esquemas".[13] Campos privilegiados para esse encontro, dentre outros, são a escuta atenta e a celebração da Palavra; a vida de oração; a vivência pastoral e comunitária; a leitura orante da Bíblia; a presença significativa entre os mais necessitados; o trabalho digno e sustentável; a construção do conhecimento enquanto busca da verdade e sabedoria; e a vivência da espiritualidade marial. Esse encontro com Cristo se dá no cotidiano de nossa existência, junto às pessoas e acontecimentos comuns. O que torna esse encontro possível é sempre o sentido, o porquê e a finalidade que damos para todas as nossas ações, bem como a dignidade que adotamos ao vivenciá-las. É um sentido que afeta a nossa vida concreta.

---

[12] FRANCISCO, Papa. *Exortação Apostólica Evangelii Gaudium*, n. 176.
[13] FRANCISCO, Papa. *Exortação Apostólica Evangelii Gaudium*, n. 22.

Para Libânio, "na atual crise de sentido, a pastoral da Transcendência com os jovens permite articular os pequenos sentidos do cotidiano com sentidos maiores, até enfeixarem-se no grande Sentido de Deus".[14]

A partir dessa referência, a espiritualidade cristã diz respeito a uma vivência cotidiana que se concretiza como doação e serviço ao próximo, sobretudo aos mais necessitados, em seguimento de Jesus Cristo que, sendo Senhor e Messias, lavou os pés dos apóstolos e se fez servidor de todos (cf. João 13). A partir da liberdade dos filhos de Deus, aderir e vivenciar a espiritualidade cristã significa aceitar a proposta de Cristo de servir com amor incondicional:

> "Tive fome e me destes de comer; tive sede e me destes de beber; era peregrino e me acolhestes; nu e me vestistes; enfermo e me visitastes; estava na prisão e viestes a mim". [...] "Senhor, quando foi que te vimos com fome e te demos de comer, com sede e te demos de beber?" "[...] todas as vezes que deixastes de fazer isso a um destes pequeninos, foi a mim que o deixastes de fazer" (Mt 25,42-46).

Por uma *espiritualidade juvenil* alicerçada no Evangelho, encontramos o sentido para toda a existência. Ela abrange todos os âmbitos da vida do jovem. Seria impossível defini-la sem deixar ainda muito a dizer. Ela é também mistério, habitada pela graça de Deus, embora profundamente humana. Ao vivê-la, no entanto, ela (a espiritualidade) também deve ser encarnada, atualizada, inculturada; ou seja, deve responder aos desafios do tempo presente e ser, o quanto possível, a realidade que nos une, que aproxima as diferenças, que cria sinergia e dá vigor ao nosso existir pessoal e comunitário. É nesse sentido que nos alerta Francisco:

> Do ponto de vista da evangelização, não servem as propostas místicas desprovidas de um vigoroso compromisso social e missionário, nem os discursos e ações sociais e pastorais sem uma espiritualidade que transforme o coração. Estas propostas parciais e desagregadoras alcançam só

---

[14] LIBÂNIO, J. B. *Para onde vai a Juventude?* p. 198.

pequenos grupos e não têm força de ampla penetração, porque mutilam o Evangelho. É preciso cultivar sempre um espaço interior que dê sentido cristão ao compromisso e à atividade. Sem momentos prolongados de adoração, de encontro orante com a Palavra, de diálogo sincero com o Senhor, as tarefas facilmente se esvaziam de significado, quebrantamo-nos com o cansaço e as dificuldades, e o ardor apaga-se.[15]

Assim como fez Jesus Cristo ao perguntar aos companheiros de Emaús "O que é que vocês andam conversando pelo caminho?" (Lc 24,17), as instituições devem fazê-lo, num processo dialogal com os jovens, obtendo-se por eles um termômetro da vida e da sociedade, visto que a "juventude é a janela pela qual o futuro entra no mundo".[16] O percurso que Jesus faz com os dois discípulos, no caminho de Emaús, é um paradigma para a evangelização juvenil, hoje, que precisamos retomar, que precisamos reafirmar.

6. Voltar à experiência de Jesus nas experiências pastorais com os jovens

Na esteira das novas propostas apresentadas pelo Papa Francisco, podemos enfocar toda a proposta de Pastoral com as juventudes numa perspectiva mais "jesuana" e menos institucional. Sem cairmos no radicalismo do "Jesus sim, Igreja não", trabalharmos centrados no projeto de Jesus pode corresponder aos anseios de muitos jovens por algo mais de fronteira, de ousado, de contracultural.

Estar à frente do seu tempo caracterizava as práticas de Jesus e pode sugerir, às juventudes, pistas ainda não trilhadas na construção de suas identidades. "Igreja em saída", como afirma o papa Francisco, pode ser uma palavra motivadora para a busca de expressões da fé ainda não vividas. Lançar-se sem ter todo o trajeto definido, sem ter tudo calculado, sem esquadrinhamentos rígidos. O excesso de planejamentos, de racionalismos pastorais, pode ter contribuído para uma mentalidade de busca de eficácia,

---

[15] FRANCISCO, Papa. *Exortação Apostólica Evangelii Gaudium*, n. 262.

[16] FRANCISCO, Papa. *Discurso na Cerimônia de Boas-vindas ao Brasil*, 22/07/2013.

no espectro da pastoral de resultados, que cerceou a busca por novos caminhos e nos fez cair numa espiral pessimista junto às juventudes. O futuro não está todo enquadrado em nossos planos, por isso, voltar a Jesus, com sua ousadia, e não ficar preocupado com a mentalidade de atingir metas, que tanto marcou o mundo das pastorais nos últimos anos.

Assim analisa Pagola sobre os cristãos assumir o projeto de Jesus:

> Muitos cristãos ignoram que, para olhar a vida com os olhos de Jesus, é preciso olhá-la a partir da perspectiva do Reino de Deus; para viver como ele, é preciso viver com sua paixão pelo reino de Deus. O que pode haver de mais importante para os seguidores de Jesus, neste momento, do que comprometer-nos numa conversão real do cristianismo ao reino de Deus? Esse projeto de Deus é nosso objetivo primeiro. A partir dele se nos revela a fé cristã em sua verdade última: amar a Deus é ter fome e sede de justiça como ele teve; seguir Jesus é viver para o reino de Deus como ele viveu; pertencer à Igreja é comprometer-se com um mundo mais justo.[17]

É preciso, desse modo, uma verdadeira e autêntica conversão pastoral. Uma conversão pastoral significa o modo de praticar o Evangelho no atual tempo e no espaço presente; constitui a ação que deve fazer os jovens traçar um caminho de volta ao poço da água viva (cf. Jo 4,11-15) e a buscar identificação com o próprio Jesus. A Igreja em saída (cf. EG 20) não se acomoda em suas estruturas institucionais; se faz peregrina no seguimento de Jesus e vai ao encontro dos que mais necessitam de sua solidariedade. Nesse sentido, a prática mais planejada ou estratégica identifica-se substancialmente com a espiritualidade do seguimento Dele.

O que precisa ficar da presença dos jovens no contato com a evangelização e da pastoral é a sua grande ênfase no seguimento de Jesus como metodologia para uma vida e identidade cristãs e, como resultado desse seguimento, a continuação-construção do Reino de Deus com seus valores e práticas, numa síntese autêntica para uma vida mais humanizada.

---

[17] PAGOLA, José Antonio. *Jesus: aproximação histórica*. 4. ed. Petrópolis: Vozes, 2011. p. 569.

Pastoral das massas

Luiz Roberto Benedetti[1]

Revisitar Medellín 50 anos após a realização da conferência traz para a geração que vivenciou o momento a sensação de sentir-se minoria. Não só pela faixa etária, significativa sem dúvida, mas por experimentar o gosto amargo de ver uma nova geração clerical marcada por uma busca das massas, fundando-se em posturas que então eram consideradas superadas pelo Concílio Vaticano II: gosto de fundamentalismo – no rito e na crença –, mas agora revestido da glória e do esplendor do mundo do consumo. O paramento faustoso e a verdade pronta tomam o lugar da reflexão teológica, hoje mais exigente que nunca. Seria menos preocupante se essas posturas não encontrassem respaldo nas gerações juvenis e idosas leigas que, num olhar puramente impressionista, buscam segurança numa cultura de consumidores voluntários da religião.

O "clima de 68" não deixava de perpassar a vida e ação da Igreja que, de outro lado, sentia o peso da força contrária das ditaduras militares, cuja brutalidade vinha encapsulada num projeto desenvolvimentista. Desenvolvimento era também um termo forte em Medellín, que incorporava Paulo VI, que via nele o novo nome da paz. Retomava o encontro de Mar del Plata, realizado dois anos antes com o tema desenvolvimento e integração.

Esta contextualização inicial permite a aproximação com dois termos: *pastoral e massa*. O termo pastoral, de um ponto de vista estritamente histórico, entra no vocabulário que designa a "forma" de presença na Igreja na sociedade nos anos 1960. Data apenas referencial. Tomava o lugar da

---

[1] Doutor em Sociologia pela Universidade de São Paulo.

palavra apostolado. Esta última se referia à manutenção de uma "sociedade cristã"; no plano interno "afervorar" os fiéis e num âmbito mais "externo" dedicar-se à conversão dos que estavam fora ou, batizados, não frequentavam a Igreja. As formas de associação exemplificam com clareza este dado. Adaptadas às várias faixas etárias – na realidade um processo de iniciação à vida social –, utilizavam linguagem guerreira. O hino da Cruzada Eucarística e da Congregação Mariana (pão que aos pequenos soldados dá o papa, dizendo: "Vencei. Nosso escudo... prece aguerrida... cruz do dever nossa espada... prêmio e vitória... toque de puro clarim"; os marianos cantavam: "Cerremos as fileiras, soldados do Senhor..."). Manter a religião da sociedade equivale a assegurar a permanência da vida social. Historicamente constitui o catolicismo que Roger Bastide denominou de romanizado.[2]

O termo pastoral tinha implícita uma mudança histórica sutil, mas significativa. Traduzia a necessidade de ir ao mundo e auscultar seus anseios, necessidades, e planejar respostas adequadas à situação de fiéis não mais cativos de um catolicismo que "formatava" a cultura. O Plano de Emergência privilegia a reorganização interna da Igreja para dar conta dos desafios que as mudanças sociais exigiam. Dentro deste contexto, o termo massa é incorporado à linguagem da Igreja latino-americana, desafiada seja pelos preconceitos conservadores, seja pela expansão rápida da denominada "cultura de massa", tributária das análises agudas da Escola de Frankfurt. Ou seja, fazia parte do linguajar cultural cotidiano. Massa/elite, massa/minoria, sacramentalização/evangelização, catolicismo cultural/catolicismo de opção eram disjunções que alimentavam as discussões. Levantavam, embora em menor grau, suspeitas de inspirarem iniciativas como as "underground churches" e atingirem pilares institucionais como os ministérios ordenados. Massa/Elite, talvez por isso mesmo, padeciam de um verdadeiro terrorismo cultural. Elite principalmente. Uma leitura

---

[2] BASTIDE, Roger. "Religion and the church in Brazil". In: T. Lynn Smith and Alexander Marchand. *Brazil, portrait of half a continent*, New York: The Dryden Press, 1951.

menos atenta pode fazer parecer que o termo massas seja utilizado em Medellín de maneira genérica, designando a população católica, tomada quantitativamente. Um olhar mais cuidadoso mostra uma perspectiva crítica aguçada, alicerçada nos dois pilares sobre os quais se assentam as exigências pastorais.

I – Dois pilares

Pode-se, com segurança, dizer que o conceito de sociedade cristã constitui o primeiro pilar para se penetrar o sentido profundo do termo massas. Mais precisamente: a crítica desta realidade e a constatação de seu desaparecimento progressivo estavam implícitos na dualidade massa/elite. Brota a consciência explícita de que a "pastoral conservadora, baseada numa sacramentalização com pouca ênfase numa prévia evangelização", não responde mais às "próprias transformações do continente; estas exigiam uma adaptação 'à diversidade e pluralidade do povo latino-americano'" (p. 67).

Desaparece com isso a ideia de coextensividade entre Cristianismo, como único caminho para a salvação, e sociedade: uma "época em que as estruturas sociais coincidiam com as estruturas religiosas, em que os métodos (sic) de comunicação dos valores (família, escola...) estavam impregnados de valores cristãos e onde a fé se transmitia pela própria força da tradição" (67).[3]

As migrações internas, a explosão demográfica, as modificações socioculturais, a escassez de pessoal apostólico e deficiente adaptação das estruturas eclesiais estavam na raiz das dificuldades enfrentadas pela evangelização.

O segundo pilar está inserido nesta realidade: a religiosidade popular, que acompanha a evangelização realizada *desde o tempo da conquista*

---

[3] Tradição que sobreviveu à própria Reforma, pois constituía a própria massa, na aguda análise de Tawney: "A Igreja do século III, uma minoria de crentes confrontados com uma civilização hostil, poderia protestar e criticar. Mas quando todo o fermento foi misturado à massa, quando a Igreja foi considerada não uma sociedade, mas a própria sociedade, viu-se inevitavelmente diluída pela massa que absorvera". TAWNEY, H. *A religião e o surgimento do capitalismo*. São Paulo: Perspectiva, 1971. p. 75.

(ib.) (grifo meu) e que se expressa em forma "de votos, de peregrinações e de um número infinito de devoções, baseada na recepção dos sacramentos, especialmente do batismo e da primeira comunhão, recepção que tem mais consequências sociais que um verdadeiro influxo no exercício da vida cristã" (p. 68).

O texto considera esta religiosidade "natural do homem", uma vez que responde a motivações que por serem humanas manifestam o "desejo de segurança", expressam tanto o "sentimento de impotência" quanto a necessidade de "adoração e gratidão para com o Ser supremo" (p. 69). Plasmadas e expressas em símbolos diversos.

Há a recusa clara "de uma interpretação cultural ocidentalizada das classes médias e altas" e inculcação da necessidade de buscar significado no "contexto da subcultura dos grupos rurais e urbanos marginalizados" (p. 69).

Embora "deixe a desejar no campo moral" apresenta "enorme reserva de virtudes autenticamente cristãs" e sua participação "à vida cultural oficial é quase nula" e escassa a adesão à "organização da Igreja". Constata sua crise ante as mudanças, uma vez que é religiosidade de tipo cósmico posto em causa pelo avanço científico (p. 68). E este fato põe a Igreja num dilema: sua rejeição com o risco de transformar-se em seita ou sua incorporação. A mensagem da salvação deve se dirigir a todos os homens, correndo o risco de que nem todos a aceitem da mesma forma e com a mesma intensidade" (p. 68). Tanto em nível pessoal quanto social, as respostas a Deus variam. Não há univocidade no modo de expressar a religiosidade e a fé: o povo precisa manifestá-la "de forma simples, emocional, coletiva" (p. 69).

Salienta-se o peso "tirânico" das tradições ancestrais que influenciam essa vivência em práticas de caráter mágico e supersticioso. Entretanto, aí podem ser entrevistos "balbucios" de uma "autêntica" religiosidade. Autenticidade que pode ser vista como cerne dos princípios teológicos que, a partir do reconhecimento da diversidade cultural, descobrem a "secreta presença de Deus" (AG 9) e a "luz da verdade", a luz do Verbo de Deus e, dessa forma, constituir-se como preparação evangélica.

A vivência da fé é processo e, como tal, não pode ser encarada como presente em qualquer expressão religiosa cristã nem arbitrariamente negada de antemão como adesão fiel e participação à vida Igreja, embora fraca e com motivações temporais de caráter espúrio. Constitui característica do ato de fé próprio à humanidade peregrina.

Mas também é próprio do ato de fé purificar-se constantemente de motivações inautênticas. Sob o impulso do Espírito Santo, o dinamismo interior encaminha para a "doação e entrega absoluta de si". Nunca é, entretanto, apropriação salvífica" (p. 71) individualizada.

A fé deve ter uma dimensão personalizante e comunitária a ser buscada através de uma pedagogia pastoral que assegure uma reevangelização, a qual a aprofunde cada vez mais pelo anúncio da Palavra, e centralização e enraizamento na celebração eucarística.

II – Recomendações pastorais

Destes dois pilares – que já comportam no texto considerações pastorais – brota a necessidade de estudos sérios e sistematizados sobre a religiosidade popular e suas manifestações. Sem utilizar o termo, as conclusões preconizam uma inculturação das pastorais catequética e litúrgica, insistindo sobre a necessidade de ampliar o número de destinatários, estudando a fundo as subculturas e levando em conta exigências e aspirações humanas.

O Evangelho deve impregnar as devoções em suas várias formas de manifestação ritual, como romarias e peregrinações. Os santos sejam apresentados como modelos de vida. O tom semifatalista do destino humano, presente nas práticas sacramental e devocional, deve dar lugar a fazer as pessoas serem protagonistas de sua vida, contando para isso com a ajuda de Deus.

A insistência pastoral maior recai sobre a formação de comunidades eclesiais nas paróquias, principalmente entre os marginalizados urbanos.

O sentido de pertença é enfatizado como força capaz de provocar solidariedade na missão, participação consciente na liturgia e convivência comunitária. Sugere-se a implantação urgente do diaconato permanente e participação mais ativa dos religiosos(as) e leigos.

A insistência na formação de comunidades mostra que o respeito às tradições e à religiosidade popular não deve ser tomado como aceitação de uma pastoral de caráter massivo. A personalização como reação a um cristianismo massivo encontra na comunidade seu lugar privilegiado. Mas isso supõe uma pedagogia adequada, que respeite as etapas do caminho para Deus.

Pode-se ler nas últimas linhas das recomendações pastorais uma crítica implícita à estrutura institucional, centralizada na paróquia: insiste-se no diaconato permanente e, ao mesmo tempo, na celebração eucarística, cuja presidência cabe ao presbítero. Quando se fala de reestruturação de organismos, não se estará usando um eufemismo para ocultar a necessidade de um repensamento do ministério presbiteral? Tema que, sistematicamente, os documentos oficiais da Igreja, quando muito, insinuam. Sempre se retorna à paróquia e ao seminário como totalidades que se exigem mutuamente.

A ligação entre sociedade cristã e religiosidade popular mostra-se acertada. Geradora de um cristianismo tributário do catolicismo devocional originário da Idade Média, amoldou-se à sociedade, constituindo-se mesmo em seus rituais de iniciação. Entretanto, se Medellín acerta ao mostrar sua diversidade, não pode desvinculá-lo sem mais do processo de romanização[4] que o "enquadrou". Seguy, analisando a religião popular, a situa num quadro de multiplicidade de práticas proveniente de grupos religiosos "contrapostos" entre si no patamar oficial. Uma de suas hipóteses era a de que essa multiplicidade nada "unívoca" só poderia ser entendida através do estudo dos equilíbrios vividos no interior de uma sociedade tomada em sua globalidade.[5] Medellín "respeita" a pluralidade de manifestações até certo ponto, pois o fantasma da superstição se faz presente. Mas é necessário pensar historicamente. No caso brasileiro, há um catolicismo

---

[4] BASTIDE, Roger. "Religion and the church in Brazil". 1951.

[5] SEGUY, Jean. "Multiplicité et non-univocité du phénomene religieux populaire". In: LACROIX, Benoit; Boglioni, Pietro. *Les religions populaires*, Quebec: Les Presses de la Université Laval, 1972, p. 43-48.

rústico e um catolicismo popular urbanizado, via irmandades. Mas tanto um como outro – apesar das resistências – são submetidos à implantação de uma subcultura católica também ela constituída por um devocionário oficial, "militante". Não se pode esquecer que o processo, analisado por Bastide, foi implantando-se às vésperas da proclamação da República. E o risco que isso representava para a hierarquia.

III – As peripécias de um termo

O termo massas praticamente desaparece em Puebla, Santo Domingo e Aparecida. Em Puebla pede-se explicitamente que se abandone esta distinção entre pastoral de elites e pastoral de massas. A pastoral é uma só. Recuperando o diagnóstico de Medellín sobre as tendências da transformação social, fala em exclusão das grandes maiorias e das minorias privilegiadas. O termo massas aparece numa citação do discurso inaugural de João Paulo II. "Elites" e "quadros" são postos entre aspas para eliminar sua conotação sociopolítica, acrescentando o adjetivo evangelizadoras. No quadro conflitivo de Puebla – aliás um documento de compromisso –, isso se torna compreensível. Já se delineava o que se explicitará em Santo Domingo: a visão da realidade social sob a ótica da cultura ao invés da sociopolítica. Em estado latente no texto estava o propósito explícito de combater a teologia da libertação. Aliás, ao falar da "verdade sobre Jesus Cristo", o discurso inaugural, sem utilizar a expressão, deixa isso evidente.

Ao privilegiar a categoria cultura, Santo Domingo já está num mundo dominado pela cultura de massa, no documento definida com o adjetivo "adveniente", aliás, plenamente incorporado à pastoral como forma de restaurar a neocristandade, via movimentos eclesiais e RCC, que "recuperam um determinado catolicismo emocional de massa".[6]

---

[6] Forma de restaurar a neocristandade via comunicação de massa, tarefa de antemão fadada ao fracasso: "A força dessa presença firma-se na fragilidade de sua efemeridade constitutiva", pois toda "estrela" tem seu auge e morre, até ressuscitar numa outra, renovando, assim o "star system" (CARRANZA, Brenda. *Catolicismo midiático*. Aparecida: Ideias e Letras, 2011. p. 332).

Ao analisar a situação social da América Latina, Medellín dá impressão de colocar o termo *tensão* como uma espécie de eufemismo, evitando, dessa forma, tanto conflito social quanto luta de classes.

Mais do que compreender o termo "massas", Medellín se refere a uma "forma" de presença e ação pastoral da Igreja no mundo. Sua ênfase é posta sobre a ação pastoral. Entretanto, para situar o viés pastoral é necessário debruçar-se sobre o termo na variedade de suas significações. Execradas como massa de manobra dos grupos dominantes, manipuláveis. Vistas como perigosas e ameaçadoras pela elite "aristocrática" (Le Bon); num campo diametralmente oposto, glorificadas como "portadoras do futuro", desde que "ilustradas" pela direção intelectual e moral (Gramsci). Ou vistas como o nada, o vazio, a negação da política (Baudrillard). Ou mais sereno e profundo, apoiando-se nas leis da entropia e das que governam a inserção do indivíduo na sociedade e seu engajamento na transformação das condições históricas, Juan Luis Segundo amplia as perspectivas de ação pastoral.

A realidade social – massas – não tem consistência se contrapostos sociedade, nação, grupos, comunidade – categorias que designam integração no interior de uma realidade estruturada e totalizante. Constituem um agrupamento contingente, ocasional, sem um elo comum de interesses e planos de ação. Um estar juntos que não potencializa afetos e emoções. Mas se há um interesse comum fundamental, que una os indivíduos, o sentimento comum potencializa afetos e emoções capazes de confirmá-lo no plano *afetivo*. Se essa massa não está minimamente estruturada torna-se presa fácil das possibilidades de manipulação.[7]

Esta reflexão nos faz ver os impasses de uma pastoral de massas, feita de grandes concentrações – aliás cada vez mais comuns –, mesmo quando organizadas por grupos como a renovação carismática. O problema mais sério é o da perda de princípios de integração. A socialização dá-se no interior de uma percepção de tempo e espaços comuns associados entre si.

---

[7] HELLER, Agnes. *Sociologia de la vida cotidiana*. Barcelona: Península, 1994.

Privados de tempo e espaço socialmente adquiridos, o distante e a ideia de história desaparecem, não fundam mais a "situação" no interior de um quadro individual e comunitário. O passado torna-se mera lembrança e o futuro se esmaece. O mecanismo de "ajuntamento" é meramente emocional. Passada a emoção e o fervor momentâneos, a "fé" também se esvazia.

O confronto de dois pensadores "opostos" – Simmel e Baudrillard – fortalece as reflexões pastorais de Segundo, vistas mais à frente. Já no início do século XX, Simmel notava que o comportamento massivo é característico da vida em sociedade. Não se constitui necessariamente como despersonalização. É antes uma identificação "básica" que possibilita a ligação entre pessoas e círculos heterogêneos. Mas ela ocorre "por baixo", no nível mais elementar da vida social, como o comer, o beber, as funções "espiritualmente mais vazias".[8] Se, de um lado, produz uma "homofonia espiritual" – a massa não mente nem dissimula –, por outro, falta-lhe "consciência da responsabilidade".[9]

O fundamento está na própria natureza da massa. Não se trata de uma soma, mas sim um "novo fenômeno que surge não da individualidade plena de cada um dos seus participantes, mas daqueles fragmentos de cada um que coincidem com os dos demais. A *essa* massa e ao nível que deve ser sempre acessível a cada um dos seus elementos, servem as personalidades ética e espiritualmente em perigo – e não a cada um de seus elementos em si mesmos".[10]

As massas seguem o "caminho traçado pela linha mais curta", são dominadas "por *uma* ideia, de preferência a mais simples possível".[11] A interação pura e simples produz uma "dinâmica" que "por sua grandeza aparece como algo objetivo que oculta a cada um dos participantes sua

---

[8] SIMMEL, Georg. *Questões fundamentais da sociologia*. Rio de Janeiro: Zahar Editor, 2006. p. 49.

[9] Ibidem. p. 51.

[10] Ibidem. p. 50.

[11] Ibidem. p. 50.

contribuição particular. De fato, cada indivíduo também arrebata, ao mesmo tempo que é arrebatado".[12] Exemplifica com o fenômeno religioso dos quacres. O silêncio extático aproxima de Deus, mas Deus "consiste, para eles, somente em uma inspiração e uma exaltação nervosas".[13]

Pastoral de massas? "Qualquer pessoa que tenha pretendido agir sobre as massas sempre conseguiu fazer isso apelando para os sentimentos, e muito raramente lançando mão da discussão teórica articulada. E isso vale sobretudo para massas aglomeradas dentro de um espaço determinado."[14]

Para o autor alemão, o fazer parte da vida em sociedade ocorre em nível extremamente elementar, passional, emotivo, passageiro. Não constrói fundamentos sólidos para a vida comunitária. Mas pode destruí-la. E aqui seu pensamento pode ser aproximado ao de Baudrillard, que radicaliza.

Para Baudrillard a massa não "existe". Ela é a expressão do nada. O opaco, o vazio, a negação do político. A informação neutraliza o campo social, "cria cada vez mais massa inerte e impermeável às instituições clássicas do social e aos próprios conteúdos da informação".[15] Flutuando entre a passividade e espontaneidade selvagem, massa de manobra, sua força única *atual* [...] é a do seu silêncio" (ib. p. 12).[16] É o que resta quando se esqueceu tudo do social. Impossível fazer circular na massa o sentido, e o melhor exemplo é o de Deus:

> As massas conservaram dele somente a imagem, nunca a Ideia. Elas jamais foram atingidas pela ideia de Deus, que permaneceu um assunto de padres, nem pelas angústias do pecado e da salvação pessoal. O que elas conservaram foi o fascínio dos mártires e dos santos, do juízo final, da dança dos mortos, foi o sortilégio, foi o espetáculo e o cerimonial da Igreja, a imanência do ritual – contra a transcendência da Ideia.

---

[12] Ibidem. p. 53.

[13] Ibidem. p. 53.

[14] Ibidem. p. 52.

[15] BAUDRILLARD, Jean. *À sombra das maiorias silenciosas*. São Paulo: Brasiliense, 1982. p. 26.

[16] Ibidem. p. 12.

Foram pagãs e permaneceram pagãs à sua maneira, jamais frequentadas pela Instância Suprema, mas vivendo das miudezas das imagens, da superstição e do diabo. Práticas degradadas em relação ao compromisso espiritual da fé? Pode ser. Esta é a sua maneira, através da banalidade dos rituais e dos simulacros profanos, de minar o imperativo categórico da moral e da fé, o imperativo sublime do *sentido*, que elas repeliram. Não porque não pudessem alcançar as luzes sublimes da religião: elas as ignoraram. Não recusam morrer por uma fé, por uma causa, por um ídolo. O que elas recusam é a transcendência, é a interdição, a diferença, a espera, a ascese, que produzem o sublime triunfo da religião. Para as massas, o Reino de Deus sempre esteve sobre a terra, na imanência pagã das imagens, no espetáculo que a Igreja lhes oferecia. Desvio fanático do princípio religioso. As massas absorveram a religião na prática sortílega e espetacular que adotaram".[17]

Crítica ideologicamente preconceituosa de um iluminista europeu? Sim, talvez como interpretação, mas não como descrição, cuja comprovação salta aos olhos. Impossível não lhe dar razão quando se propaga a novena das mãos ensanguentadas de Jesus. Sob as vestes do espetáculo, das pompas rituais e do pulular dos milagres televisivos... Mesmo nos meios urbanos, entretanto, a religiosidade popular se faz presente mantendo tradições seculares, que ainda praticam o catolicismo rústico, como expressão autêntica da cultura brasileira.[18] Sua característica está exatamente em serem grupais, não massivas. Ou quando massivas, em sentido quantitativo e identitário – Círio de Nazaré, por exemplo –, tendem a ser absorvidas pela indústria cultural e se transformarem em expressões daquilo que Certau denomina a "beleza do morto": "a linguagem da religião poderia [...] ser o último recurso de uma cultura que não pode mais se manifestar e que deve se calar ou se disfarçar para que se faça ouvir uma ordem cultural diferente".[19] Seja a ordem cultural da ciência, seja a do espetáculo, ou da indústria turística.

---

[17] BAUDRILLARD, Jean. *À sombra das maiorias silenciosas*. p. 13.

[18] BOSI, Alfredo. *Dialética da colonização*. São Paulo: Companhia das Letras, 1992.

[19] CERTAU, Michel de. *A cultura no plural*. Campinas: Papirus, 1995. p. 73.

Wright Mills aponta, como resultado da indústria cultural, a passagem de público à massa. No primeiro, marcado pelo debate de ideias e troca de opiniões, as instituições, capazes de assegurar participação, têm papel preponderante. O segundo tem como marca a imposição de um pensamento "único", pois os meios de comunicação não fornecem apenas informações, mas orientam nossas experiências mesmas. A realidade aparece determinada e não resulta de nossa experiência pessoal fragmentada. O que Mills fala da participação política pode ser aplicado à vida eclesial: "participar, nesse sentido, é fazer associação humana, um centro psicológico de si mesmo, admitir consciente, deliberada e livremente, suas regras de conduta e suas finalidades, que assim modelamos e que por sua vez nos modelam" (Mills, p. 314).[20]

IV – Massas/minorias para além da oposição

Apoiando suas reflexões teológico-pastorais num campo referencial muito amplo – biologia, química e física – e mais diretamente nos teóricos que trataram o tema tanto à "direita" (Ortega y Gasset) quanto à esquerda (Lenin), Juan Luis Segundo aponta com lucidez os impasses que surgem quando se pensa numa solução para o problema massas-minorias, escolhendo um dos lados.

Seu pressuposto é o de que não se deve analisar a questão das massas e minorias em termos quantitativos, mas sim na compreensão dos *mecanismos do homem-massa, que historicamente tem raízes intemporais*. A lei do menor esforço e tendência à solução mais rápida governam o homem-massa, seja qual for o lugar que ocupa na sociedade, qualificado ou não.

A sociedade, como todas as atividades dos corpos, embora em grau menor, segue as leis da entropia: quantidade de energia constante, distribuída de acordo com a complexidade dos corpos, e tendente à degradação. Ela não se impõe tarefas para as quais não está historicamente pronta para

---

[20] MILLS, Wright C. "A sociedade de massas". In: FORACCHI, Marialice; MARTINS, José de Souza (org.). *Sociologia e sociedade*. Rio de Janeiro: Livros Técnicos e Científicos, 1977. p. 314.

enfrentar, mesmo indo além de uma compreensão adequada dos desafios de um futuro desejado.

No momento em que "os mecanismos de pertença à Igreja já não se confundem com mecanismos de pertença à sociedade civil" e surge uma multidão de consumidores voluntários da religião, é decisivo que "as Igrejas de Cristo fixem fins mais precisos, mais claros, mais sadios pelo menos à sua pastoral" e não queiram adotar, sem mais nem menos, mecanismos de massa para assegurar os cem por cento de adeptos. Fazer isso seria frontalmente contraditório ao Evangelho, pois a mensagem de Cristo é antimassa. Mas não elitista.[21] Segundo argumenta com exegese dos Evangelhos. Detém-se especialmente em João na assimilação entre "mundo" e massa. Mostra a necessidade de estar no mundo para vencer o mundo: "Não se pode vencer o mundo a partir do exterior".[22]

Jesus não é minoritário que ignora "o peso e a necessidade dos mecanismos massificantes".[23] Mas não sucumbe a eles. Mais: utilizou-os prudentemente mas de forma decidida, sem, entretanto, fazer de suas exigências minoritárias – gratuidade, diálogo, personalização, crítica – uma *nova* lei. Escapa, assim, à tentação de utilizá-los ignorando, ao mesmo tempo, as leis que regem a busca de um Evangelho vivido como amor e graça. Viver no mundo como lugar que torna possível viver o Evangelho: "Nós pastoralmente agimos como se não tivéssemos que calcular a energia de que dispõe o homem ao qual nos dirigimos com nossa pastoral. Como se este homem tivesse sempre a energia necessária para distribuí-la cristãmente".[24]

A "forma" da universalidade cristã não está no aspecto quantitativo, realidade que, segundo Congar, a Bíblia olha com desdém. Sua essência

---

[21] Elite e minoria são realidades sociologicamente distintas. O primeiro termo designa uma minoria indiferente às massas, que se desinteressa pelo destino das mesmas, defendendo seus privilégios.

[22] SEGUNDO, Juan Luis. *Massas e minorias na dialética divina da libertação*. São Paulo: Loyola, 1975. p. 39.

[23] Ibidem. p. 93.

[24] Ibidem. p. 44.

é constituir o pequeno rebanho daqueles por meio dos quais Deus quer salvar a multidão. E isso supõe que sejam evitadas as tentações de reduzir a opção cristã à conversão individual, à mudança do coração; eleger as massas contra as minorias; aceitar a reciprocidade estrita entre conversão individual e não separação da função transcendente do Evangelho da sua função imanente (de caráter político, por exemplo). São formas de contentar-se com uma universalidade quantitativa.

Mas sobra uma pergunta: abolir as manifestações "quantitativas" de massa, sobretudo as já consagradas pela tradição? Tendo em conta que as classes média e alta pouco participam, estas têm um papel "pedagógico": fazem os cristãos-católicos sentirem que não estão sozinhos ante os desafios que a vivência da fé enfrenta. Mas há que ter presente que isso pouco muda em termos de participação à vida da Igreja, que cresce mesmo na vida dos cristãos confiados à graça, no tecido comum da vida cotidiana. Para terminar, um exemplo. Segundo o bispo coreano Kang, o que trouxe à Coreia o anúncio do Evangelho foram os pequenos grupos de leigos batizados que se reuniam nas casas, rezavam e liam o Evangelho. Não havia missionários nem sacerdotes. Eles viviam confiados à graça, no tecido comum da vida cotidiana. Conservaram a fé, continuaram a reunir-se nas casas para rezar, ler o Evangelho e meditar as verdades da Igreja, o que os fez manterem-se fiéis mesmo durante as perseguições.

A pastoral das elites na opção pelos pobres

Marcelo Barros[1]

Em um artigo sobre o Concílio Vaticano II, Aloysius Pieris, teólogo do Sri Lanka, contou que, durante o Concílio, estudava teologia em Nápoles. Um dia, a sua universidade recebeu a visita de Karl Rahner, famoso teólogo e perito no Concílio. Em um encontro entre ele e os estudantes, esses lhe perguntaram como melhor poderiam estudar o Concílio. E Rahner lhes deu o conselho de não se prenderem aos documentos, mas buscar o espírito do Concílio. O importante seria não ver o Concílio como *produto final* de um processo, mas, ao contrário, como processo em si mesmo. Conclui Aloysius Pieris: "A nossa tarefa deveria consistir em avançar para diante, a partir do lugar em que o Concílio nos colocou".[2]

Certamente, esse conselho de Rahner aos jovens teólogos sobre o Concílio cabe mais ainda a nós, latino-americanos, quando, 50 anos depois, queremos revisitar a 2ª Conferência Geral do Episcopado Latino-americano em Medellín (1968) e estudar seus documentos. Sem dúvida, isso ainda é mais pertinente se o desafio é reler e reinterpretar para hoje o documento 7 sobre a Pastoral das Elites. Já nos tempos da conferência de Medellín e até hoje, esse assunto pode esconder muitas ambiguidades e até expressar o contrário do que se pode compreender como o "espírito" de Medellín.

---

[1] Marcelo Barros é monge beneditino, biblista, assessor das comunidades eclesiais de base e de movimentos sociais. Atualmente é ainda coordenador latino-americano da Associação Ecumênica de Teólogos/as do Terceiro Mundo (ASETT). É autor de 50 livros e colabora com várias revistas teológicas e pastorais do Brasil e de outros países.

[2] PIERIS, Aloysius. "El Vaticano II, un Concilio generador de crisis: con una agenda no escrita". *Revista Latinoamericana de Teología*, 67, enero-abril, 2006, p. 31-33.

Por isso, comumente não desperta simpatia nos meios da Teologia da Libertação. Para que esse documento de Medellín (o n. 7) possa ser bem compreendido, precisamos recordar o contexto no qual surgiu, esclarecer o enfoque a partir do qual foi elaborado e, assim, definir a partir de que chaves de leitura podemos relê-lo em nossos dias. Depois disso, podemos lembrar o que ele expressa e rever que consequências teve na pastoral da Igreja Católica no continente.

I – O contexto de Medellín e os pressupostos do documento

A 2ª Conferência Geral do Episcopado Latino-americano em Medellín (1968) tinha o objetivo de aplicar o Concílio Vaticano II à realidade latino-americana (e caribenha), mas, ao fazer isso, foi além. Com toda razão, José Comblin e Clodovis Boff insistem que a conferência de Medellín significou para as Igrejas da tradição católica no continente o surgimento de uma Igreja propriamente latino-americana. Antes a Igreja Católica era uma Igreja europeia no continente. A partir de Medellín, ela começa um processo de inserção no continente que toma a cara e a cor dos nossos povos.[3] Isso se fez a partir de dois eixos teológicos que foram decisivos em Medellín. Esses dois eixos marcaram profundamente toda a conferência e os documentos: *a teologia dos sinais dos tempos e a opção pelos pobres*. Tanto a atenção aos sinais dos tempos quanto a opção pelos pobres já vinham da época do Concílio e estão presentes em documentos como a *Gaudium et Spes*, mas só receberam plena cidadania na conferência de Medellín.[4]

A teologia dos Sinais dos Tempos fez Medellín refletir os temas teológicos e os problemas pastorais a partir da realidade social e política do continente.[5] Nos anos 1960, de todos os países que compõem a comunidade

---

[3] Cf. BOFF, C. *A originalidade histórica de Medellín*. Disponível em: www.servicioskoinonia.org/relat/203p.httm.

[4] Cf. SAAVEDRA, Luis Martinez. *La conversion des Églises latinoaméricaines, de Medellín à Aparecida*. Paris, Karthala, 2011, p. 27.

[5] Ibidem, p. 31.

dos países latino-americanos e caribenhos, a maioria estava sob ditaduras militares ou dividida por guerras civis ou enfrentando grupos de guerrilha que lutavam pela libertação. Apesar de todas as dificuldades do Vaticano compreender a perspectiva de uma leitura da história e da realidade a partir das vítimas, o próprio papa Paulo VI tinha insistido nesse tema em diversos pronunciamentos. Em 1971, em sua encíclica sobre a evangelização, afirmará: "A Igreja tem o dever de anunciar a libertação de milhões de seres humanos, dos quais muitos são seus filhos e filhas. O dever de ajudar essa libertação a nascer, testemunhar para que ela seja total, isso não é estranho à evangelização" (*Evangelii Nuntiandi* 30).

Já no tempo da conferência de Medellín, o acirramento das tensões era tal que um dos temas mais presentes nos discursos e discussões era a legitimidade ou não do recurso à violência armada. É bom lembrar que Medellín se situa em uma Colômbia já mergulhada na guerra civil e que viu Camilo Torres, padre e professor universitário, partir para a guerrilha e morrer mártir dois anos antes de Medellín. O papa reconhecia o direito às lutas pacíficas pela libertação, mas condenava o recurso à violência armada. Em Medellín, os bispos latino-americanos sustentaram essa posição, mas chamaram a atenção para uma situação de "injustiça e de violência estrutural" que é anterior e pior do que a violência armada dos que queriam mudar a realidade.

Poucos meses antes da conferência, uma associação de trabalhadores latino-americanos escrevia uma carta aberta ao papa Paulo VI pedindo o direito de participar da conferência. Como esses trabalhadores nunca receberam resposta, formaram um grupo que, durante a própria conferência, acamparam na cidade e acompanharam como puderam os trabalhos internos dos bispos e seus assessores. Diariamente, umas 200 pessoas, trabalhadores e estudantes, acampavam no Café de la Bastilla e quase toda noite eram expulsos pela polícia.[6]

---

[6] AZCUY, Virginia. "El discernimiento teológico-pastoral de los Signos de los Tiempos en Medellín". *Revista Teología*, Tomo XLIX, n. 107, abr. 2012, p. 131.

A opção pelos pobres era a grande preocupação e como que uma resposta dos bispos aos clamores de justiça e de libertação que, nos anos 1960, se espalhavam por todo o continente. Entre os grupos que prepararam e mais se dedicaram a preparar a conferência de Medellín, um dos mais influentes foi o de bispos e teólogos, animado por pastores como dom Helder Camara, que no Concílio tinha, junto ao padre Paul Gauthier, criado o coletivo "Igreja dos Pobres" e assinado "o Pacto das Catacumbas".[7] Bispos e teólogos, assim como muitos grupos eclesiais, propunham uma nova forma de ser Igreja. Assim, criaram "essa nova consciência de Igreja na América Latina".[8] Evidentemente, isso criou uma reação, em alguns setores do episcopado e do clero. Também era acompanhado com apreensão por parte de governos ditatoriais ou ligados ao império norte-americano. O padre Comblin explica com clareza:

> Em Medellín e Puebla, os representantes dos bispos latino-americanos fizeram opção pelos pobres. Essa opção nunca foi aceita e foi combatida pela Igreja romana. [...]. Na prática, a opção pelos pobres não se aplicou no conjunto das Igrejas, porque, logo depois de Puebla, elas procuraram uma aproximação maior com a burguesia, o que se deu pelos novos movimentos, que são movimentos burgueses, todos com uma teologia conservadora.[9]

Em Medellín, essa tensão entre os que propunham a opção clara pelos pobres e os não poucos contrários que insistiam em uma ação da Igreja mais ligada aos dirigentes e líderes da sociedade, deu ocasião a se falar em "pastoral das elites". Os argumentos dos setores críticos e mesmo contrários à opção pelos pobres são conhecidos: A Igreja é para todos. Falar em "opção pelos pobres" seria contradizer a universalidade da salvação.

---

[7] BRITO, Lucelmo Lacerda. "Medellín e Puebla: epicentros do confronto entre progressistas e conservadores na América Latina". *Revista Espaço Acadêmico*, 111, agosto 2010, p. 81ss.

[8] Cf. MUÑOZ, Ronaldo. *Nueva conciencia de Iglesia en America Latina*. Salamanca, Sigueme, 1974.

[9] COMBLIN, José. "Sinais dos novos tempos – 40 anos depois do Vaticano II", in *REB*, fasc. 263, jul. 2006, p. 586.

Mesmo fenômenos como a pastoral de massas e a chamada "religiosidade popular" mereciam de bispos e teólogos palavras e sinais de cautelas e de precisões a serem consideradas.

1. Uma leitura resumida do Documento 7 de Medellín

No conjunto das Conclusões de Medellín, o Documento 7, "Pastoral das elites", faz parte da segunda unidade do texto geral. Se a primeira olhava mais a realidade do continente e seus desafios, como Paz, Justiça etc., a segunda parte é consagrada à *Evangelização e crescimento na fé*. Ela começa com o Documento 6 sobre "pastoral de massas" e é seguido pelo documento 7 sobre "pastoral das elites". Como todos os documentos de Medellín, o texto é organizado em três partes, na linha do "ver, julgar e agir". Assim, a primeira parte tenta descrever a realidade ou situação. Esclarece que considera elites tanto grupos dirigentes da sociedade como na área social, cultural, artística, e, dentro desses grupos, procura descrever o que chama de "minorias comprometidas". Depois de descrever esses tipos de elite, o texto classifica os diversos grupos em três atitudes fundamentais quanto à fé: os tradicionais ou conservadores, os progressistas e os claramente revolucionários. O texto elenca como cada um desses subgrupos vive a fé. Na segunda parte (seria o julgar) o documento elenca alguns princípios para a pastoral das elites: formula como objetivo da pastoral formar nas pessoas uma fé adulta e interior. Revela que a evangelização deve ser sempre ligada aos sinais dos tempos e, na América Latina, esses têm um caráter profundamente social e devem ser lidos a partir dos mais pobres. Na terceira parte (correspondente ao agir), o documento propõe "Recomendações pastorais". Algumas são de caráter geral, como a insistência em formar elites comprometidas, cuidar de que as celebrações dos sacramentos tenham a sua veracidade no compromisso de fé e, principalmente, na formação do clero, valorizar os estudos e aprofundamento da pastoral das elites. Outras recomendações visam a grupos especiais: a pastoral com artistas e homens de letra (7, 17), com universitários (18) e depois com grupos socioeconômicos (19), poderes militares (20) e poderes políticos (21). Reitera nos valores da liberdade e deixa claro que a Igreja quer trabalhar uma mais profunda educação política das elites.

2. Algumas considerações sobre o contexto do documento

Depois dessa rápida descrição do documento em seu conteúdo mais geral, podemos fazer algumas considerações imediatas. Não devemos, hoje, cair em uma leitura hipotética ou meio idealista de qual teria sido a intenção dos autores. Podemos, sim, tentar descobrir o contexto histórico e perceber pelo estilo e pela linguagem do documento algo do que transparece. É assim que pensamos: o texto sobre "pastoral das elites", assinado pelos bispos reunidos em Medellín, em 1968, parece ter sido pensado para acalmar o ambiente tenso da conferência e oferecer um contraponto aos que insistiam na chamada "opção pelos pobres" e na eclesiologia da liberação. O Documento 7 parece querer responder às preocupações dos setores mais conservadores, preocupados com o fato de que as conclusões de Medellín, centradas nos pobres e na sua libertação, fossem vistas como partidárias ou por demais radicais. Por ter surgido nesse contexto e com esse perfil, o Documento 7 de Medellín acabou sendo, talvez, o mais frágil de todos os textos de Medellín. O teólogo uruguaio Alberto Merthol Ferré afirmava:

> Medellín é vítima de uma dicotomia categorial então muito comum e que nos parece não somente equivocada, como de perigosas consequências pastorais. Medellín parte da dualidade "elite – massa", dualidade que nos parece destruidora da própria ideia de povo que é fundamental em Medellín. [...] Esse desconjuntamento da ideia de povo se concretiza na separação em dois documentos diferentes: o que trata da Pastoral de Massas e o sobre Pastoral das Elites. Por isso, ambos os documentos perderam substância e se debilitaram mutuamente. O Documento sobre pastoral de massas é limitadíssimo, pois, virtualmente, se concentra em uma interpretação genérica e algo externa do que seria a religiosidade popular. [...] Ambos os documentos sofrem da falta de um terceiro elemento que é justamente a compreensão de povo.[10]

---

[10] Ver na internet o texto "Medellín y los laicos", disponível em: www.mertholferre.com.

Mesmo essa noção de povo é ambígua (se trata de povo como etnia – povo brasileiro – ou povo como coletividade organizada e articulada?) mas, de fato, retomaria a eclesiologia do "povo de Deus", tão central no Concílio. Embora em documentos separados, Medellín desenvolve a reflexão sobre "pastoral das elites" como um contraponto do documento anterior (o 6, sobre pastoral de massas). Depois da reflexão sobre pastoral de massas vem a de grupos específicos ou especializados. O mesmo bispo, Mons. Luis E. Henriquez, auxiliar de Caracas, foi encarregado de coordenar os trabalhos de grupo que deram origem tanto ao documento 6 sobre "pastoral de massas" como ao 7, que tratou da "pastoral das elites". Essa seria mais uma pastoral de minorias e de grupos especiais, e não tanto o que, hoje, chamaríamos socialmente de elites. É verdade que, em determinados momentos, o texto fala de elites como os grupos dirigentes da sociedade, em campos como o da cultura, o da profissão, da economia e do poder, e, de forma especial, das minorias que, dentro desses grupos, podem influenciar o caminho da sociedade (Doc. 7, n. 1). E aí a pastoral de elites seria uma espécie de pastoral para os ricos (por exemplo, no Documento o n. 3, 3 e 3, 4). Mas a maioria dos outros números do documento se consagra mais a elites compreendidas como "círculos específicos e compactos" (Doc. n. 1c), ou ainda como "minorias comprometidas" (n. 3, 1). Ora, mesmo os tais círculos específicos não coincidem exatamente com o que se poderia chamar de "minorias comprometidas". Nesse sentido, o texto parece preocupado com a pastoral de "grupos específicos ou especializados".

3. Chaves de leituras para o documento

O próprio documento nos dá chaves importantes para a interpretação do conjunto do texto. No momento das recomendações pastorais, o texto diz claramente: "A pastoral das elites não deve (não pode) ser separada da pastoral total da Igreja" (Doc 7, 14). Antes, ao abordar os princípios havia afirmado: "Essa evangelização deve ser relacionada com os sinais dos tempos. Não pode ser atemporal nem a-histórica. Com efeito, os sinais dos tempos, que em nosso continente se manifestam sobretudo na área social, constituem um lugar teológico e interpelações de Deus" (Doc. 7, 13). Por isso, essa evangelização "deve tornar explícitos os valores de justiça e fraternidade, contidos nas aspirações de nossos povos" (n. 13).

Uma outra chave de leitura possível de releitura do texto é o que os bispos afirmam no documento sobre pastoral de massas: "Não olhar a pastoral a partir da visão ocidentalizada das classes médias e altas urbanas" (Doc. 6, 4).

Então, se não é a partir do olhar das classes médias e altas, deve ser a partir do quê? Em muitos outros textos, Medellín responde: a partir dos pobres e oprimidos. Então, a chave de leitura é a partir da opção pelos pobres. No entanto, a pergunta que aí cabe é se e até que ponto é possível fazer uma pastoral de elites a partir dos pobres ou da causa dos mais pobres.

Ao ler, ainda hoje, essas recomendações, podemos perceber que, para cada grupo especializado, a proposta é a de que a atuação pastoral deve ter em vista *as transformações sociais* (7, 3). Quando divide as elites em dois tipos, os conservadores e os progressistas, define os conservadores como sendo aqueles que *não discutem o problema das estruturas sociais* (n. 4). No entanto, como dizia com razão o padre Comblin: "De modo geral, os documentos da Igreja não questionam as estruturas. Ora, [...] na América Latina e no mundo, o problema não são as pessoas, e sim as estruturas".[11] O documento 7 alude às estruturas sociais, mas não as elenca nem aprofunda o assunto. De todo modo, podemos afirmar positivamente que o olhar do documento é, em geral, em vista da transformação social do continente, que, aliás, foi o tema geral da conferência e é a veia mestra que percorre todos os documentos.

4. Para aprofundar alguns pressupostos do documento

Entre todos os documentos de Medellín, o 7º é dos poucos que não contêm nenhuma citação bíblica, além de uma breve alusão à *Gaudium et Spes* 76 (Doc. 7, n. 3, 5); só na conclusão cita o mesmo e único documento do Concílio, a *Gaudium et Spes* 73.

---

[11] COMBLIN, José. "O projeto de Aparecida". In: *Vida Pastoral*, jan.-fev. 2008, p. 5.

Quando constatamos que o documento é paupérrimo no ponto de vista bíblico, será que isso é uma coincidência? Ou o fato de não citar nenhum texto bíblico não teria importância? Conhecemos documentos da hierarquia católica recheados de citações bíblicas apenas para justificar posições eclesiásticas já antes assumidas. Portanto, são citações fora do seu contexto e sem nenhuma profundidade. As citações bíblicas são como cereja para enfeitar um bolo já feito e confeitado. Pouco adianta.

No caso desse documento de Medellín, como em outros, sem dúvida, o problema é que o ponto a partir do qual se olha a realidade e a pastoral não é o mesmo ponto a partir do qual o Evangelho olha. A Igreja vê sua missão como sendo dirigida a todos, ricos e pobres. E quer proclamar a sua missão a todos, tanto à classe pobre como às elites. No entanto, precisa ter claro que, embora o Evangelho, em si, contenha uma boa notícia de salvação que é para todos, sua mensagem direta e sua linguagem de comunicação, ou seja, sua pastoral, não é igual para todos nem se revela como boa notícia para todos. Para os pobres e pequenos, a boa notícia é "felizes, vocês que são pobres porque chegou para vocês o reino de Deus" (Lc 6,22). No entanto, para os ricos e as elites do mundo, o Evangelho é uma notícia assustadora: "Ai de vocês...". Quando os militares argentinos tomaram o poder, muito católicos tomaram duas medidas importantes: primeiramente, instituíram um "ministério do culto" (um ministro de Estado era encarregado de cuidar das boas relações com a Igreja que fazia pastoral das elites) e a segunda decisão foi ordenar que, nas comunidades, ao cantarem o Cântico de Maria, o *Magnificat*, se deixasse de lado os versos que dizem: "Ele derruba os poderosos dos seus tronos e eleva os humildes. Enche de bens os famintos e despede os ricos sem nada" (Lc 1,52-53). O problema da pastoral das elites é como bispos, padres e agentes de pastoral lidam com esse desafio aí expresso.

O padre Comblin explica isso ao afirmar:

> A boa notícia é para os pobres, os desarmados, os perseguidos. Mas sucede que muitos cristãos fazem questão de apagar as diferenças e

leem o Evangelho como se esse se dirigisse a todos igualmente, como se Jesus falasse para os homens em geral, sem nenhuma referência à sua situação, assim como fazem os filósofos gregos. O próprio Documento de Aparecida apresenta o Evangelho como boa notícia válida para todos, sem nenhuma diferença. De fato, para quem estudou somente a teologia tradicional, não há problema. Para eles o Evangelho é o mesmo para todos, embora os textos bíblicos e inúmeros documentos da Tradição manifestem a cada página que não é verdade. A teologia podia esconder o Evangelho. Desconfio que ela não era completamente inocente, mas que tinha alguns motivos menos religiosos para silenciar certos aspectos dos evangelhos. Um dia um camponês do sertão pernambucano me disse: "Eu sou analfabeto, mas quando ouço o vigário explicar o Evangelho, acho que ele não lê tudo, porque, o que lê, sempre dá razão a ele". Esse camponês era muito inteligente. Pois o vigário escolhe sempre o que é favorável a ele.[12]

Podemos dizer do documento de Medellín sobre Pastoral das Elites o mesmo que o padre Comblin afirmava do documento pós-sinodal que o Vaticano publicou depois do famoso Sínodo das Américas. Ele escreveu:

No texto desse documento (da exortação pós-sinodal) não aparece o conflito com os chefes da nação, que Jesus denuncia como usurpadores e opressores. O que ocupa um lugar fundamental nos Evangelhos não aparece: o conflito de Jesus com os sacerdotes, os doutores da lei, os fariseus, os grandes daquele tempo (Mc 11–13; Mt 23; Lc 20; Jo 8). Esse conflito é o fio condutor dos Evangelhos. Todos apresentam a missão de Jesus como caminho para a morte. Desde o início, os chefes querem matá-lo. Jesus denuncia a dominação dos grandes associados aos romanos e permanece fiel a essa missão da sua vida até que o matem. Sua morte foi a consequência da sua ação, a conclusão do seu ministério. O documento fala de Jesus que fez o dom da sua vida (n. 139). Ele foi morto porque quis ser fiel à missão de denunciar a corrupção dos chefes do seu povo, que impunham um jugo insuportável à gente simples. Jesus era judeu e, como tal, estava escandalizado pelo uso

---

[12] COMBLIN, José. "As estranhas acusações de Clodovis Boff". In: *ADITAL*, 29/ 12. 2008.

que os chefes faziam da Lei. Ele queria libertar o seu povo da mentira e da dominação das elites. Com a sua interpretação da Lei, as elites oprimiam o povo dos pobres. Esse foi o projeto de Jesus. O que ele oferece aos seus seguidores é repetirem a mesma trajetória em todas as épocas da história. Ora, no centro da missão está a perseguição e a morte de cruz, uma morte infamante.[13]

Escrevo esse comentário ao texto de Medellín em um dia no qual o Evangelho da liturgia diária é a apresentação de Jesus no templo. Ali, o velho Simeão apresenta Jesus, com 40 dias de nascido, com as palavras: "Esse menino será sinal de contradição" (Lc 2,34). Em geral, todos nós temos uma dificuldade imensa de absorver isso e saber como lidar com isso na hora de pensar nossa relação pastoral com as classes médias e as elites. Alguns documentos eclesiásticos dos anos 1990 propõem como critério pastoral "o amor aos pobres". Isso todos aceitam sem problemas. Agora, ler a realidade e nela atuar a partir de uma clara opção pelos pobres é muito mais exigente. Como afirma José Maria Vigil: "Não é facultativa. É estrutural ao Evangelho e à missão da Igreja. É questão de justiça. Não é preferencial".[14]

Quando completou 25 anos de bispo, Dom Helder Camara confessou que até uns dois anos depois que assumiu a arquidiocese de Olinda e Recife, portanto, até 1966, ainda acreditava na possibilidade de ajudar os pobres a partir da relação com os ricos e poderosos. Dom Helder imaginava que, exercendo junto a eles uma influência forte de amizade e de orientação intelectual, favoreceria a missão da Igreja e conseguiria beneficiar os pobres. Assim, ele procurou garantir prestígio e poder junto aos poderosos. Numa entrevista pública, Dom Helder afirmou:

---

[13] COMBLIN, José. "O projeto de Aparecida". p. 5.

[14] VIGIL, José Maria. "O que fica da opção pelos pobres?". In: *Perspectiva Teológica*, 26 (1994), p. 187-212. Ver ainda: "La opción por los pobres es opción por la justicia y no es preferencial. Para un reencuadramiento teológico-sistemático de la opción por los pobres". *Revista Latinoamericana de Teología*, 63, sep.-dic. 2004, p. 255ss.

136 | 50 anos de Medellín

> Naquela época, eu estava convicto de que o Brasil estava partindo para um grande desenvolvimento. Não percebia que estávamos longe daquela definição tão bela de Paulo VI: "desenvolvimento do homem todo e de todos os homens". Eu não percebia que, com as melhores intenções, o que estávamos fazendo era apenas promover o crescimento econômico dos grupos privilegiados. Esta, porém, foi uma fase".[15]

Essa fase de acreditar que se poderia ajudar os pobres a partir da aliança com os ricos e com o poder governamental durou até depois do Concílio. Segundo os evangelhos, Jesus venceu a tentação de fazer o bem e promover a salvação do povo a partir do poder e do prestígio religioso. Ele venceu essa tentação no deserto, ao enfrentar o demônio. De vez em quando, isso nem sempre é claro para todos.

Em 1973, os bispos do Nordeste II, em plena ditadura militar, reconheciam que ainda tinham dificuldade de compreender esse passo ou essa reviravolta da sua missão pastoral. No documento que eles assinaram juntos, "Eu ouvi os clamores do meu povo", eles reconheciam:

> A Igreja, por sua vez, não raro, vem se embrenhando com os dominadores da dominação cultural, social, política. Muitas vezes, a hierarquia tem se identificado mais com os dominadores do que com os dominados. Sua configuração piramidal fazia com que os seus ministros falassem do alto dos púlpitos para um povo que os escutava passivamente. A Igreja, dentro da cultura dominante, tornou-se, então, assistencialista, atrasando, consequentemente, por vezes, a marcha do povo para se libertar.[16]

O Documento 7 de Medellín sobre Pastoral das elites não parece tomar uma posição clara nesse conflito. Não é fácil. Menos ainda naquele contexto de 1968 e da Igreja na Colômbia. Mas é importante perceber essa

---

[15] CAMARA, Dom Helder. "Entrevista nos 25 anos de sua Sagração Episcopal". In: *SEDOC*, citada por MARTIN, Cipriano. Ibidem, p. 64.

[16] Cf. DOCUMENTO DE BISPOS E SUPERIORES RELIGIOSOS DO NORDESTE. "Eu ouvi os clamores do meu povo (Ex 3,7)". Salvador, Editora Beneditina, maio 1973, p. 10.

tentação de manter a relação privilegiada da Igreja com as elites latino-americanas que, na época de Medellín, a hierarquia eclesiástica já começava a perder. Não porque a maioria dos bispos tivesse se convertido aos pobres, mas porque as elites sociais, econômicas e militares não mais precisavam da Cristandade para se legitimar e deixavam de se apoiar na relação com bispos e padres. A conversão dos pastores foi e tem sido um processo menos tranquilo. Dom Helder Camara confessava que para ele foi uma fase. Fase que, como ele diz, superou. No entanto, Dom Helder nunca excluiu ninguém de suas relações de amizade e de sua atenção pastoral. Mas a opção era sempre pelos pobres e a partir dos pobres.

Quando fala dos estudantes e especificamente dos universitários, o Documento 7 cita um documento do CELAM, de 1967, um ano antes de Medellín, aprovado em um encontro de bispos, realizado em Buga, Colômbia, sob o título: "Os cristãos na Universidade". Nesse documento, os bispos afirmam que "a primeira tarefa da Universidade na América Latina é "a desalienação de posturas geradoras da cultura colonialista". E para explicar, concretamente, como isso se realiza, o texto declara: "A primeira tarefa significa que a Universidade deve garantir, rechaçando qualquer critério elitista, a informação homogênea da cultura em sua visão do mundo, e a partir das bases do edifício social, lançando os fundamentos da cultura popular".[17]

Sem dúvida, Medellín parece ter superado a tendência comum dos bispos e teólogos identificarem pastoral das elites com a tarefa da formação da juventude de classe média e alta nos colégios religiosos e universidades católicas. Até aquele tempo, era muito comum as ordens religiosas e dioceses investirem fortemente nas então lucrativas instituições de ensino particular sob o pretexto de que, formando lideranças católicas para a

---

[17] Cf. SUCUPIRA, Newton. "Universidade e elitismo". In: *Communio*, jan.-fev. 1982, p. 49. Nesse artigo publicado no primeiro número em português da revista Tradicionalista Communio, esse educador, que já foi reitor da Universidade Federal de Pernambuco, critica esse texto e toma uma posição contrária. Para ele, a Universidade deve mesmo formar elites culturais.

sociedade, realizaria uma sociedade mais justa. De fato, pelos colégios católicos, passaram muitos dos generais que presidiram ditaduras sanguinárias e dirigentes da elite mais corrupta do continente.

Não me parece que vale a pena deter-se aqui na consideração sobre a pastoral de minorias em contraponto à pastoral de massas. Sobre a pastoral de massas, é bom lembrar que, no Brasil, o 9º Encontro das Cebs em São Luiz (1997) teve como tema "CEBs, vida e esperança nas massas". Depois do encontro, Antônio Alves de Melo publicou um artigo discutindo o tema da pastoral de massas ou de minorias. Ali, ele esclarece: "A existência de massas e minorias não decorre da divisão da sociedade em classes, nem da desigualdade entre as classes sociais. O fenômeno possui razões mais fundas. Massas e minorias constituem dois tipos humanos básicos. [...] A divisão massas/minorias é, pois, um fenômeno psicoantropológico, o que faz com que existam massas e minorias em qualquer classe social".[18]

5. É possível concluir alguma coisa?

O fato de vivermos um mundo "globalizado" pelo poder do capital e de forma cada vez mais desigual e injusta, torna ainda mais urgente o que, atualmente, muitos chamam de "diálogo de civilizações" e uma espécie de pacto universal pelos direitos dos povos e da terra, pela dignidade dos pobres e pelos bens comuns. Nesse caminho, não podemos excluir ninguém e, sem dúvida, há uma função que é própria das "minorias comprometidas" e mesmo das classes independentes e mesmo dirigentes. Teólogos como o norte-americano Michael Crosby lembram que, entre as comunidades cristãs do primeiro século, provavelmente a comunidade que está por trás do Evangelho de Mateus (comunidade que, provavelmente, vivia em Antioquia) tinha se tornado comunidade meio burguesa. Os cristãos dessa comunidade viviam relativamente bem em termos de posses econômicas. A essa comunidade, a pastoral do Evangelho não foi propor uma

---

[18] MELO, Antônio Alves. "Massa e minorias, uma única Igreja". In: *REB*, vol. 60, fasc. 237, março 2000, p. 78.

espécie de pastoral de elites por si mesmas, e sim repropor o coração das pregações de Jesus: as bem-aventuranças. É no Evangelho de Mateus que as palavras de Jesus soam de forma mais clara: "Eu te agradeço, Pai, porque escondeste as tuas coisas aos sábios e prudentes e as revelaste aos pequeninos. Sim, Pai, assim foi do teu agrado" (Mt 11,25). É a essa comunidade que as bem-aventuranças de Lucas são relidas e retomadas de uma forma mais adaptada, de forma que guardam sua radicalidade, mas, ao mesmo tempo, possam ser compreendidas de forma mais universal. "O Jesus de Mateus afirmava a necessidade de transformar os fundamentos religiosos da economia política e não somente da vida pessoal e comunitária".[19]

Nas Igrejas existe (como sempre existiu) uma pastoral de elites dirigida às pessoas. Essa pastoral considera a questão da riqueza como assunto pessoal de cada um. Insiste em que a pessoa "não seja avarenta". "Que o patrão não seja injusto ou mau com seus empregados." Mas como uma pastoral de elites, que precisa agradar aos seus membros até para mantê-los como membros, pode mostrar o papel dos indivíduos dentro de um contexto de relações sociais e de estruturas econômicas?

> O Evangelho, principalmente Lucas, insiste que o dinheiro e os sistemas econômicos não são neutros. Pelo contrário, nesse contexto, o sistema econômico é, intrinsecamente e por natureza, um sistema de exploração e lucro. Quando o dinheiro se torna um fim em si e não um meio a ser usado para necessidades em comum, torna-se demoníaco e é uma ameaça à coexistência humana. [...] Essa é uma perspectiva difícil de mudar. Mesmo assim, há esforços sendo feitos para desenvolver alternativas.[20]

Aqui entre nós que procuramos reler o Documento 7 de Medellín: essas alternativas, aludidas pelo teólogo norte-americano, são de pastoral das elites a partir da opção pelos pobres. Elas procuram se fundamentar em

---

[19] CROSBY, Michael. *Parole Vere, Le Beatitudine per l'oggi nel mondo*. Bologna: EMI, 2006, p. 25.

[20] Cf. MOXNES, Halvor. *A economia do Reino*. Tradução brasileira. São Paulo: Paulus, 1995, p. 156.

um olhar sobre as estruturas e não apenas se contentar em dar bons conselhos às pessoas individuais, mesmo membros de "minorias comprometidas". Crosby acrescenta: "Um exemplo disso é a carta pastoral dos bispos católicos dos Estados Unidos sobre os ensinamentos sociais católicos e a economia dos Estados Unidos: o documento *Justiça econômica para todos*" (Conferência Nacional dos Bispos Católicos, EUA, 1986).

Sua ênfase recai sobre as responsabilidades comunitárias da vida econômica. O documento afirma:

> O critério moral fundamental para todas as decisões econômicas é este: elas devem estar a serviço de todas as pessoas, especialmente dos pobres. Uma das prioridades morais da nação é fazer uma fundamental opção pelos pobres. A obrigação de avaliar a atividade social e econômica do ponto de vista dos pobres e dos sem-poder surge do mandamento radical para amar o próximo como a si mesmo.[21]

Oxalá essa carta, escrita nos anos 1980, possa ser ainda hoje subscrita, aprovada e mesmo atualizada pelo conjunto dos atuais bispos norte-americanos. De todo modo, atualmente, movimentos como Legionários de Cristo, Arautos do Evangelho, Opus Dei e outros fazem pastoral das elites dedicando-se a trazer para a Igreja pessoas ricas e procuram educar os filhos das elites. No entanto, não podem ignorar o fato de que as bem-aventuranças de Jesus continuam a interpelar a nós todos, ricos e também os pobres, e a revelar os projetos subversivos de Deus.

Poucas pessoas reassumiram tão bem as bem-aventuranças como o irmão Roger Schutz, fundador de Taizé. Em 1974, quando abriu em Taizé o Concílio de Jovens, o irmão Roger retraduziu as bem-aventuranças, ao se dirigir para a Igreja e para as comunidades cristãs:

> Igreja, que dizes do teu futuro? Renunciarás aos meios de poder, aos compromissos com os poderes políticos e financeiros?

---

[21] Ibidem, p. 156.

Igreja, abandonarás os privilégios e renunciarás a acumular capital? Aceitarás tornar-te, finalmente, comunidade universal, de partilha, lugar de comunhão e amizade para toda a humanidade?

Igreja, que dizes do teu futuro? Tornar-te-ás o povo das bem-aventuranças, sem outra segurança que o Cristo, povo pobre, contemplativo, criador de paz, portador de alegria e de uma festa libertadora para os seres humanos, com o risco de seres perseguida por causa da justiça?[22]

Na época de Medellín, o prior de Taizé tinha já convocado o Concílio de Jovens. Suas palavras eram refletidas e retomadas por jovens de todo o mundo. Parecem ter sido retomadas por Dom Helder Camara e outros bispos que expressaram no documento de Medellín como que uma resposta às perguntas que o irmão Roger só formularia por inteiro alguns anos depois no texto acima citado.

Em Medellín, os bispos propuseram: "Que se apresente cada vez mais nítido na América Latina o rosto da Igreja autenticamente pobre, missionária e pascal, desligada de todo poder temporal e corajosamente comprometida com a libertação de todo ser humano e de cada pessoa por inteiro" (Doc. 5, Juventude, n. 15).

Esse é o critério fundamental com o qual se deve hoje rever a chamada pastoral das elites e a partir da qual podemos reler o documento 7 de Medellín: como diz hoje o papa Francisco: uma Igreja em saída.

---

[22] Citado por ZANOTELLI, Alex. "Prefácio ao livro"; CROSBY, Michael H. *Parole Vere*. Bologna: EMI, 2006, p. 7.

Catequese e realidade desde Medellín

Therezinha Cruz[1]

Como Medellín veio logo depois do Concílio Vaticano II, as mudanças na Igreja já estavam despertando novas iniciativas, prioridades, pedagogias e enfoques. Uma frase do documento de Medellín vem sendo citada até hoje e se torna uma espécie de "placa orientadora" para acertar o caminho na estrada: "As situações históricas e as aspirações autenticamente humanas são parte indispensável do conteúdo da catequese" (Med 6). É uma afirmação que retrata um princípio básico do que se deseja hoje ver em ação na prática catequética, algo que faz parte da espiritualidade que deve animar esse trabalho. Toda vez que me deparo com esse texto lembro da catequese da minha infância, com um catecismo super-resumido de perguntas e respostas a serem decoradas sem maiores explicações e considerações com o que de fato eu estava vivendo... Naquele tempo as crianças ouviam a catequista sem questionamentos, não entendiam direito o que estavam sendo chamadas a repetir, mas ficavam satisfeitas por serem admitidas à Primeira Comunhão (que para algumas seria a primeira e última). Depois disso, até a época do Vaticano II, muita coisa já havia mudado, mas a conferência de Medellín colocou energicamente em foco a realidade da América Latina, com sua cultura, com as necessidades do povo e com o que se tinha a esperar de uma Igreja a serviço do Reino. Esse destaque

---

[1] Professora aposentada com experiência em Ensino Religioso, Catequese e Ecumenismo. Foi assessora da Dimensão Bíblico Catequética da CNBB de 1992 a 1996 e depois participou da equipe que criou os materiais dos projetos Rumo ao Novo Milênio e Ser Igreja no Novo Milênio. Costuma fazer versões populares de documentos escritos em linguagem mais oficial.

para o relacionamento da catequese com a realidade de seus agentes e destinatários continuou a ser trabalhado em muitos documentos posteriores. Entre eles está um dos mais divulgados no Brasil, trabalhado intensamente pela dimensão catequética da CNBB e colocado nas mãos dos catequistas da base, o famoso "Catequese Renovada" (1983), que tornou popular a expressão "interação fé e vida", apresentada como o grande marco pedagógico dos materiais catequéticos que foram sendo produzidos nas diferentes regiões do país. Outros textos de Medellín foram citados em Catequese Renovada (o número 4 da parte referente à catequese, por exemplo), destacando a relação entre o projeto de Deus e as legítimas aspirações humanas. Tudo isso combina muito bem com o que já nos tinha sido apresentado no início da *Gaudium et Spes*:

> As alegrias e as esperanças, as tristezas e as angústias dos homens de hoje, sobretudo dos pobres e de todos os que sofrem, são também as alegrias e as esperanças, as tristezas e as angústias dos discípulos de Cristo. Não se encontra nada verdadeiramente humano que não lhes ressoe no coração (GS 1).

E sempre que a realidade muda, é muito importante relembrar que esse princípio continua sendo válido, indispensável para que a mensagem evangélica atinja seu objetivo, adaptada às novas circunstâncias, sem perder o essencial, mas apresentada de modo mais eficiente e voltada para as questões humanas que no momento estiverem mais necessitadas de atenção.

Muita coisa já foi feita a partir da inspiração trazida por Medellín, muitas mudanças importantes colocaram a catequese num caminho mais próximo das condições concretas e das aspirações do povo. Documentos posteriores foram ampliando a reflexão a partir dos mesmos dados essenciais. Mas ainda há muito a fazer. A orientação de Medellín não apenas continua atual nas suas recomendações como também ainda precisa ser posta em prática de modo mais completo. As realidades de hoje certamente são muito diferentes. A mudança cultural vem acontecendo de forma sempre mais acelerada. Os encontros catequéticos em nível nacional têm acentuado muito a questão de estarmos vivendo uma "mudança de época", que é algo mais profundo do que simplesmente uma "época de mudanças". A informática mudou o comportamento das pessoas; crianças e jovens têm posturas diferentes, valores importantes foram deixados de lado na educação, e isso se reflete na cultura, nos ideais (ou na falta deles), no que se vê no cinema, na televisão, na conversa dos jovens e no que se passa no ambiente familiar. A questão da tradição cultural católica no meio do povo também se alterou e hoje a pluralidade de escolhas religiosas está muito mais disseminada entre a população. Medellín nos falou da importância de considerar as situações históricas e aspirações humanas na catequese, e isso continua sendo cada vez mais fundamental – até com uma premência maior do que há 50 anos – mas, evidentemente, agora temos que aplicar esse princípio a um tipo de realidade diferente.

Considerando tudo isso, podemos analisar cada aspecto abordado pela Conferência de Medellín na parte referente à catequese.

I – Necessidade de uma renovação

O texto de Medellín chama a atenção para um mundo em transformação que exige novas abordagens catequéticas. As transformações que inspiraram o texto não são exatamente as mesmas que nos surpreendem hoje. A religiosidade popular talvez não seja o ponto ideal de partida para muitos, já que temos novas gerações, mesmo entre os mais pobres, ligadas a outros tipos de influência. Permanece, porém, como um campo importante que deve ser bem trabalhado, partindo do que o povo sente e levando a um compromisso maior com o projeto de Jesus. O próprio texto de Medellín recomenda: "rever muitas das devoções aos santos, para que não sejam tomados apenas como intercessores, mas também como modelos de vida, de imitadores de Cristo". A devoção mariana, tão carinhosamente cultivada pelo nosso povo, seria um bom ponto de partida para que as pessoas, na sua realidade cotidiana, sejam motivadas a imitar o "faça-se em mim segundo a tua palavra" (Lc 1,38) e a adaptar para a sua vida a orientação que Maria deu nas bodas de Caná: "fazei tudo o que ele vos disser" (Jo 2,5).

Constatamos, sem dúvida, que a renovação nas práticas pastorais e catequéticas é essencial, mais ainda do que há cinquenta anos. O Documento de Aparecida (2007) vai também insistir nesse tema, fala da importância de olhar a realidade, pede "imaginação para encontrar resposta aos muitos e sempre mutáveis desafios que a realidade coloca" e propõe "organismos que superem qualquer tipo de burocracia" (DAp 202). Logo na introdução, alerta com inusitado vigor para o perigo do "medíocre pragmatismo da vida cotidiana da Igreja, no qual, aparentemente, tudo procede com normalidade, mas na verdade a fé vai se desgastando e degenerando em mesquinhez" (DAp 12).

Medellín já propunha a evolução de formas tradicionais de fé e a descoberta de novas maneiras de agir, catequizando ao mesmo tempo as pessoas analfabetas e os intelectuais, descobrindo novos meios de estar presente na sociedade. E quem poderia dizer que não estamos ainda precisando disso hoje?

1. Características da renovação

O texto de Medellín insiste na unidade profunda que existe entre o plano de salvação e as aspirações humanas, pede uma catequese com caráter dinâmico e evolutivo, que não ignore as mudanças econômicas, demográficas, sociais e culturais da realidade latino-americana. Para isso se precisaria de uma catequese dinâmica e disposta a evoluir, capaz de aprofundar cada vez mais a compreensão autêntica da Verdade revelada (cf. Med, catequese 5). Até hoje essas são exigências que têm aparecido nos encontros catequéticos e nos projetos de formação. Uma catequese desligada da vida e da cultura de cada grupo, sem adequada apresentação da Palavra, não vai responder às necessidades da Igreja e do povo. Essa constatação tem sido a base de propostas que estão apresentadas nos encontros catequéticos ao longo destas cinco décadas.

2. Prioridades na renovação catequética

Destaca-se a necessidade de assumir totalmente as angústias e as esperanças do homem de hoje. Para isso, a mensagem bíblica tem que estar encarnada na vivência concreta dos catequizandos. Apesar de combinar muito bem com a maneira como a própria Bíblia nasceu, nem sempre essa ligação tem ficado transparente e mobilizadora, como seria indispensável no modo de conduzir as atividades pastorais. O texto de Medellín fala do momento histórico, com situações de injustiça e marginalização (que existem ainda hoje). Destaca o pluralismo cujas exigências a pastoral precisa atender. Esse pluralismo tem crescido. Mesmo num único país, como o Brasil, essa variedade de situações pede uma diversidade de soluções e procedimentos, para que ninguém fique excluído ou mal atendido no seu direito de conhecer e assumir a alegria da proposta do Evangelho. O texto diz explicitamente: "devemos guardar a unidade da fé na diversidade de formas". Refere-se especificamente a uma postura ecumênica, mas até dentro da mesma Igreja sabemos que há diferentes necessidades, linguagens, formas de compreensão, situações de vida.

Lembrando que o batismo das crianças pequenas vai exigir uma evangelização dos batizados, afirma-se a importância de novas formas de catecumenato. Isso está muito presente hoje na catequese que pede um processo de iniciação à vida cristã, para que a recepção dos sacramentos esteja realmente inserida numa verdadeira adesão ao discipulado. Aí seria muito interessante pensar no catecumenato a partir do que Medellín já havia dito a respeito da importância de adaptar a ação pastoral à variedade de situações e necessidades de cada um. O processo de iniciação à vida cristã, hoje tão recomendado, toma como inspiração o que está no Ritual de Iniciação Cristã de Adultos (RICA). É claro que coisas muito boas podem nascer daí, desde que o RICA seja mesmo fonte de inspiração e não um processo fechado, sem possibilidade de adaptação criativa e sem consideração das necessidades específicas de cada realidade. Medellín não fala de um único processo de catecumenato, indica "novas formas de catecumenato na catequese de adultos". Isso poderia nos levar, nos tempos de hoje, a uma boa reflexão sobre o uso da liberdade, da criatividade, do exame das características de cada situação, tornando adequadas as propostas do ritual de iniciação para todas as idades e para pessoas com diferentes condições de vida.

Destaca-se a importância das comunidades de base e da família, que precisa ser adequadamente preparada para poder ser a tão falada "Igreja doméstica", ambiente natural para um desenvolvimento cristão. Medellín pede também uma catequese que, tendo por conteúdo o amor, favoreça um ecumenismo sadio que leve à colaboração na construção da justiça e da paz. Muita coisa vem mudando no ambiente familiar e o ecumenismo tem feito alguns progressos nas últimas décadas. Mas é fácil perceber que tais recomendações continuam profundamente válidas na realidade de hoje.

A seguir, o texto se refere aos meios de comunicação social, que irão conduzir a uma cultura universal, a "cultura da imagem". Obviamente, em 1968, ainda não se tinha uma cultura informática digital onipresente, como se vê hoje, dominando todo o panorama dos comportamentos humanos. O texto fazia pensar em imprensa, cinema, televisão, teatro, literatura, música popular. O Diretório Nacional de Catequese, aprovado em 2006, diz que na catequese "podemos incluir as inquietações e problemas humanos sérios que são retratados em boas obras de cinema, literatura, música, teatro. Os bons artistas têm o dom de expressar de forma impactante a experiência humana. A catequese pode aproveitar o talento desses parceiros" (DNC 165). Mas, se hoje há também outros meios de comunicação, nem por isso ficam invalidadas as observações sobre a atenção que a catequese precisa dar a esses recursos, buscando formas de interação. Fala-se de "uma apresentação encarnada da mensagem cristã", e essa "encarnação" vai precisar levar em conta a maneira como hoje as pessoas se comunicam, não necessariamente aprovando tudo, mas orientando para um uso fraterno e construtivo dos instrumentos que estão atualmente mais em destaque.

3. Meios para a renovação catequética

Para que a renovação acontecesse, Medellín já indicava que seria preciso que uma organização nacional e diocesana bem planejada inspirasse de forma positiva até as comunidades mais distantes. Para formar com boa orientação os agentes desse processo teremos que ter lideranças com dedicação exclusiva, estimulando catequistas bem formados, capazes de identificar as necessidades do meio humano em que vão trabalhar. Uma adequada preparação de catequistas leigos e de diáconos permanentes é fundamental para que sejam capazes de dar conta do ministério da Palavra de acordo com a cultura local.

Uma questão importante é a linguagem que a Igreja vai usar, tanto no ensino e nas homilias como no contato diário com as pessoas que nos cercam. Não basta explicar as coisas de maneira correta, é preciso "reexpressar incessantemente, por novas maneiras, o Evangelho em relação com as formas de existência do homem, tendo em conta os ambientes humanos, étnicos e culturais e guardando sempre a fidelidade à Palavra revelada" (Med, catequese 15).

Para isso precisaremos de reflexão, orientação e avaliação nos diferentes aspectos da catequese. Não se trata de preparar materiais uniformes, mas de capacitar para a criação de novas formas de educação da fé, adequadas a cada ambiente. Será preciso combinar uma boa formação, composta de conhecimentos necessários bem apresentados e assimilados, com meios de trabalho adequados e uma indispensável liberdade de ação.

Como se vê, Medellín não propõe fórmulas já prontas ou programas fechados de catequese. O texto valoriza o conhecimento como uma ferramenta para cada catequista poder usar sua criatividade de modo adaptado às necessidades dos catequizandos com total fidelidade à essência dos objetivos e do conteúdo da mensagem. Isso, como é fácil perceber, continua sendo uma necessidade atual.

II – As conclusões de Medellín sobre a catequese

Fechando a reflexão, o texto propõe:

- renovação, insistindo na catequese permanente de adultos;
- evitar dicotomia entre o natural e o sobrenatural;
- fidelidade à Mensagem revelada e encarnada nos fatos atuais;
- promover a evolução do ser humano e as transformações sociais necessárias;

- respeitar na unidade a pluralidade;
- evangelizar os batizados e oferecer um novo catecumenato;
- cuidar da dimensão catequética da família;
- empregar os meios de comunicação social;
- uma boa organização nacional e diocesana para a catequese;
- boa formação para os catequistas leigos de cada local;
- adaptação da linguagem, preservando a integridade da mensagem;
- reflexão e experimentação nos processos de formação, com amplitude e liberdade.

Ninguém poderia dizer que tais propostas estão superadas ou são alheias à realidade de hoje. Documentos posteriores continuaram por esse caminho, cada um reforçando o outro. São objetivos permanentes, metas que orientam a caminhada e que vão promovendo evolução na ação, na reflexão e no cultivo da espiritualidade. Por isso é muito importante que tudo isso chegue aos catequistas de base, que a palavra da Igreja seja bem conhecida por aqueles que exatamente estão encarregados de colocá-la em prática.

1. A catequese situada dentro do conjunto de Medellín

A Conferência de Medellín não tratou só de catequese, evidentemente. Mas cabe à catequese apresentar o perfil da Igreja por inteiro e não apenas um aspecto isolado. Ela está no início de tudo, na base da formação dos agentes de pastoral, seja qual for a área em que vão atuar. Nenhuma pastoral vai tratar com igual intensidade todas as dimensões da ação eclesial, mas todas elas devem estar bem relacionadas para que a imagem da Igreja não se apresente de maneira deformada. O texto oficial da conferência, já na sua introdução, citando Paulo VI, diz que "para conhecer Deus é necessário conhecer o homem". Essa é a grande ideia de fundo de Medellín: uma Igreja que apresente Deus relacionado às necessidades humanas, não uma fé bailando no espaço, desligada do nosso viver cotidiano. A partir dessa orientação fundamental, tem que se pedir que se cuide de promoção humana, paz, família, educação, juventude, diferentes interlocutores no campo social, função dos diferentes agentes eclesiais, pobreza dentro e fora da Igreja, meios de comunicação social. É o que nos comunica a mensagem inicial aos povos da América Latina: "Devem acabar as separações entre fé e vida, pois em Jesus Cristo vale a fé que opera pela caridade".

Catequistas precisam conhecer bem a Igreja no seu conjunto, devem estar bem relacionados com os outros agentes de pastoral, não podem excluir nenhuma das dimensões do trabalho eclesial. Eles não vão tratar, por exemplo, do ecumenismo ou da ação social com o mesmo nível de envolvimento dos agentes especificamente envolvidos nesses campos. Mas não poderão, por omissão, deixar de apresentar essas dimensões como consequências essenciais do seguimento de Jesus; se assim o fizessem, estariam construindo uma imagem deformada da Igreja e da proposta do Evangelho.

Outras indicações de Medellín, fora do capítulo especialmente destinado à catequese, devem estar presentes como orientação da ação catequética de toda a Igreja.

Como exemplo, destacamos três afirmações que, trabalhadas de modo adequado a cada situação e faixa etária, devem ter um espaço na catequese e na vida de todos os que se comprometem com o Evangelho:

- A carência de uma consciência política em nossos países torna imprescindível a ação educadora da Igreja (Med, justiça 16).
- Criar uma ordem social justa, sem a qual a paz é ilusória, é uma tarefa eminentemente cristã (Med, paz 20).
- Na Igreja, todos são chamados à santidade, tanto os que pertencem à hierarquia como os leigos e os religiosos. [...] Cada qual procura alcançar a santidade pela vivência da caridade, segundo as características próprias de seu estado de vida (Med, religiosos 1).

2. Outros documentos foram indicando prioridades

Depois de Medellín tivemos outros documentos que traziam orientações importantes que a catequese precisava assumir. No campo latino-americano, destacamos Puebla (1979), Santo Domingo (1992), Aparecida (2007). Como orientações para toda a Igreja lembramos *Evangelii Nuntiandi* (1975), *Catechesi Tradendae* (1979), Diretório Geral para a Catequese (1997). Especificamente no Brasil tivemos o Diretório Nacional de Catequese (2006) e o material das grandes Semanas Brasileiras de Catequese (1986, 2001 e 2010). Com o crescimento de uma maior insistência na Bíblia como "livro de catequese por excelência", foram sendo publicadas orientações para uma leitura correta das Escrituras e, entre esses textos, destaca-se "A interpretação da Bíblia na Igreja" (1993), um trabalho importante da Pontifícia Comissão Bíblica, a partir do qual também se fez uma versão popular.

Em todos esses materiais aparece a ideia básica de Medellín (mesmo que o documento da conferência não seja expressamente mencionado), que é a interação entre a fé e a vida concreta das pessoas. Outros textos sobre leitura bíblica foram elaborados para as duas coleções de estudos e documentos da CNBB.

III – Uma riqueza e alguns problemas

A fartura de orientações oficiais que podem impulsionar a catequese nos dá com certeza um acervo importante que as autoridades da Igreja colocam à disposição dos agentes de pastoral. São textos construídos por gente bem preparada e visam promover o que pode conduzir a Igreja num caminho atualizado, fiel ao essencial e adaptado ao que se percebe como realidade atual. Não estamos com deficiência de material para estudo, formação e conhecimento para ficar em sintonia com a palavra autorizada da Igreja. Muito do que foi proposto em Medellín está atualmente ampliado e recolocado, mesmo com outra linguagem e atendendo a problemas específicos de hoje, em novos documentos, eventos e projetos pastorais. É uma riqueza que devemos valorizar, partilhar e oferecer aos catequistas.

Mas temos aí alguns problemas. Um deles é exatamente a fartura de documentos. Nem bem acabamos de propor aos catequistas o estudo de um deles, e lá vem outro. No meio do excesso de textos, fica mais difícil reter o que é realmente essencial. Uma sábia afirmação filosófica nos diz que "o melhor lugar para esconder uma árvore é no meio da floresta". Assim também pode ser mais difícil identificar orientações importantes quando elas estão situadas no meio de uma grande floresta de normas, textos variados, considerações complexas, objetivos que apontam para muitas direções.

Outra questão embaraçosa é a linguagem acadêmica, que é frequente nos textos oficiais, mas não é familiar aos catequistas. Não se trata apenas de termos específicos da cultura teológica (como: soteriológico, escatológico, exegético e outros semelhantes), que até poderiam ser explicados, como acontece quando anexamos um glossário ao próprio texto. Às vezes chega a ser engraçado ler uma declaração oficial que fala de inculturação, adaptação à linguagem de cada destinatário, quando esse mesmo material vem apresentado numa linguagem tão distante do modo de expressão dos agentes de pastoral que não chega a lhes falar ao coração. Nos estudos de pedagogia aprendemos que o método acaba fazendo parte do conteúdo. Nesse caso, o método estaria contrariando o conteúdo. Simplificar a linguagem não inclui necessariamente tirar a profundidade do que está sendo dito. Mas, para que a simplificação seja eficiente e corresponda ao objetivo, deve ser feita por gente bem preparada, que conheça profundamente não só as duas linguagens, mas as características dos destinatários. Isso me lembra uma frase pitoresca que me era apresentada quando estava estudando pedagogia: "Para ensinar latim ao João é preciso conhecer muito bem o latim e o João, mas também é preciso perceber por que o João precisaria de latim". Talvez devêssemos lembrar com mais intensidade que somos seguidores de um Mestre que era carpinteiro, não universitário. Então por que não poderíamos aprender a nos comunicar de um jeito que fosse familiar aos carpinteiros e pessoas mais simples de hoje? Afinal, sabedoria não é a mesma coisa que erudição; temos muito a aprender também com quem não passou tanto tempo na escola.

Por conta disso, há muitas "versões populares" dos pronunciamentos oficiais das autoridades eclesiásticas. São excelentes materiais, que o povo recebe com alegria. São exemplos práticos da inculturação tão recomendada nas orientações que recebemos numa outra linguagem.

IV – A importância de ouvir, entender e pôr em prática o que a Igreja pede

É fundamental que os agentes de pastoral, em todas as áreas, saibam o que a Igreja realmente está propondo. Muitas vezes encontro pessoas que defendem, em nome da Igreja, algo que ela mesma já rejeitou. Outras vezes pessoas censuram os que estão seguindo as orientações mais oficiais, achando que estão sendo infiéis porque suas afirmações não combinam com algo que acham ser a verdadeira doutrina. A palavra catequese é derivada de um termo que significa "fazer ecoar". Ninguém vai ser capaz de fazer ecoar o que ainda não ouviu ou não entendeu. Isso nos faz refletir sobre o episódio narrado em At 8, quando Filipe vai ao encontro do eunuco etíope que estava lendo um texto do profeta Isaías. Filipe pergunta se ele entende o que está lendo e o outro responde: "Como poderia, se ninguém me orienta?". E então me pergunto: como podemos exigir tanto dos nossos catequistas se não lhes oferecemos uma formação benfeita, acessível e permanente? Nossos catequistas precisam ser educados para conhecer e compreender cada vez mais as orientações da Igreja. Se vão falar em nome da Igreja, é indispensável ouvir, relacionar com a vida e saber aplicar o que ela está dizendo. Afinal, deles depende na base a formação de todos os agentes eclesiais.

Diante disso, recordar Medellín, que tem um texto mais simples, poderia ser um bom começo para ajudar a perceber que tipo de rosto a Igreja quer ter na realidade do nosso continente.

V – Inspirações de Medellín na realidade de hoje

A primeira Semana Brasileira de Catequese (1987) teve como lema: "Fé e Vida na comunidade – renovação da Igreja e transformação da sociedade". Estava muito ligada ao documento Catequese Renovada. Ficava muito explícita a importância da interação fé e vida, e os catequistas estavam sendo chamados a um novo modo de organizar o conteúdo e as dinâmicas dos encontros catequéticos. Foi realizada numa época de muita divulgação das orientações da CNBB e, nesse campo, merece especial destaque o trabalho de nosso querido e saudoso frei Bernardo Cansi, sempre tão alegremente acolhido pelos catequistas por saber falar a língua deles, por valorizar os pobres, por amar intensamente a Bíblia.

Na segunda Semana Brasileira de Catequese (2001), o tema era "Com adultos, catequese adulta", apoiado no lema "Crescer rumo à maturidade em Cristo" (cf. Ef 4,13). A realidade mostrava que a tradicional catequese que prepara crianças para a primeira comunhão não era suficiente diante dos desafios dos novos tempos. O contexto de 2001 era a grande provocação para a reflexão a ser feita e as propostas a serem apresentadas. A Igreja se via diante de um mundo pluralista em que os adultos deveriam ter bons motivos para escolher seu caminho religioso, firmes na fé e com atitude de respeito diante da diversidade religiosa. Lidar com adultos significava tratá-los mais como interlocutores do que como simples destinatários de uma mensagem. Então, apresentar a proposta do Evangelho numa linguagem inculturada era essencial. De novo aparecia com impacto a necessidade de uma renovação pastoral, tão presente em Medellín.

A terceira Semana Brasileira de Catequese (2009) foi uma continuação da reflexão proposta no Ano Catequético Nacional de 2006, que teve como tema: "Catequese, caminho para o discipulado". Esse ano catequético tinha de novo se voltado mais para os adultos diante da constatação de que havia um hiato entre a formação que se dava às crianças (que não eram mais tantas a se preparar para a Eucaristia, como em outros tempos) e o posicionamento dos adultos em relação a uma verdadeira prática da fé cristã. Essa situação levou a uma busca de novos caminhos. Aí começou a ganhar mais relevância a proposta de Iniciação à Vida Cristã, que ficou sendo o tema da Semana. Essa Iniciação estava pensada como catecumenato, num processo baseado nas orientações do RICA. Embora o catecumenato estivesse enraizado em procedimentos da Igreja dos primeiros tempos, agora ele seria uma novidade, em comparação com os métodos que a catequese tinha se acostumado a usar.

1. O que a Iniciação teria a ganhar refletindo sobre Medellín

É evidente que a situação atual da Igreja no Brasil exige uma remodelação no modo de trabalho da catequese com adultos (e também com jovens e crianças). A opção pelas fases do catecumenato, com ênfase na liturgia, com acompanhamento dos introdutores, para que aconteça uma verdadeira iniciação e inserção na comunidade é um passo importante para que se leve mais a sério a pertença à Igreja, numa nova realidade onde a pressão da tradição católica não é mais tão forte como antigamente. Em vez de termos pessoas que diziam que eram católicas porque isso era o mais comum na sociedade, queremos gente que realmente fez a experiência do mistério cristão e seriamente se comprometeu a viver no discipulado seguindo Jesus.

Mas o catecumenato, se for sempre seguido ao pé da letra como é exposto no RICA, pode virar um novo tipo de rotina, de burocracia eclesial, onde se cumprem calendários e se seguem regras preestabelecidas sem considerar que cada grupo, cada pessoa, cada situação tem suas próprias necessidades. Alguns até ficariam indevidamente excluídos por terem condições de vida e de trabalho que não cabem em esquemas muito fechados. Uma coisa é conhecer bem o RICA para poder inspirar-se nele, outra coisa seria ficar preso a cada detalhe do que lá se propõe.

Uma boa consideração da renovação dinâmica, criativa, adaptada a cada realidade, como se propõe em Medellín, daria ao processo de iniciação características mais adequadas a cada situação, cada pessoa, cada comunidade. Outra orientação importante seria ter um processo de iniciação onde se faz uma intensa relação entre a experiência pessoal que cada um vai ter de Cristo e a vivência do que ele nos propõe na situação concreta em que cada pessoa se situa e diante das injustiças sociais que nos cercam. Assim, a opção preferencial pelos pobres seria algo que não poderia estar ausente como conteúdo do processo de iniciação. Ele teria que sensibilizar o catecúmeno em relação a todas as consequências ligadas à justiça social, aos direitos de cada um, à superação de exclusões, preconceitos e humilhações que marcam a vida de tão grande parte da nossa população. Como lemos em Medellín: "O amor, a lei fundamental da perfeição humana, e portanto da transformação do mundo, não é apenas o mandamento supremo do Senhor, é também o dinamismo que deve mover os cristãos a realizar a justiça no mundo. [...] Na busca da salvação devemos evitar o dualismo que separa as tarefas temporais da santificação" (SD, Justiça 4 e 5). E mais: "onde a paz social não existe, onde há injustiças, desigualdades sociais, políticas, econômicas e culturais, rejeita-se o dom da paz do Senhor; mais ainda, rejeita-se o próprio Senhor" (SD Justiça 14).

2. Catequese da juventude na realidade de hoje

O mundo mudou muito. A juventude de 1968 tinha outro comportamento e estava exposta a outro tipo de influências. Poderíamos, por exemplo, fazer uma lista dos filmes que faziam sucesso naquele tempo e compará-los com o que está sendo exibido hoje. O comportamento nas escolas também é diferente, temos menos disciplina, menos respeito pelos educadores, aumento da prática do *bullying*. O estilo do namoro é outro, considera-se normal a irresponsabilidade no terreno sexual. Algo que tem chamado a atenção é também a ausência do desejo de se sustentar a partir de uma boa atuação profissional, com um número crescente de jovens que preferem continuar dependentes dos mais velhos. Isso tudo, evidentemente, pede uma catequese com propostas de um tipo específico de construção de autoestima e que estimule a viver a emocionante aventura de transformar o mundo a partir dos valores do Reino de Deus. O jovem que antigamente seria considerado "bem comportado" hoje terá que ser firme o bastante para enfrentar a situação de ser "diferente". A catequese terá que ser muito benfeita para apresentar isso não como uma obrigação pesada, mas como um desafio empolgante que leva a construir uma vida mais significativa e liberta das escravidões e condicionamentos do mercado e da pressão social. Caridade, fraternidade, defesa da justiça e solidariedade com os mais necessitados são, hoje, como há 50 anos, atitudes que constroem a personalidade de quem quiser seguir de fato o Mestre Jesus.

3. Uma adequada formação bíblica é essencial

A Bíblia não é um livro para ser simplesmente estudado e citado como argumento na explanação de algum assunto. Ela nasceu da vida de um povo, ao longo de uma história de muitos séculos. Ela mesma é um exemplo de inculturação, se considerarmos o contexto em que cada texto se formou. E hoje teria que ser de novo inculturada, com fidelidade ao essencial da mensagem e aplicada a uma nova realidade. O conhecido método *Ver, Julgar, Agir e Celebrar* pressupõe uma familiaridade cada vez maior não só com o texto bíblico em si, mas com a pedagogia que o próprio Deus usou ao se revelar. É preciso ler e se perguntar: o que Deus está querendo me dizer aí? Como essa mensagem se aplicaria na minha vida, na ação da Igreja, nos nossos compromissos com o próximo?

Na Terceira Semana Brasileira de Catequese, quando os regionais da CNBB foram chamados a apresentar propostas de ações e compromissos, houve muita menção à formação bíblica, embora esse não fosse o assunto central do evento. Compreendia-se que, qualquer que fosse o tema da Semana, a Bíblia era um alimento indispensável não só na catequese, mas no conteúdo geral da pastoral de conjunto. Assim, os pedidos dos Regionais incluíam: promover um ano de animação bíblica de toda a pastoral, trabalhar o tema da iniciação cristã dentro de uma perspectiva bíblico-litúrgico-catequética, maior participação dos catequistas nos Encontros de Animação Bíblica, uma animação bíblica da catequese, facilitar a posse da Bíblia para todos os catequistas e catequizandos, participação igualitária de catequistas e biblistas no Encontro de 2010, aprofundar as propostas do Sínodo dos Bispos sobre "A Palavra de Deus na vida e na missão da Igreja", oferecer uma leitura bíblica popular e libertadora na formação dos catequistas.

Com toda a sua importância e inculturação, a Bíblia não é um livro fácil de ser interpretado. Uma leitura fundamentalista tem criado muitos problemas. Não levar em conta os gêneros literários, ignorar a situação em que cada parte do texto nasceu, ficar mais fixado à letra do que à mensagem, sem compreender que um texto simbólico não é uma mentira, mas é a expressão de uma verdade muito mais profunda e mais amplamente válida, têm sido atitudes que deixam pessoas inseguras diante da nossa Sagrada Escritura. Isso começa bem cedo, quando se usam, em materiais dirigidos às crianças, narrações que exigiriam uma interpretação que ainda não está ao alcance dessa faixa etária e que assim acabam deturpando a mensagem.

Diante disso, de novo teríamos que lembrar o quanto Medellín nos chamou a adaptar a evangelização às necessidades reais dos destinatários.

4. E o povo se anima com um papa que sabe falar ao seu coração

Temos uma nova realidade, sem dúvida, mas os princípios básicos de Medellín continuam importantes e funcionais. Nosso papa Francisco tem recebido aprovação e acolhimento até por parte de gente que não é católica, especialmente porque fala com simplicidade e faz questão de estar em contato descontraído com as pessoas que o cercam. Ele fala de uma Igreja em processo "de saída", pronta para ir ao encontro do ser humano, a respeito do qual ele diz na encíclica *Laudato Si'*: "fomos concebidos no coração de Deus e, por isso, cada um de nós é o fruto de um pensamento de Deus. Cada um de nós é querido, cada um de nós é amado, cada um é necessário". Então, desejando que também as orientações de Medellín continuem sendo acolhidas e postas em prática para que cada ser humano se sinta em casa na Igreja, podemos lembrar o que o papa Francisco, na *Misericordiae Vultus* (que proclamou o jubileu extraordinário da misericórdia), comentou a respeito das orientações do Vaticano II, passo inicial de toda essa renovação: "Toda essa riqueza doutrinal orienta-se apenas a isto: servir o homem, em todas as circunstâncias de sua vida, em todas as suas fraquezas, em todas as suas necessidades".

Da liturgia em Medellín para um jeito renovado de ser Igreja

José Ariovaldo da Silva[1]

Num sugestivo artigo publicado no Jornal italiano *La Republica* (12.10.2016), comentando duas importantes publicações dos inícios do século XX sobre o tema da oração, uma de Friedrich Heiler,[2] e outra de Pavel Florensky,[3] o teólogo italiano Vitor Mancuso, professor da Universidade de Pádua, faz a seguinte afirmação: "Quem reza obtém paz, confiança, esperança. Mas a oração ensina que o ser humano é algo mais: sede de justiça e liberdade na profecia, e parentesco do próprio eu íntimo com o infinito na mística".[4]

Nas linhas que se seguem, buscamos entrar em contato com o que o documento de Medellín diz sobre Liturgia e, consequentemente, buscamos refletir sobre alguns desafios que a Liturgia, especialmente na nossa

---

[1] Frade franciscano e sacerdote, nascido em Canoinhas (SC) no dia 01/01/1945. É doutor em Liturgia pelo Pontifício Instituto Litúrgico Santo Anselmo de Roma; professor de Liturgia no Instituto Teológico Franciscano (ITF), em Petrópolis (RJ); membro fundador da Associação dos Liturgistas do Brasil (ASLI), da qual foi primeiro presidente; participa da Equipe de Reflexão da Comissão Episcopal Pastoral para a Liturgia da CNBB; foi membro da Comissão consultiva para acabamento da Basílica Nacional de Aparecida; faz parte do Centro de Liturgia "Dom Clemente Isnard", ligado ao Instituto Pio XI do Centro Universitário Salesiano de São Paulo (UNISAL); e autor de diversos livros e dezenas de artigos científicos, publicados em revistas especializadas.

[2] Trata-se do estudo mais amplo já realizado em nível mundial sobre a oração, publicado em Munique em 1918, ainda insuperável em termos de documentação e de vigor especulativo, e recentemente publicado em italiano: *La preghiera. Studio di storia e psicologia delle religioni*. Brescia: Morcelliana, 2016, em 912 densas páginas.

[3] O autor é sacerdote russo, matemático, filósofo, teólogo, historiador da arte. Sua obra, também de 1918, foi recentemente publicada pela primeira vez fora da Rússia, em tradução italiana, sob o título: *La filosofia del culto*. Milano: Ed. San Paolo, 2016, 600 páginas.

[4] Disponível em: <http://ihu.unisinos.br/noticias/561112-diga-me-como-rezas-e-eu-te-direi--quem-es-artigo-de-vito-mancuso>. Acesso em: 13.10.2016.

América Latina, ainda enfrenta na penosa construção de um jeito renovado de ser Igreja à luz do Concílio Vaticano II. Até que ponto nossas liturgias estão sendo de fato Liturgia? Em outras palavras, até que ponto nossas liturgias são vividas e sentidas de fato como Presença, isto é, presença viva do mistério do Deus vivo que, nas celebrações litúrgicas, vem para construir paz, suscitar confiança, animar a esperança? Em outras palavras, até que ponto nossas liturgias possibilitam que isso aconteça? Até que ponto nossas liturgias nos possibilitam perceber que "o ser humano é algo mais: sede de justiça e liberdade na profecia, e parentesco do próprio eu íntimo com o infinito na mística"? Mas que mística? Até que ponto nossas liturgias suscitam e renovam de fato o nosso compromisso com a realidade humana concreta em que vivemos? E o que temos ainda a fazer para que, em nossa América Latina, nossas liturgias sejam de fato Liturgia para um jeito renovado de ser Igreja?

I – Da liturgia em Medellín

Um dado que salta aos olhos, e faço questão de ressaltá-lo logo de saída, é que o documento de Medellín traz um capítulo especialmente dedicado à Liturgia,[5] o que é muito significativo.[6] Trata-se do capítulo 9, que também

---

[5] De fato, os bispos tinham ainda muito presente, quentinho em seu coração, o Concílio Vaticano II (1962-1965) com seu primeiro documento iluminador para um jeito renovado de ser Igreja nesta América Latina e caribenha, a Constituição "Sacrosanctum Concilium" sobre a Sagrada Liturgia (04.12.1962) [SC] (cf. SILVA, José Ariovaldo da. "Reforma litúrgica do Vaticano II. Para um jeito renovado de ser Igreja". In: BRIGHENTI, Agenor; ARROYO, Francisco Merlos. *O Concílio Vaticano I*: batalha perdida ou esperança renovada? São Paulo: Paulinas, 2015, p. 149-172), que abriu as portas para os documentos conciliares posteriores e também altamente inspiradores para Medellín: a Constituição Dogmática "Lumen Gentium" [LG] sobre a Igreja (21.11.1964), a Constituição Dogmática "Dei Verbum" [DV] sobre a revelação divina (18.11.1965), a Constituição Pastoral "Gaudium et Spes" [GS] sobre a Igreja no mundo de hoje (07.12.1965) e posteriores Decretos e Declarações (cf. *Compêndio do Vaticano II*: Constituições, Decretos e Declarações. 29. ed. Petrópolis: Vozes, 2000).

[6] Praxe que, para minha estranheza, mais tarde se perdeu nos documentos de Santo Domingo e Aparecida, onde temas relacionados à Liturgia aparecem esparsos por dentro dos documentos, e não como capítulo especial. Afinal de contas, a Liturgia é ou não é fonte e lugar por excelência de evangelização a ser necessariamente retomada em cada Conferência?

não pode ser lido sem uma conexão com os nn. 5 e 6 de Introdução, inspirados na Encíclica "Populorum Progressio" de Paulo VI.[7]

Seguindo o método Ver-Julgar-Agir, o texto primeiro apresenta, em linhas gerais, a situação da Liturgia na América Latina de então; num segundo passo, ilumina o "ver" com uma fundamentação teológica e pastoral sobre a Liturgia (em dois tópicos intitulados "Elementos doutrinais" [ou teológicos] e "Princípios pastorais"); e num terceiro passo, com propostas para o "agir", são apresentadas algumas recomendações referentes ao Bispo, às Conferências Episcopais e aos serviços do CELAM, e conclui com algumas "sugestões particulares". Vejamos, pois, a seguir, os conteúdos de cada parte do capítulo referente à Liturgia.

1. Linhas gerais da situação da Liturgia na América Latina em Medellín

No tocante à renovação litúrgica, as situações são muito plurais. Em "alguns lugares", crescem os esforços neste sentido. Em outros, a renovação é "ainda fraca". Mas, de modo geral, é "insuficiente".

O clero, que tem um "papel básico" no trabalho da renovação litúrgica, não assimilou ainda o conteúdo da reforma litúrgica. Em outras palavras, houve mudança nos ritos, mas não na mentalidade, com o perigo de cair em novo ritualismo.

A variedade de culturas no continente dificulta enormemente a aplicação da reforma. Em outras palavras, sente-se a enorme dificuldade em adaptar a Liturgia em nosso continente tão pluricultural.

A impressão que se tem é que "o Bispo nem sempre exerce de modo eficaz seu papel de liturgo, promotor, regulador e orientador do culto".

A próprias traduções dos livros litúrgicos não permitiram chegar ainda ao necessário "grau de adaptação".

---

[7] Cf. PAULO VI. *Carta Encíclica "Populorum Progressio" sobre o desenvolvimento dos povos* [PP]. 4. ed. Petrópolis: Vozes, 1967. (Documentos Pontifícios, 165).

A Liturgia "não está organicamente integrada na educação religiosa, faltando a mútua compenetração".

O número de peritos para apoiar o trabalho da renovação litúrgica é insuficiente.[8]

2. Fundamentação teológica e pastoral

Como já dissemos, a iluminação teológico-pastoral sobre esta realidade vem desdobrada em dois tópicos: 1) Elementos doutrinais, 2) Princípios pastorais.

A – Elementos teológicos

A celebração litúrgica eclesial constitui o ponto alto da presença do mistério da salvação enquanto a humanidade vai peregrinando até a plena realização desta salvação na definitiva vinda do Senhor (cf. SC 8 e 10).

"A liturgia é ação de Cristo e de seu Corpo que é a Igreja" (cf. SC 7). Isto significa que nela, na sua celebração, está presente, como numa tensão, a iniciativa salvadora "que vem do Pai pelo Verbo e no Espírito Santo, e a resposta da humanidade naqueles que se enxertam, pela fé e pela caridade, no Cristo, recapitulador de todas as coisas (Ef 1,10)". Vivemos num contexto em que o Reino ainda não chegou à sua plenitude (LG 3 e 5). Por isso, "toda celebração litúrgica está essencialmente marcada pela tensão entre o que já é uma realidade e o que ainda não se verifica plenamente (LG 48; SC 8); é imagem da Igreja ao mesmo tempo santa e necessitada de purificação (LG 8; SC 2); tem um sentido de alegria e uma dolorosa consciência do pecado. Numa palavra, vive na esperança (LG 48; SC 8)".[9]

A liturgia é o momento em que a Igreja "é mais perfeitamente ela mesma", e realiza, numa união indissolúvel, "a comunhão com Deus e entre os seres humanos (LG 1; SC 47), e de tal maneira que a primeira é a razão

---

[8] CELAM. *A Igreja na atual transformação da América Latina à luz do concílio*: Conclusões de Medellín (Med.). 8. ed. Petrópolis: Vozes, 1985, p. 106 (Med. 9,I,1).

[9] Ibidem, p. 106-107 (Med. 9,II,2).

da segunda. Se, antes de tudo, procura o louvor da glória da graça (cf. Ef 1,6.2.12.14; SC 10), também está consciente de que todos precisamos da glória de Deus (cf. Rm 2,23; SC 10)[10] para sermos verdadeiramente humanos". Daí resulta que "o gesto litúrgico não é autêntico se não implicar num compromisso de caridade, num esforço sempre renovado no sentido de ter os mesmos sentimentos de Cristo Jesus (cf. Fl 2,5) e uma contínua conversão".[11]

Além do mais, "a instituição divina da Liturgia jamais pode ser considerada como um adorno contingente da vida eclesial, visto que 'nenhuma' comunidade cristã se edifica sem ter sua raiz e centro na celebração da SS. Eucaristia por onde deve ser iniciada toda educação do espírito de comunidade. Essa celebração, por ser sincera e plena, deve conduzir tanto às diversas obras de caridade e ao auxílio mútuo como à ação missionária e às várias formas do testemunho cristão (PO 6)".[12]

Enfim, olhando para o momento atual de nossa América Latina, como em todos os tempos, Medellín acentua também que "a celebração litúrgica coroa e comporta um compromisso com a realidade humana (GS 43), com o desenvolvimento e com a promoção, precisamente porque toda a criação está inserida no desígnio salvador que abrange a totalidade do homem" (cf. GS 41).

E aqui não podemos deixar de nos conectarmos com os nn. 5 e 6 da Introdução, como parte, diria, necessária destes princípios teológico-litúrgicos. Baseando-se na "Gaudium et Spes", fala-se ali da presença ativa do Ressuscitado na história concreta dos povos de nosso continente.[13] História

---

[10] Vem-me à lembrança a famosa frase do famoso teólogo do século II, Irineu de Lion: "Gloria Dei, homo vivens" ("A glória de Deus é a vida do ser humano", ou, "... o viver do ser humano", ou "... o ser humano com vida"). Tal afirmação vem bem ao encontro da sede vida, justiça e paz de toda uma multidão de latino-americanos empobrecidos, num continente marcado de morte produzida por estruturas opressivas.

[11] Ibidem, p. 107 (Med. 9,II,3).

[12] Ibidem, p. 107 (Med. 9,II,3).

[13] "Deus ressuscitou a Cristo e por conseguinte a todos os que creem nele. Cristo, ativamente presente em nossa história, antecipa seu gesto escatológico não só no desejo impaciente do homem para alcançar sua total redenção, mas também naquelas conquistas que, como sinais indicadores do futuro, o homem vai fazendo, através de uma atividade realizada no amor (cf. GS 38)" (Med., Introdução, n. 5).

feita de cruz em busca de libertação. Assim, iluminando-se na Encíclica "Populorum Progressio" de Paulo VI, Medellín completa:

> Assim como Israel, o antigo Povo, sentia a presença salvífica de Deus quando da libertação do Egito, da passagem pelo Mar Vermelho e conquista da Terra Prometida, assim também nós, o Novo Povo de Deus, não podemos deixar de sentir seu passo que salva quando se dá o "verdadeiro desenvolvimento, que é, para todos e cada um, a passagem de condições menos humanas a condições mais humanas" (PP 20).[14]

"Páscoa de Cristo na Páscoa da gente, páscoa da gente na Páscoa de Cristo", dirá o poeta da vida, profeta de São Félix do Araguaia, o bispo D. Pedro Casaldáliga. Ora, se Liturgia é celebração do mistério pascal, é desta Páscoa concreta que se trata. Em outras palavras, Liturgia tem tudo a ver com a vida de nossos povos em processo de libertação.

B – Princípios pastorais

Para o futuro dos povos do nosso continente, tem "importância vital" a "família, a juventude, a vida religiosa e o sacerdócio", bem como "a promoção humana e tudo que está ou pode ser posto a serviço: a educação, a evangelização e as diversas formas de ação apostólica".[15]

Sendo a sagrada Liturgia a presença do mistério da salvação, ela diz respeito – "visa" – primeiro à glória do Pai (cf. SC 2).[16] Mas trata-se de

---

[14] E especifica: "'*Menos humanas*: as carências dos que são privados do mínimo vital, e as carências morais dos que são mutilados pelo egoísmo. Menos humanas: as estruturas opressivas, quer provenham dos abusos da posse ou do poder, da exploração dos trabalhadores ou da injustiça das transações. *Mais humanas*: a passagem da miséria à posse do necessário, a vitória sobre os flagelos sociais, o alargamento dos conhecimentos, a aquisição da cultura. Mais humanas também: a consideração crescente da dignidade dos outros, a orientação para o espírito de pobreza, a cooperação no bem comum, a vontade de paz. Mais humanas ainda: o reconhecimento, pelo homem, dos valores supremos, e de Deus que é a origem e o termo deles. Mais humanos, finalmente e sobretudo, a fé, dom de Deus acolhido pela boa vontade do homem, e a unidade na caridade de Cristo que nos chama a todos a participar como filhos na vida de Deus vivo, Pai de todos os homens' (PP 21)" (ibid., n. 6).

[15] Ibidem, p. 107-108 (Med. 9,II,5).

[16] Cf. supra, nota 10.

uma sagrada presença que se comunica – se põe em comum – aos seres humanos concretos na celebração, razão por que a celebração litúrgica se dá necessariamente mediante todo um "conjunto de sinais" que expressam a fé. Assim sendo, a Liturgia traz: "a) um conhecimento e uma vivência mais profunda da fé (cf. SC 38); b) um sentido da transcendência da vocação humana (cf. GS 41); c) um revigoramento do espírito de comunidade (cf. PO 26 e 27); d) uma mensagem cristã de alegria e esperança (cf. SC 5 e 6); e) a dimensão missionária da vida eclesial (cf. SC 2; AG 15); f) a exigência que leva a fé a comprometer-se com as realidades humanas (cf. GS 43)". São dimensões que "devem estar presentes" em todo lugar em que os cristãos, em seus diferentes estados de vida, realizam alguma atividade humana.[17]

E para que a Liturgia proporcione de fato tais contribuições, faz-se necessário:

> a) uma catequese prévia sobre o mistério cristão e sua expressão litúrgica (cf. SC 9 e 35); b) adaptar-se ao gênio das diversas culturas e encarnar-se nele (cf. SC 37; AG 22; GS 44); c) acolher, portanto, de modo positivo a pluralidade na unidade, evitando erigir a uniformidade como princípio *a priori* (cf. SC 37; LG 13); d) manter-se numa situação dinâmica que acompanhe tudo que houver de são no processo de evolução da humanidade (GS 1 e 42); e) levar a uma experiência vital de união entre a fé, a liturgia e a vida cotidiana, em virtude da qual chegue o cristão ao testemunho de Cristo (SC 11 e 48).[18]

Contudo, a Liturgia, interpelante do ser humano, "não pode ser reduzida a mera expressão de uma realidade humana frequentemente unilateral ou marcada pelo pecado; pelo contrário, ela a considera, conduzindo-a a seu pleno sentido cristão".[19]

---

[17] Ibidem, p. 108 (Med. 9,II,6).

[18] Ibidem, p. 108 (Med. 9,II,7).

[19] Por exemplo, uma liturgia de exéquias "não deve expressar somente o natural sentido de tristeza, mas também o da fé e esperança cristãs na ressurreição" (ibid.).

3. Recomendações

Dentro das propostas para o "agir", como já advertimos acima, o documento traz algumas recomendações concretas para os Bispos, para as Conferências Episcopais, para os serviços do CELAM e, no fim, algumas sugestões particulares:

A – Referentes ao Bispo

Regulamentar a Liturgia e promovê-la no seio da Igreja local é direito e dever do Bispo diocesano. É o que ensina o Concílio Vaticano II (cf. SC 22 e 41; CD 15; LG 15 e 26). Daí, incumbe ao Bispo:

> a) antes de tudo a responsabilidade pastoral de promover individual e coletivamente a vida litúrgica; b) celebrar frequentemente como "sumo sacerdote de sua grei", rodeado de seu presbitério e ministros no meio de seu povo (cf. SC 41); c) uma função moderadora *ad normam iuris* e segundo o espírito da Constituição sobre a Sagrada Liturgia (cf. SC 22; IO 22); d) valer-se da Comissão diocesana ou interdiocesana recomendadas pelo Concílio, compostas de peritos em liturgia, Bíblia, pastoral, música e arte sacra (cf. SC 45 e 46; IO 47).[20]

B – Referentes às Conferências Episcopais

Todo o processo da renovação litúrgica, comunitária e hierárquica, necessita da colaboração de "diversas assembleias territoriais de Bispos legitimamente constituídas" (cf. SC 22), que terão como função regulamentar, "dentro dos limites estabelecidos que assegurem a fidelidade da imagem eclesial da Igreja universal que cada comunidade cristã deve oferecer".[21] E para que isso aconteça, eis como Medellín se expressa:

---

[20] Ibidem, p. 109 (Med. 9,III,8).
[21] Ibidem, p. 109 (Med. 9,III,9).

a) deseja que sejam conferidas às Conferências Episcopais faculdades mais amplas em matéria litúrgica, a fim de poderem realizar melhor as adaptações necessárias, atendendo às exigências de cada assembleia; b) recomenda que, dadas as circunstâncias peculiares dos territórios de missão, seus Ordinários se reúnam para estudar as adaptações necessárias e apresentá-las à autoridade competente (cf. SC 40).[22]

C – Referentes aos serviços do CELAM

Problemas comuns e a necessidade de peritos devidamente preparados pedem que sejam incrementados os serviços do Departamento de Liturgia do CELAM, tais como:

a) um serviço de informação, documentação bibliográfica e coordenação prestado pelo Secretariado executivo do Departamento, que se propõe manter em permanente comunicação os Episcopados da América Latina; b) um serviço de investigação e formação que já começou a prestar o Instituto de Liturgia Pastoral de Medellín, visando à adaptação mais profunda da Liturgia às necessidades e culturas da América Latina (cf. SC 15, 16 e 44). Para isso é necessário que se considere e facilite a reunião de peritos, tanto em Liturgia, Sagrada Escritura e Pastoral, como em ciências antropológicas cujos trabalhos abram caminho a um progresso legítimo (cf. SC 23); c) uma seção de coordenação dos musicólogos, artistas e compositores para unir os esforços que se estão realizando em nossas nações, com o fim de proporcionar uma música digna dos sagrados mistérios (cf. SC 46 e 119); d) um serviço de assessoramento técnico, tanto para a conservação do patrimônio artístico como para a promoção de novas formas artísticas (cf. SC 126, 127 e 129); e) um serviço editorial para diversas publicações que sirvam de instrumento valioso para a pastoral litúrgica, sem que interfiram no âmbito de outras publicações.[23]

---

[22] Ibidem (Med. 9.III,10).

[23] Ibidem, p. 109-110 (Med. 9,III,11). São serviços que pressupõe, é claro, "a existência de bibliotecas especializadas suficientemente providas" (ibidem).

D – Sugestões particulares

Sugere-se "a celebração da Eucaristia em pequenos grupos e comunidades de base", cabendo aos Bispos permiti-la, segundo as circunstâncias de cada lugar. Esta prática celebrativa pode ter "verdadeira eficácia pastoral".

Para que, na atual situação latino-americana, os sacramentos de fato alimentem e fortaleçam a fé, aconselha-se "estabelecer, planificar e intensificar uma pastoral sacramental comunitária por meio de preparações sérias, graduais e adequadas para o Batismo (dos pais e padrinhos), Confirmação, Primeira Comunhão e Matrimônio (cf. SC 59)". E, no intuito de ressaltar a dimensão eclesial do sacramento da Penitência e tornar sua participação mais frutuosa, recomenda-se a celebração comunitária do mesmo por meio de uma celebração da Palavra e observando a legislação vigente.

Sejam fomentadas "as sagradas celebrações da Palavra, conservando sua relação com os sacramentos nos quais ela alcança sua máxima eficácia, e particularmente com a Eucaristia" (cf. SC 35). Igualmente, promovam-se celebrações ecumênicas da Palavra (cf. IO 8).

Certas devoções populares são profundamente arraigadas em nossos povos. Por isso, "recomenda-se a procura de formas mais convenientes que lhes deem conteúdo litúrgico, de modo que sejam veículos da fé e de compromisso com Deus e com os homens (cf. SC 13)".[24]

E – Em síntese...

A liturgista Ione Buyst, num feliz estudo por ocasião dos 20 anos de Medellín, destacou "três grandes características da liturgia" – ou eixos, se quisermos – deste documento, que orientam para um renovado modo de ser Igreja em nosso continente, a saber:

---

[24] Ibidem, p. 110 (Med. 9,III,12-15).

I - *A liturgia da libertação*: trata-se basicamente da relação entre liturgia e práxis libertadora, que faz surgir uma nova compreensão de vivência do mistério celebrado.

II - *Mudança de dono*: trata-se da passagem de uma liturgia centralizada no clero, nos grandes centros, para uma liturgia "atomizada", descentralizada, nascendo da cabeça, das mãos e do coração do povo pobre e marginalizado.

III - Libertação da liturgia: o novo dono vai aos poucos imprimindo seu próprio estilo às celebrações; é a liturgia tornando-se mais popular, negra, indígena, mulher..., mais gestual e simbólica, mais afetiva e fervorosa.[25]

II - E vamos aos tempos de hoje

1. Avanços

Notamos significativos progressos nas aplicações do que Medellín nos propõe. Pensando mais na realidade de Brasil, que é minha realidade, é "impossível negar os frutos do trabalho feito pela Igreja para devolver ao povo de Deus a Liturgia como uma fonte no caminho da fé. Inegável a emergência de ministérios leigos, de homens e mulheres, ampliando o horizonte ministerial da Igreja. São 50 anos de trabalho árduo, nem sempre (ou quase nunca) evidenciado pela mídia. Mas os frutos e as sementes estão aí.[26] Penso que podemos nos orgulhar do imenso volume de trabalho de qualidade já realizado e, consequentemente, dos significativos passos

---

[25] BUYST, Ione. "Medellín na Liturgia". In: *REB*, Petrópolis, vol. 48, fasc. 192, Dez. 1988, p. 861. Cada característica é, em seguida, esmiuçada e explicada, nas páginas que se seguem (p. 861-872).

[26] Da "justificativa" do tema da 27ª Semana de Liturgia do Centro de Liturgia "Dom Clemente Isnard", realizada nos dias 14 a 18 de outubro de 2013, por ocasião do cinquentenário da SC, em parceria com o UNISAL (Pio XI), de São Paulo, e a Rede Celebra de formação e animação litúrgica popular. Tema de semana: "Novo jeito de celebrar – no modo de ser Igreja".

já dados para a constituição de uma Liturgia com rosto brasileiro e vivamente participada por todos".[27]

Repito: trata-se de um imenso volume de trabalho, e o espaço aqui disponível não permite apresentá-lo em maiores pormenores e detalhes. Razão por que o remetemos resumidamente para nota de rodapé.

Tem havido ultimamente grande preocupação com uma formação litúrgica mais mistagógica em todos os níveis, valorizando o Ritual de

---

[27] Cf. SILVA, José Ariovaldo da. "Reforma litúrgica do Vaticano II. Para um jeito renovado de ser Igreja". *Art. cit.*, p. 170-171, com ampla bibliografia em nota 27 de rodapé; id. *O mistério celebrado ao longo dos tempos. Panorama histórico geral da liturgia.* [Manuscrito]. São Paulo, UNISAL, 2016, p. 73-78, onde, resumidamente, vem apresentado o que foi realizado. Destacaria, a título de exemplo, todo um imenso trabalho na linha da formação litúrgica, acadêmica e popular, buscando-se aplicar uma metodologia apropriada, a saber: partindo-se da realidade concreta das celebrações feitas (Ver), ilumina-se esta realidade com os conteúdos antropológicos e da tradição teológico-litúrgica da Igreja (Julgar), para então tirar as conclusões para o aperfeiçoamento da prática celebrativa (Agir). Lembraria igualmente a imensa produção de obras escritas (p. ex. até 2006: cf. obras pós-conciliares de Liturgia publicadas originalmente no Brasil. In: MARTÍN, Julián López. *A Liturgia da Igreja. Teologia, História, Espiritualidade e Pastoral.* São Paulo: Paulinas, 2006, p. 557-567), além de inúmeros artigos em revistas (especialmente a *Revista de Liturgia*, das Pias Discípulas do Divino Mestre, São Paulo), de audiovisuais, de música litúrgica de qualidade, bem como a grande produção artística de espaços litúrgicos, segundo espírito do Vaticano II e Medellín. Vale lembrar o Hinário Litúrgico da CNBB em vários volumes, que recolhe para os diferentes tempos do ano litúrgico o melhor da música litúrgica composta no Brasil nestes ricos anos pós-conciliares. No âmbito da adaptação e inculturação litúrgica, vale lembrar a Oração Eucarística V, composta de forma ritmada, apropriada para ser proclamada e cantada no nosso jeito brasileiro. Outro livro importante é o da Liturgia das Horas, com os salmos e responsórios traduzidos em forma ritmada, cadenciada, para serem cantados também no nosso jeito brasileiro. E por falar em Liturgia das Horas, um livro (não oficial, mas oficioso) que faz sucesso em inúmeras comunidades é o *Ofício Divino das Comunidades*: uma tentativa bem-sucedida, de inculturação da Liturgia das Horas à índole da maioria dos brasileiros. Para a celebração do matrimônio foi elaborado um *Ritual alternativo do matrimônio*, adaptado para o Brasil a partir da segunda edição típica com a nova Introdução Geral. O *Ritual do batismo de crianças* recebeu uma tradução adaptada à índole do povo brasileiro. O mesmo já sucedeu com *Ritual de Iniciação Cristã de Adultos*. Também o *Ritual de Exéquias* recebeu um tratamento novo. Numa palavra, com todo esse trabalho, a participação litúrgica do povo com sua cultura, sob o incessante incentivo da CNBB, tem se aproximado bastante desse espírito, mas não ainda o suficiente.

Iniciação Cristã de Adultos como livro litúrgico metodologicamente iluminador e transformador.[28]

O número de peritos aumentou significativamente, mas não o suficiente para corresponder à imensa demanda de assessorias.

Em nível latino-americano, sob o comando do CELAM, nota-se uma consciente preocupação quanto à necessidade de prosseguir seriamente na busca de uma liturgia deveras inculturada em todo o continente. Isso foi bem visível no I Encontro Latino-americano e Caribenho de Liturgistas, acontecido em Puebla (México), nos dias 23 de fevereiro a 3 de março de 2015, cujo tema central era precisamente este: "Para uma liturgia inculturada na América Latina e Caribe".[29] Dentre as várias conclusões do evento,[30] destaco este clamor emergido dos congressistas:

> Está na hora de termos na América Latina e Caribe um centro próprio de estudos e pesquisa litúrgica em diálogo com nossas riquíssimas culturas locais pela interdisciplinaridade. Pediu-se encarecidamente

---

[28] Cf. REINERT, João F. *Paróquia e Iniciação Cristã. A interdependência entre renovação paroquial e mistagogia catecumenal.* São Paulo: Paulus, 2015 [resultante da excelente tese doutoral defendida pelo autor na PUC/RJ, no dia 03.10.2014], e, antes, COSTA, Rosemary Fernandes da. *Mistagogia hoje. O resgate da experiência mistagógica dos primeiros séculos da Igreja para a evangelização e catequese atuais.* Paulus: São Paulo, 2014, e *A mistagogia em Cirilo de Jerusalém.* São Paulo: Paulus, 2015 [resultantes da excelente tese doutoral defendida pela autora na PUC/RJ em setembro de 2008, sob o título *A mistagogia e a iniciação cristã de adultos. O resgate da experiência mistagógica de Cirilo de Jerusalém como referencial para o Catecumenato com Adultos hoje*]. Da defesa de ambas as teses tive o prazer de fazer parte da banca.

[29] Cerca de 120 liturgistas de praticamente todos os países latino-americanos e caribenhos se fizeram presentes, dentre os quais 16 eram do Brasil. Tive a felicidade de estar presente (cf. ESPINOZA, Victor Sánchez [Presidente do Departamento de Missão Espiritualidade do CELAM que tem, entre outras funções, a tarefa de cuidar da Liturgia]. A inculturação da liturgia na América Latina e Caribe. In: *Revista de Liturgia*, São Paulo, n. 250, julho/agosto 2015, p. 21-27; SILVA, José Ariovaldo da. "Impressões de uma viagem. I Congresso Latino-americano e Caribenho e Liturgistas". In: *Grande Sinal* [Revista de Espiritualidade], Petrópolis, ano 69, maio/junho 2015/3, p. 325-329; FONSECA Joaquim. Primeiro Congresso Latino-Americano e Caribenho de liturgistas. In: *Revista de Liturgia*, São Paulo, n. 250, julho/agosto 2015, p. 20).

[30] Cf. SILVA, José Ariovaldo da. "Impressões de uma viagem...", art. cit., p. 328.

para o CELAM incentivar e, quem sabe, até promover a realização desse sonho. Dadas as nossas riquíssimas fontes culturais de estudo e pesquisa, não podemos mais depender só da Europa.[31]

Enfim, muito já foi feito, mas muito há que se fazer ainda, com certeza.

2. Dificuldades que hoje ainda aparecem

A não suficiente valorização da Liturgia – da celebração do mistério! – no Documento de Aparecida, como lugar privilegiado de encontro com Jesus Cristo e de formação de discípulos e missionários para que nele nossos povos tenham vida, é, a meu ver, preocupante.[32]

De modo geral, na Igreja do nosso continente, o verdadeiro sentido do mistério pascal segundo o Vaticano II e Medellín, até hoje, foi compreendido e assimilado por um grupo relativamente ainda muito reduzido, diante de uma imensa massa de batizados que ainda o desconhece totalmente.

De modo geral, a acolhida da SC se deu mais no seu aspecto externo, e não ainda no aspecto profundo, espiritual, místico. Sua acolhida inicial foi entusiasmada, mas ainda não se chegou a superar totalmente a antiga supremacia do legalismo, do rubricismo, do esteticismo, da preocupação pelo "pode ou não pode".

---

[31] Ibidem. p. 328.

[32] Cf. supra, nota 6. Aparecida contentou-se apenas com um parágrafo específico sobre a Liturgia (n. 250), inserido na última hora, na hora da aprovação final do documento. Fala-se seguido da Eucaristia, há parágrafos bons sobre os sacramentos, mas esquece-se de certa maneira o aspecto celebrativo deles (dimensão mais mistagógica). Privilegiam-se, em moldes escolásticos, "as doutrinas", as "verdades de fé", "as necessidades" deles e sobre eles. Faltou a necessária ênfase à Liturgia. Tanto é que nem o vocábulo "liturgia" consta no índice analítico final do documento! Todo esse vácuo pode ter se dado por problema da metodologia de trabalho da Conferência. Mas será que a liturgia é tão sem importância assim, a ponto de sua abordagem ser comprometida por uma metodologia de trabalho? Ou não terá sido um inconsciente coletivo ainda um tanto limitado em relação ao espírito da liturgia a causa de tal prejuízo?

Assim sendo, ainda impera o devocionismo como arranjo paralelo à Liturgia celebrada. Esta, como celebração do mistério, não se tornou ainda a piedade popular por excelência. Por exemplo, no que diz respeito à Eucaristia, para uma grande multidão – e isso é incentivado por muitos padres em paróquias, dioceses, e com a auxílio da mídia católica, – muito mais importante que a Celebração eucarística – ou Missa – é a presença real de Cristo apenas na "hóstia consagrada",[33] as "adorações eucarísticas" e os "passeios com o Santíssimo" pela nave da igreja, hoje muito em voga. A solenidade e imponência destas manifestações religiosas superam em muito o centro de tudo, que é a celebração como tal da Eucaristia como ceia do Senhor e nossa ceia. Temos aí uma gritante inversão de valores, denotando a reduzida compreensão que ainda se tem da Eucaristia.

Impera ainda muito forte – e com tendência a se fortalecer mais e mais – o clericalismo na Liturgia. Os padres ainda são vistos – e muitos deles mesmos se veem assim – como os poderosos celebrantes da Liturgia *para* o povo. O povo em geral ainda não se reconhece e não é reconhecido como celebrante também.

A Liturgia das Horas ainda não se tornou de fato o livro de espiritualidade primeira do povo cristão nesta América Latina. O rosário e outras devoções ainda continuam sendo mais importantes que a Liturgia das Horas.

Ainda não se superou o problema da compreensão da linguagem simbólica da Liturgia. Ou seja, não se atinou ainda para a questão da ritualidade. Predomina ainda o palavrório e muitos ruídos outros, mais do que o rito como a linguagem propriamente dita da Liturgia. Falta toda uma mística, uma espiritualidade nas ações rituais.

A formação litúrgica ainda não chegou a todos os níveis da vida eclesial; e nos seminários e casas de formação deixa a desejar.

---

[33] Não é percebida, ou pouco se percebe, na Palavra proclamada, na Assembleia reunida, na pessoa de quem preside. Consequentemente, muito menos se perceberá tal presença, no dia a dia, na pessoa dos pobres.

Não se conseguiu ainda que o aspecto comunitário da Liturgia seja de fato também pessoal. As pessoas, na celebração litúrgica, não se sentem de fato assembleia, Corpo eclesial do Senhor. O "envolvimento" aí é outro, cada qual se sentindo apenas um "número" a mais... A participação de fato pessoal parece ainda se restringir mais às rezas e devoções ditas "pessoais".

Outras dificuldades atuais mais sérias que causam preocupação aos admiradores, seguidores e promotores do espírito do Vaticano II e Medellín são igualmente evidentes: grupos, movimentos e setores da Igreja que se enveredam na contramão do Vaticano II e Medellín causam imensa dificuldade na implementação de uma Liturgia para um jeito renovado de ser Igreja em nosso continente.

3. Tentando entender para continuar o trabalho...

Não é minha intenção trazer aqui soluções mágicas para resolver estas dificuldades e, eventualmente, mais outras. Apenas proponho alguma reflexão, a seguir, no intuito de animar e incentivar na continuidade dos trabalhos.

Comecemos por nossos corpos.[34] A gente é uma Origem. Imagem e semelhança de Deus, dizemos. Uma Criança interior. E acontece que este corpo original, com o passar do tempo, vai armazenando, programando, padronizando, codificando, em células e neurônios, uma imensa quantidade de informações, tem-quês, regras, crenças, obrigações, ameaças etc., que se transformam em "padrão de vida", de "pensamento" e de "comportamento". E, a depender do peso dessa "padronização" do nosso corpo, cada vez mais pensamos que isso somos nós, correndo o risco de esquecer a Criança que somos, nossa Origem mais pura. Resultado, mais ou menos, complicamos e dificultamos nossas relações, com a gente mesmo, com os outros, com a natureza, com Deus.

É um fenômeno que acontece também em nível de corpo coletivo (países, raças, gênero, corporações, religiões...). O Cristianismo, por exemplo,

---

[34] Cf. SILVA, José Ariovaldo da. Art. cit., p. 152-172.

representado pela religião católica, numa caminhada de já dois milênios, foi se identificando de tal modo com a "conceituação" racional a respeito de Deus, Jesus Cristo, Espírito Santo, Igreja, ser humano, Liturgia que, no esquecimento de sua mais pura Origem (sua Criança interior), caiu feio nas armadilhas do pensamento humano...

No que diz respeito à Liturgia, historicamente, a *Ecclesia* (Igreja: comunidade cristã congregada pelo Senhor, corpo eclesial do Senhor) viveu, sobretudo no segundo milênio, significativa experiência de diáspora de si mesma. Viveu significativos e complicadores deslocamentos de eixo, do Essencial do Cristianismo para acentuadas preferências pelo menos essencial, com desastrosas consequências para o próprio corpo eclesial, a sociedade em geral e a ecologia.[35] Com exceções, é claro!

E nós, na América Latina e Caribe, fomos "padronizados" neste modelo medieval e pós-tridentino de compreensão de Liturgia e de sua prática celebrativa. Está codificado no nosso inconsciente coletivo religioso católico. Embora o Concílio Vaticano II e Medellín tenham apontado para o Espírito da Liturgia, isto é, para a sua Origem, esse inconsciente coletivo ainda fala muito alto, ora mais, ora menos. Depende da consciência tomada a partir de uma acurada (re)iniciação cristã.

Penso que, antes de tudo, num sereno trabalho evangelizador à luz de Medellín,

> temos que levar em conta, permanentemente, como pano de fundo, este inconsciente coletivo eclesial litúrgico: atentos a ele arraigado em cada um de nós, e atentos a ele arraigado em nosso corpo eclesial. Atentos a ele, mas não como "inimigo" a ser combatido ou eliminado, porém como chance provocativa para nos exercitarmos na nova consciência litúrgica e eclesial trazida pelo Concílio Vaticano II e interpretada por Medellín há 50 anos.[36]

---

[35] Cf. ibidem, p. 154-157.

[36] Ibidem, p. 172.

Atentos, no sentido de perceber e fazer perceber. Estado de vigilância, portanto; não no sentido de controle policial, mas no sentido de perceber e fazer perceber o fenômeno. Assim olhando para essa nossa realidade, é que daremos continuidade ao trabalho com serenidade e confiança, e contribuiremos para uma contínua conversão do nosso corpo pessoal e eclesial. Ainda mais agora, numa nova conjuntura eclesial.

4. Sonhos para futuro

Com a eleição do Papa Francisco, no dia 13 de março de 2013,

> entramos numa esperançosa conjuntura eclesial nova, que certamente nos motiva a revisitar a correta intenção da reforma conciliar sobre a Liturgia na vida da Igreja e nela nos aprofundar. "Sabemos da influência dos pronunciamentos e do estilo de cada papa vigente, devido ao modelo monárquico da Igreja Católica romana: mudança de papa sempre traz mudanças na vida da Igreja, também na Liturgia", observa nossa renomada teóloga liturgista Ione Buyst, que continua: "Papa Francisco assumiu decididamente o modelo da Igreja do Concílio: declara-se enfaticamente 'bispo de Roma', insiste na sinodalidade, demonstra uma atenção e preocupação com os problemas do povo, principalmente dos mais pobres e das 'periferias existenciais' do mundo inteiro. Afinal, o papa Francisco foi um bispo latino-americano que aderiu em sua vida e sua prática pastoral na Argentina à assim chamada 'recepção criativa' do Concílio Vaticano II, trabalhada nas Conferências Episcopais Latino--Americanas, de Medellín (1968) a Aparecida (2007)".[37]

Penso que a Exortação apostólica *Evangelli Gaudium*, do Papa Francisco, traz uma lacuna no que diz respeito à Liturgia. Fala esplendidamente da Palavra e da homilia no contexto da Liturgia.[38] Mas poderia ter trazido à

---

[37] Ibidem, p. 150-151. Extraído da brilhante palestra pronunciada por Ione na citada Semana de Liturgia, intitulada: "Liturgia no coração do mundo de hoje: novo jeito de ser Igreja, novo jeito de celebrar a partir da *Gaudium et Spes*".

[38] Cf. Papa Francisco. *Exortação Apostólica "Evangelii Gaudium" sobre o anúncio do Evangelho no mundo atual*. São Paulo: Paulus/Loyola, 2013, p. 84-89 (n. 135-144).

tona que a celebração litúrgica como um todo, pela presença real do Senhor na ação ritual, é Evangelho vivo por excelência proclamado, ou seja, presença real da "alegria do Evangelho" que "enche o coração e a vida inteira daqueles que se encontram com Jesus".[39] Não obstante isso, essa lacuna, este maravilhoso documento pontifício, vem abrir espaço para pormos em prática, de agora em diante, a *Sacrae Liturgiae Gaudium* [a alegria da Sagrada Liturgia]. "Para isso – como destaca o teólogo italiano e liturgista Andrea Grillo – é preciso pôr um fim às contorções disciplinares e institucionais que apenas resultam em paralisia e perda de tempo, e que não se baseiam na alegria, mas no medo; elas não se fundamentam na esperança, mas na resignação".[40] Somos instados a passar de uma Liturgia amarrada pelo legalismo amedrontador para uma Liturgia como espaço aberto para as amorosas convocações e provocações do mistério.

Em outra ocasião, mais tarde, Papa Francisco nos surpreende com uma visão de Liturgia que, a meu ver, preencheu a lacuna acima notada. Na missa do dia 10.02.2014, inspirando-se na primeira leitura (1Rs 8,1-7.9-13), que fala do aparecimento de Deus nos tempos do rei Salamão, o pontífice fez uma belíssima homilia sobre a celebração eucarística como momento teofânico por excelência hoje. "Missa não é evento social, mas sim a presença real de Deus", ressaltou. "Jesus, com suas teofanias, fala de uma maneira nova, diferente da Palavra: é uma presença mais próxima, real, sem mediações, é a Sua presença. E isto – continuou o Papa – acontece na celebração litúrgica". Assim, "quando celebramos a missa, não fazemos uma representação da Última Ceia: não é uma encenação, é a própria Última Ceia! É como viver de novo a Paixão e a morte redentora do Senhor. É uma teofania: o Senhor se manifesta no altar para ser oferecido ao Pai para a salvação do mundo", disse Francisco. Mais adiante adverte:

---

[39] Ibidem, p. 9 (n. 1).

[40] GRILLO, Andrea. *Evangelii Gaudium promove a liturgia autêntica*. Um ponto de inflexão em direção à Sexta Instrução sobre a Reforma da Liturgia? Disponível em: http://www.ihu. unisinos.br/noticias/551813-evangelii-gaudium-promove-a-liturgia-autentica-um-ponto-de-inflexao-em-direcao-a-sexta-instrucao-sobre-a-reforma-da-liturgia-artigo-de-andrea-grillo. Acesso 14.03.2016.

Infelizmente, muitas vezes contamos os minutos olhando o relógio na igreja: este não é o comportamento adequado à liturgia. A liturgia é o tempo e o espaço de Deus, onde nós devemos nos inserir... A liturgia é justamente entrar no mistério de Deus, deixar-se levar ao mistério e entrar nele. Estamos aqui reunidos para entrar no mistério: esta é a liturgia; é o tempo de Deus, o espaço de Deus, é a nuvem de Deus que nos envolve. [...] Todos vêm aqui [na missa] para entrar no mistério, mas – ressalva – alguém pode estar pensando que veio aqui porque, no "pacote turístico", visitar o papa e participar da missa na Casa Santa Marta estavam incluídos, mas não é bem assim: esta é a liturgia.

Enfim, Francisco concluiu pedindo aos presentes a pedir ao Senhor

que nos dê o "sentido do sagrado", este sentido que nos faz entender a diferença entre rezar em casa, na igreja, rezar o terço, fazer belas orações, a Via-Sacra e outras coisas lindas, como ler a Bíblia... e a celebração eucarística. Na celebração, nós entramos no mistério de Deus, num caminho que não podemos controlar: só Ele é Único, Ele é a glória, Ele é o poder, Ele é tudo.[41]

E mais, como já acenamos acima, as próprias atitudes de Francisco já nos convocam para a forma de uma Liturgia mais autêntica, a saber, segundo o espírito de Jesus.

Pobreza e simplicidade, proximidade ao povo, uma Igreja pobre para os pobres, sem pompas de corte e sem preconceitos, uma Igreja da cultura da solidariedade, da ternura, do diálogo; numa palavra, uma Igreja que resgate e viva o essencial do cristianismo, daquela mais antiga e genuína Tradição cristã, a de Jesus e dos apóstolos, a do Cristo despojado, desarmado (sem máscaras nem couraças), simples, humilde, próximo do povo, feito povo, do Cristo e dos apóstolos cujo poder é o

---

[41] Na missa sem relógio. Publicado no *L'Osservatore Romano*, ed. em português, n. 7, de 13.02.2014 e disponível em: <http://w2.vatican.va/content/francesco/pt/cotidie/2014/documents/papa-francesco_20140213_meditazioni-36.html>. Acesso em: 13.01.2017.

poder-serviço:[42] eis um programa de pontificado que o nome Francisco traz, a ponto de ele chamar os doentes e os empobrecidos de "a verdadeira carne de Cristo". Não será esse o espírito que a Liturgia renovada do Vaticano II precisa como definitiva urgência?[43]

Concluindo

Olhando a Liturgia em Medellín, constatando seus avanços, vendo dificuldades a serem ainda superadas, percebendo um inconsciente coletivo eclesial litúrgico como pano de fundo bloqueador e, finalmente, ouvindo e sentindo o Papa Francisco, nossos sonhos são alimentados, nossas esperanças renovadas; nossos corpos reconfortados, para levar adiante a reforma de uma Liturgia com o espírito de Deus e a cara das nossas culturas, para um jeito renovado de ser Igreja, pobre entre os pobres.

Para tanto, podemos seriamente dar continuidade e renovar todo empenho quanto aos seguintes aspectos – pode haver outros: 1) Garantir a compreensão da Liturgia como celebração do mistério libertador de cruz e ressurreição do Senhor acontecendo no hoje concreto da nossa história – Liturgia conectada com a vida...; 2) resgatar e garantir a consciência da presença real do Senhor na totalidade da ação litúrgica (nos sinais sacramentais, na Palavra que se proclama, na assembleia reunida, na pessoa de quem preside), sem esquecer tal presença sobretudo no dia a dia dos pobres, das "periferias existenciais"; 3) garantir a ritualidade como linguagem própria de toda a Liturgia; 4) garantir que a Liturgia, assim entendida, seja de fato lugar privilegiado de evangelização, ou, repetindo o que já dissemos, lugar privilegiado de encontro com Jesus Cristo e de formação de discípulos e missionários para que nele nossos povos tenham vida;

---

[42] Dentre a enxurrada de publicações que já saíram comentando positivamente a presente conjuntura da Igreja Católica, recomendo a leitura do artigo "Papa Francisco e a despaganização do papado", escrito por Leonardo Boff (disponível em: <http://leonardoboff.wordpress.com/2013/10/13/%EF%BB%BFpapa-francisco-e-a-despaganizacao-do-papado/>. Acesso em: 21.10.2013).

[43] SILVA, José Ariovaldo da. "Reforma litúrgica do Vaticano II. Para um jeito renovado de ser Igreja". Art. cit., p. 150-151.

5) dar continuidade e promover uma acurada formação litúrgica em todos os níveis, privilegiando o seu caráter mistagógico; 6) dar continuidade na preparação de peritos para assessorar no processo da formação; 7) dar continuidade ao processo de adaptação e inculturação da Liturgia; 8) Promover e garantir a consciência de toda a assembleia como celebrante da Liturgia; 9) promover e garantir a participação consciente, ativa, plena e frutuosa da assembleia local com sua cultura; 10) promover e garantir a experiência de Comunidades Eclesiais de Base, onde a Liturgia pode com mais facilidade florescer com renovado vigor para um renovado modo de ser Igreja;[44] 11) garantir a continuidade das celebrações da Palavra de Deus nas comunidades eclesiais; 12) promover e garantir para o povo em geral a celebração da Liturgia das Horas, especialmente do Ofício Divino das Comunidades (forma brasileira inculturada de celebração da presença do mistério cristão no tempo que nos é dado viver); 13) manter-nos atentos e conscientes do nosso pessoal e coletivo inconsciente litúrgico medieval e pós-tridentino como padrão ainda dominante – como alertamos acima –, a ser pacientemente evangelizado por uma liturgia mais mistagógica.

---

[44] Para hoje, cf. o interessante artigo de CÉSAR, Danilo. "Assembleias cristãs nas CEBs". In: *Revista de Liturgia*, São Paulo, n. 259, p. 4-6; e, também, BARROS, Marcelo. "CEBs e o sacramento da assembleia". In: ibidem, p. 7-8.

Movimentos de leigos

Cesar Kuzma[1]

O texto que segue procura revisitar a Conferência de Medellín e extrair aspectos reflexivos sobre a vocação e missão dos leigos, de modo específico, como apareceu no Documento final, no capítulo 10: *Movimentos de Leigos*. Acreditamos que Medellín e sua proposta continuam ainda atuais e se faz necessário um novo encontro para descobrir novas pistas e chaves de interpretação e, assim, rever a posição dos leigos no atual momento eclesial e social. Os tempos hoje são novos e o advento eclesial que vem com o Papa Francisco – um Papa da América Latina e profundamente marcado com o jeito de ser Igreja deste continente – nos obriga a novas posturas, ousadas e criativas, "em saída", como ele insiste, na intenção de rever, novamente, a dimensão apostólica da presença dos leigos no processo de transformação deste continente.

I – Uma questão ainda atual

A Conferência de Medellín assumiu a tarefa de recepcionar o Concílio Vaticano II no continente latino-americano, e essa é, ainda hoje, uma das suas maiores características. Algo próprio e que fez surgir um jeito novo de ser Igreja, de modo autêntico e coerente com o Evangelho e com a proposta do Concílio, mas também aberto e dinâmico com a realidade dramática de um continente oprimido e que clamava por uma resposta disposta e firme, digamos assim, profética. Na mensagem de abertura do documento, enviada aos povos da América Latina, assume-se uma palavra de

---

[1] Teólogo leigo. Doutor em Teologia pela PUC-Rio e professor/pesquisador de Teologia na PUC-Rio. Trabalha como assessor teológico-pastoral na CNBB, CELAM e em diversas comunidades, grupos e pastorais. É o atual presidente da SOTER (2016-2019).

compromisso: "Sentir os problemas, perceber as exigências, compartilhar as angústias, descobrir os caminhos e colaborar nas soluções".[2] E isso deve ser feito na percepção dos "sinais dos tempos",[3] aspecto essencial do Concílio Vaticano II (cf. GS n. 4)[4] que nos insere numa atitude sensível com a realidade que nos cerca e que reclama de nós – de modo urgente – uma ação. Dentro desta lógica, podemos confirmar que Medellín não foi simplesmente um aplicar do Concílio (muito embora tenha colocado em prática muitas das suas propostas), mas um recepcionar criativo, um fazer valer de questões graves e essenciais para a fé, que tiveram uma abertura diante das propostas conciliares e que na América Latina encontraram uma maneira ousada e favorável de agir e que produziu um caminho a ser seguido.

Podemos dizer também que esta recepção ainda permanece como uma realidade nova e aberta, pois o Concílio Vaticano II, mesmo depois de 50 anos [!] ainda nos conclama e nos exorta a uma Igreja de diálogo e de constante renovação. Sim, "diálogo" e *aggiornamento*", eis aqui duas palavras-chave para se compreender o Concílio e que garantem o que a Igreja quer de si mesma e a maneira como ela vai se relacionar com o mundo no qual está inserida e no qual se compromete com a causa do Reino que busca e espera. Mais além do Concílio, as propostas apresentadas em Medellín não se encerraram no tempo, mas ainda hoje nos desafiam e nos encorajam a novos empreendimentos pastorais e sociais, 50 anos depois [!]. E se há anos se perguntava se Medellín ainda era atual, podemos dizer, ante os novos desafios sociais e eclesiais, que a sua mensagem e o seu espírito estão acesos e iluminam o nosso modo de ser e fazer Igreja, numa atitude criativa de se pensar e fazer teologia, para um compromisso de agir e transformar a sociedade.

É de onde partimos para falar dos Movimentos de Leigos, já que, dentro de sua proposta, Medellín favoreceu de maneira considerável as ações eclesiais e sociais promovidas por estes Movimentos, fomentando ainda mais o

---

[2] CELAM. *Conclusões da Conferência de Medellín – 1968*. São Paulo: Paulinas, 1998, p. 30.

[3] Cf. ibidem. p. 29.

[4] Indicamos aqui o estudo de Clodovis Boff sobre esta temática: BOFF, C. *Sinais dos tempos*. São Paulo: Loyola, 1979.

seu caráter missionário para o benefício de toda a Igreja e sociedade. Em sua concepção, Medellín parte de uma Igreja que se deve fazer organizada, de uma pastoral articulada em suas diversas frentes de ação e que deve entrar em contato com os novos meios de decisão da sociedade, não mais envoltos apenas no ambiente familiar e na vizinhança doméstica, mas nos espaços de trabalho, onde se articulam decisões e se formam a nova consciência da comunidade (DM n. 10,3). Neste caso específico, a atuação dos leigos, homens e mulheres envolvidos nos dramas e tramas sociais, se faz fundamental.

O que chamamos a atenção aqui é que havia um contexto favorável no quadro da sociedade que propiciou a recepção criativa do Concílio e que produziu as conclusões de Medellín, algo ainda a ser buscado e assimilado para o bom entendimento da vocação laical, que é o nosso objetivo neste texto. No entanto, mesmo sabendo que já avançamos em muitos pontos, pode-se constatar que em outros tantos ainda não caminhamos, ou retrocedemos, o que merece a nossa especial atenção para uma nova ousadia, um seguimento da caminhada, na esteira de Medellín.

II – Os leigos em Medellín – Breve síntese

A proposta que se tem para a ação do laicato na América Latina não pode ser pensada apenas com os avanços e as projeções que se teve com as Conclusões da Conferência de Medellín. Por certo, ela se faz valer pela iniciativa e pela postura em acolher as intenções conciliares, num modo próprio e criativo de recepção e que entende a vocação e missão dos leigos dentro da realidade do continente, marcado por opressão, violência, subdesenvolvimento, dependência do capital estrangeiro e de uma visão de Igreja dependente. Ao assumir a vocação do leigo no mundo, ponto forte do Vaticano II (cf. LG n. 31b), Medellín tem bem claro a sua frente quem é o leigo que ela evoca, qual é o mundo onde ele se insere e qual deve ser a sua ação. Diretamente falando: *leigo – mundo – ação*. Medellín não generaliza a vocação laical, mas entende a mesma na prática da sua missão, numa ação evangelizadora que se quer transformadora, numa nova articulação que conduz a mudança de estruturas eclesiais e sociais.

Esta proposta também não pode ser vista apenas a partir deste momento histórico como sendo algo totalmente novo, excluindo tudo o que se fez anteriormente, ou de modo independente de outras relações eclesiais e sociais; ou, ainda, a reflexão que se fez dos Movimentos de Leigos e que está expressa no Capítulo 10 do Documento final não pode ser vista de modo separado do que se pensou e se definiu na Conferência como um todo. É necessário um olhar mais amplo, o que, aliás, já vem como referência na abertura do Capítulo 10, quando se diz que a intenção para aquela parte é *rever* a dimensão apostólica da presença dos leigos no processo de transformação, e que, para tal, deve se levar em consideração o que a Conferência havia pensando para os campos da Justiça e da Paz, da Família e Demografia, Juventude e outras realidades (cf. DM n. 10,1-2).

Mas o que significa aqui este *rever*? Basicamente, quer dizer: conhecer a realidade e a problemática social, valorizar os esforços e caminhadas já existentes e realizados por leigos e fortalecer esta missão com os avanços conciliares que de modo novo legitimam e motivam esta vocação. Busca-se um apostolado em vista da transformação da sociedade, orientado na prática da justiça, da paz, do direito e da liberdade.

Seguimos.

Por um lado, existe uma reflexão que vem do Concílio Vaticano II e que projetou para o laicato uma eclesiologia própria e nova, com destaque a uma definição de Igreja-Povo de Deus, evidenciando aspectos positivos de sua vocação/missão.[5] Vemos isso no capítulo IV da Constituição Dogmática

---

[5] Sobre este aspecto, a bibliografia é extensa. Citamos alguns exemplos: BOUGEOIS, D. Leigo/Laicato. In: LACOSTE, J.-Y. *Dicionário crítico de Teologia*. São Paulo: Paulinas; Loyola, 2004, p. 1011-1016. CONGAR, Y. *Os leigos na Igreja*: escalões para uma teologia do laicato. São Paulo: Herder, 1966. FORTE, B. *A missão dos leigos*. São Paulo: Paulinas, 1987. KASPER, W. *A Igreja Católica*: essência, realidade, missão. São Leopoldo/RS: Unisinos, 2012. KEHL, M. *A Igreja*: uma eclesiologia católica. São Paulo: Loyola, 1997, p. 109-116. KUZMA, C. *Leigos e leigas*: força e esperança da Igreja no mundo. São Paulo: Paulus, 2009. KUZMA, C.; SANTINON, I. T. G. "A teologia do laicato no Concílio Vaticano II". In: PASSOS, J. D. (Org.). *Sujeitos no mundo e na Igreja*. São Paulo: Paulus, 2014, p. 123-143. KUZMA, C. Leigos. In: PASSOS, J. D.; SANCHEZ, W. (Org.). *Dicionário do Concílio Vaticano II*. São Paulo: Paulus, 2015, p. 527-533. SCHILLEBEECKX, E. "A definição tipológica do leigo cristão conforme o Vaticano II". In: BARAÚNA, G. (Dir.). *A Igreja do Vaticano II*. Petrópolis/RJ: Vozes, 1965, p. 981-1000.

Lumen Gentium, como também no Decreto *Apostolicam actuositatem*, específico sobre o apostolado dos leigos. Ao fazer a recepção do Concílio, a Conferência de Medellín tem com os leigos uma preocupação e traz em sua proposta um avançar nesta vocação e missão. Partindo da premissa de que os leigos estão no mundo e o mundo é o local específico de sua vocação (cf. *LG* n. 31b), entende-se que uma resposta criativa dos Movimentos de Leigos[6] favorece a intenção da Igreja no continente para o serviço que lhe cabe responder, onde os leigos são chamados – a seu modo e como cooperação – para transformar, libertar e humanizar (cf. DM n. 10,2). Por outro lado, devemos levar em conta a realidade eclesial que acolhe esta proposta, e, neste caso, a América Latina já estava marcada pela presença dos leigos na Ação Católica, de modo organizado e com certa caminhada, mas agora se abria espaço para algo novo, trazendo a estes fiéis a *autonomia* e uma *legitimação* no exercício de sua vocação e missão na sociedade.

Não se pode dizer, porém, que tudo foi visto de forma positiva nesta expressão vocacional e nas suas relações (*ad intra* e *ad extra*), pois os avanços conciliares para a parte do laicato esbarraram em séculos de submissão e negação de autonomia e iniciativas. Estes obstáculos históricos não permitiram aos leigos, em muitos casos, um discernimento maduro de sua vocação, e é onde o assimilar do Concílio deveria favorecer um processo, algo a ser construído. Também na América Latina, por mais que tenhamos avanços e conquistas de uma Igreja organizada pela Ação Católica e pela força de alguns movimentos e ações pastorais, esta razão de ser eclesial não é uma constante: de país a país a realidade muda, em cada cidade ou diocese a realidade é diferente, também as comunidades e grupos têm caminhadas distintas. Historicamente, é possível constatar a presença de grupos que

---

[6] O sentido que a Conferência expressa ao Movimento de Leigos é o de *uma ação organizada da Igreja na sociedade*, a partir dos leigos, com *autonomia* e *legitimidade*, características do Concílio. Não se pensou naquele momento os inúmeros movimentos de espiritualidade de leigos que surgiram na sequência, nem mesmo as novas comunidades, um fenômeno mais atual. No entanto, numa releitura de suas conclusões, é possível entender que, hoje, também a estes movimentos e a estas comunidades a chamada de Medellín para uma ação organizada e articulada continua sendo atual e relevante.

já caminhavam numa perspectiva de ação na sociedade e acolheram com bom grado os avanços conciliares e se sentiram encorajados com a proposta de Medellín. Para esses, a inquietude da fé dava lugar a uma vazão de esperança e a proposta de Medellín dinamizava o valor do testemunho sincero, pois esta é a forma como o leigo santifica a si mesmo e pela sua ação santifica o mundo onde habita (cf. DM n. 10,11). No entanto, muitos outros leigos ainda viviam em uma prática piedosa e não muito crítica da fé e da realidade, o que ainda hoje mantém certos leigos em passividade. Eis um dado que não pode ser ignorado, pois ele teve incidência no desenvolver de Medellín e ainda hoje apresenta suas consequências, traduzidas, basicamente, na dificuldade que os leigos têm de entender a sua vocação e missão e, por isso, articular-se de modo autônomo, não respondendo e não correspondendo a sua vocação.

Tendo em vista estas questões, a Conferência de Medellín se propôs a rever toda a dimensão apostólica da presença dos leigos no atual processo de transformação do continente latino-americano. No entanto, para se compreender o que Medellín quis dizer sobre a ação dos leigos, deve-se levar em conta os objetivos contemplados pelo documento, relativos ao compromisso nos campos da Justiça e da Paz, da Família e Demografia, Juventude etc. (cf. DM cap. 10,1), conforme já assinalamos acima. Isto é, espera-se dos leigos uma presença forte e comprometida com a situação concreta, articulando fé e vida, prática pastoral e compromisso público com os dramas da sociedade. Para Medellín, fé e compromisso caminham juntos. O Documento ressalta o comprometimento dentro do mundo secular e temporal, indo mais além do que foram as conclusões conciliares, afirmando, de modo objetivo, que "comprometer-se é ratificar com ações a solidariedade em que todo homem se encontra imerso, assumindo tarefas de promoção humana na linha de um determinado projeto social" (DM n. 10,9). E para tal, entendem-se as circunstâncias peculiares do movimento histórico pelas dores e opressões que marcam a vida dos povos e que faz surgir um grito de libertação e de humanização. Afirma que, para isso, os leigos gozam de *autonomia e responsabilidades próprias* para optar por seu compromisso temporal. Isto está sustentado na *Gaudium et spes* (cf. GS n. 43) e na *Populorum progressio*, de 1967, que diz: "Pertence aos leigos, pelas suas livres iniciativas e sem esperar passivamente ordens e diretrizes, imbuir de espírito cristão a mentalidade e os costumes, as leis e as estruturas da sua comunidade de vida" (PP n. 81). Assim, por mediação da fé, os leigos se encontrarão diante de uma esperança escatológica com o objetivo de levar todo o mundo à consumação plena, de modo que este seja iluminado e transfigurado no dia do Senhor (cf. DM n. 10,10).

Metodologicamente, o Documento de Medellín se divide em quatro partes e nessas partes a problemática que envolve esta vocação é colocada em questão.

1. *Fatos*: Os fatos concretos da realidade do continente reclamam uma participação mais ativa dos movimentos de leigos (cf. DM n. 10,2). O documento é direto e diz que se trata de uma "situação de subdesenvolvimento, revelada por fenômenos maciços de marginalidade, alienação e pobreza, e condicionada, em última instância, por estruturas de dependência econômica, política e cultural em relação às metrópoles industrializadas" (DM 10,2). Trata-se de um neocolonialismo, como denuncia a *Populorum Progressio*, o que provoca em amplos setores uma tomada de consciência da situação, levando a protestos e aspirações à libertação e à justiça social. É a realidade do continente, para a qual se exige compromisso de presença, adaptação permanente e criatividade (cf. DM 10,3).

2. *Critérios teológico-pastorais*: Propõe-se aqui um avançar teológico, tendo em vista a eclesiologia do Concílio, com aquilo que se determinou com a *Lumen Gentium*, mas, sobretudo, com a *Gaudium et Spes*, que afirma que os leigos agem como cidadãos do mundo e que, em sua vocação, devem reconhecer as exigências da fé, e que, dotados de virtude e movidos pela própria consciência, necessitam empreender novas iniciativas para levar a fé a uma prática responsável na sociedade (cf. GS n. 43; DM n. 10,9). Medellín apresenta critérios chamando à diversidade de dons e carismas que devem cooperar a seu modo a serviço de uma obra comum (cf. DM n. 10,7). E na consciência de seu estar histórico, a fé atua no leigo como

"motivação, iluminação e perspectiva escatológica" (DM n. 10,10). Chama a atenção que se pede para que os leigos façam com que a Igreja "aconteça" (DM n. 10,12), isto é, que a causa que ela defende e que está apoiada na ótica do Reino aconteça, a saber: justiça, paz, dignidade, igualdade, direito, vida, liberdade etc.

3. *Recomendações pastorais*: promoção de equipes apostólicas e movimentos seculares em lugares e estruturas funcionais, onde se elabora e se decide o processo de libertação e humanização da sociedade (cf. DM n. 10,13). Afirma que os leigos devem se envolver em atividades nacionais e internacionais para promover o progresso dos mais pobres (cf. DM n. 10,15), aspectos bem presentes no Decreto *Apostolicam actuositatem* do Concílio Vaticano II. Além disso, devem fomentar uma espiritualidade própria, baseada na sua experiência de compromisso com o mundo, seguindo o exemplo de Cristo, que também viveu sua experiência em atividades temporais (cf. DM n. 10,17).

4. *Moções*: O Documento ainda menciona a criação de Conselhos Eclesiais (DM n. 10,19-20), um fato já presente em muitas localidades, mas ainda ausente ou sem tanta representatividade e força legítima em outras. Um desafio ainda atual.

III – Atualidade da proposta e novos desafios eclesiais

É necessário ter em mente que a vocação dos leigos se compreende de maneira mais forte no âmbito secular, no mundo concreto, nos desafios urgentes da sociedade, em todos os seus níveis. Isso ficou claro no Concílio, onde se produziu uma eclesiologia a este respeito e Medellín assumiu e avançou diante da necessidade local e do que ela esperava da ação dos leigos. Esta ação dos leigos na sociedade não é entendida de modo exclusivo, mas, seguramente, é onde eles estão inseridos de maneira direta e, dessa forma, podem oferecer um autêntico testemunho da fé que professam, vivendo coerentes com o princípio do Evangelho e alimentados por uma esperança que sempre se renova. Diante deste fato, para tratar da atualidade da proposta de Medellín e chamar a atenção para os novos desafios eclesiais que atingem a questão dos leigos, é importante ter em mente o contexto que acolhe esta Conferência e os desafios que ela decide enfrentar, a partir de sua realidade.

Em âmbito social, a América Latina, de 1968, estava marcada por opressão, violência, pontos de extrema pobreza, ditaduras militares e dificuldade de um discurso democrático. Era uma realidade que se fazia presente em vários países. Havia também uma cultura da dependência, o que limitava uma ação do continente no horizonte de um desenvolvimento – humano, político, social e econômico – que pudesse trazer vida e esperança para milhares de pessoas.[7] Por um momento, até se imaginou que o desenvolvimento econômico poderia ser uma solução para os inúmeros problemas existentes; no entanto, a percepção que ganha força e que vai avançando no entender dos bispos e assessores é que o modelo de desenvolvimento existente favorecia um sistema de opressão e de miséria e, de frente a este quadro, a solução seria provocar um sentimento de libertação, uma busca, tendo por base as fontes da fé que direcionam a história para um novo tempo, um tempo de mudança.[8]

Em âmbito eclesial, naquele período, o processo também encontrou um *kairós*, pois o movimento do Concílio Vaticano II provocado por João XXIII e por Paulo VI desencadeou um sentimento de esperança e de ação em todo corpo eclesial. A Igreja da América Latina se colocou em movimento, e esta é uma afirmação que se faz verdadeira. Medellín se tornou um marco e não se pode pensar a vitalidade da Igreja da América Latina, seu presente e seu futuro, sem levar em conta suas contribuições e colocações eclesiológico-pastorais. Ressaltamos, também, que a presença dos bispos latino-americanos se fez importante naquele momento histórico, pois eles souberam

---

[7] Sobre a "teoria da dependência", ver: POZO. *História da América Latina e do Caribe*: dos processos de independência aos dias atuais. Petrópolis/RJ: Vozes, 2009, p. 291. Também: GUTIÉRREZ, G. *Teologia da Libertação*: perspectivas. São Paulo: Loyola, 2000, p. 145-152.

[8] Cf. ANDRADE, P. F. C. *Fé e eficácia*: o uso da sociologia na Teologia da Libertação. São Paulo: Loyola, 1991, p. 54.

articular entre as suas bases e trouxeram para a realidade do continente as grandes chaves interpretativas do Concílio, colocando a Igreja da América Latina a serviço de uma mudança estrutural que pudesse trazer vida, liberdade e dignidade para todos. Foi onde se avançou em temáticas que não foram suficientemente tratadas nas sessões conciliares e que aqui teceram um novo modo de perceber e de se fazer presente, em especial, a profética opção pelos pobres, dita não apenas para fora da Igreja, como denúncia contra os opressores, mas também internamente, provocando um novo modo de viver a fé e de apresentar o seu testemunho.[9]

É diante deste contexto que Medellín se propõe em "rever" a posição e a atuação dos leigos (cf. DM n. 10,1), favorecendo um novo movimento destes a partir de um apostolado. Agora, depois de 50 anos, nós nos perguntamos novamente: para onde caminham os nossos leigos na Igreja da América Latina e o que se pode esperar de suas ações diante das novas e urgentes realidades que marcam este continente?

Por certo, o contexto já não é o mesmo. Algumas situações se agravaram e outras nos chegam como novas. Comparando realidades, podemos dizer que a opressão e a violência que atacam os nossos povos ganharam novas formas e novos rostos, e elas estão em toda parte. Isso também se traduz em novas formas de pobreza e de exclusão que cercam as nossas cidades e vitimam grupos inteiros. Houve avanços em algumas políticas públicas, mas não o suficiente para marcar uma nova consciência e criar uma nova forma de cidadania. Não vivemos hoje em regime de ditaduras militares, como outrora, mas temos um fracasso visível de nosso sistema democrático, onde constatamos perda de direitos, corrupção generalizada, venda e entrega de recursos ao capital estrangeiro, uma nova forma de dependência colonial que nos faz questionar o presente e, sobretudo, o futuro. Para onde vamos? Que berço estamos preparando para os nossos filhos? É onde entra a atualidade da proposta diante dos novos desafios. Se o leigo deve estar inserido no mundo, na sociedade e em suas estruturas, então o seu

---

[9] Ver documento: Pobreza da Igreja: DM n. 14.

campo de missão se tornou mais grave e desafiador, o que vai exigir dele novas posturas. Este novo contexto vai obrigá-lo a ter um olhar mais atento e sensível a estas realidades, e isso se faz urgente e necessário, já que a fé não se vive de maneira abstrata, mas sua razão se faz da experiência e do compromisso que assume.

Em ambiente eclesial também vivemos novos momentos. 50 anos depois do encerramento do Concílio e em celebração dos 50 anos da Conferência de Medellín, temos em Roma um Papa latino-americano, que assume o nome de Francisco e que vive e é marcado pelo jeito de viver e ser Igreja deste continente.[10] O papa que "vem do fim do mundo" convida a Igreja a um novo tempo e, neste tempo, todos são convidados a "sair" (EG n. 24), a enfrentar os problemas da estrada, a se sujar com a realidade e dentro dela, com ela e para ela oferecer um testemunho autêntico e vivo de esperança; uma esperança fortalecida e comprometida na fé. Francisco propõe uma cultura do encontro e este encontro é inspirado pela alegria que emana da ressurreição, que é a força vital de todo anúncio evangélico e que garante a Igreja em sua dinâmica de verdade.[11] Vemos que as realidades são novas e desafiadoras, mas parece providencial que após 50 anos – em Igreja – estejamos vivendo um novo *kairós* capaz de repensar estruturas e abrir novos caminhos. É evidente que o discurso de Francisco não se limita à Igreja da América Latina, no entanto, esta Igreja tem a oportunidade de ressoar suas intenções e de fazer valer uma esperança que estava oprimida e que agora sente que algo novo está para acontecer. Um tempo de primavera, um advento, uma esperança.

Nestas provocações eclesiais que avançam com Francisco, muitas atitudes são questionadas e um lado receoso também aparece. Nem todos aplaudem, muitos seguem na indiferença de um neoconservadorismo e se fecham ao novo, não percebem os sinais dos tempos. Francisco corre

---

[10] Ver: IVEREIGH, A. *El gran reformador*. Francisco, retrato de un papa radical. Barcelona: Ediciones B, 2015.

[11] Cf. FRANCISCO, SS. *Evangelii Gaudium*. São Paulo: Loyola, 2013.

na contramão da história. Com certeza, ele e seu Pontificado têm limites, digamos, que são humanos e estruturais; porém, ele abre portas e aponta caminhos; ele insiste num discernimento criativo para um seguimento apoiado na verdade que liberta e não numa segurança que aprisiona e impõe medo e resistência. Para Francisco, não é a moral que dita limites à fé, mas é a fé que abre novas perspectivas à moral, e este é um campo onde os leigos devem contribuir e fazer valer o seu testemunho e a sua dedicação.[12] Não existem respostas prontas, mas respostas que devem ser amadurecidas e buscadas na particularidade de cada realidade. Francisco tenta fazer valer uma Igreja pobre para os pobres, como se aventurou no Concílio e se propôs em Medellín, onde a misericórdia abre espaço para todos e a justiça de Deus é estendida numa liberdade que reestrutura relações e abre espaço para uma nova forma de viver e servir. É uma Igreja que deve sair e ir a todas as fronteiras e periferias que nos cercam. Estas provocações eclesiais e pastorais vão exigir um cristão (leigo) mais maduro, e este é o grande desafio para os leigos neste momento, no reviver dos 50 anos de Medellín. Insistimos que Medellín já alertava para que os leigos tomassem a iniciativa e que não ficassem na dependência de seus pastores, mas que tivessem coragem e ousadia (cf. DM 10,9). Esta é uma intenção que se renova e ganha forças neste momento.

50 anos depois Medellín encontra novamente a sua força. Sua proposta eclesial torna-se viva e atual e desafia todos os cristãos a uma nova postura. E aqui se enquadram de modo especial também os leigos, pois esta saída deve se encontrar com os problemas humanos e oferecer a cada pessoa e a cada realidade um novo sentido de ser e estar. Uma fé encarnada e comprometida com as realidades que nos cercam. Foi o que pensou Medellín e assim ela fez a recepção do Concílio.

Não há mais indiferença nem submissão, pois um só é o amor Daquele que nos une e que nos enche de esperança e vida plena. Que nessa memória que nos liberta saibamos acolher o novo que vem e que nos provoca à ação!

---

[12] Cf. FRANCISCO. SS. *Amoris Laetitia*. São Paulo: Loyola, 2016.

Medellín – Documento 11 – Sacerdotes

Francisco Taborda[1]

50 anos depois de sua elaboração e publicação, o documento de Medellín sobre os sacerdotes terá ainda algo a nos dizer? Cabe primeiramente retomar resumidamente o conteúdo do documento em questão (1). Sendo intenção da II Conferência Geral do Episcopado Latino-Americano aplicar à América Latina e ao Caribe as decisões do Vaticano II, será significativo compará-lo com o Decreto *Presbyterorum Ordinis* (= PO) e eventualmente com outros textos do Concílio que digam respeito ao assunto (2). Voltando ao documento de Medellín, vale perguntar se a realidade dos presbíteros nele descrita, sua teologia do presbiterado e as orientações práticas ainda são viáveis e o que se deveria acrescentar ou corrigir (3).

I – O Documento 11 da Conferência Episcopal de Medellín

O documento está elaborado segundo a metodologia do ver-julgar-agir, haurido da tradição da JUC, JEC e JOC e da Constituição Pastoral *Gaudium et Spes*.[2] Divide-se, pois, em três partes, às quais, no caso, se acrescenta uma "saudação fraterna" final dirigida a três classes de presbíteros.

---

[1] Doutor em teologia pela Westfälische Wilhelms-Universität Münster (Alemanha), professor emérito de teologia da Faculdade Jesuíta de Filosofia e Teologia (FAJE), Belo Horizonte, MG.

[2] LIBÂNIO, J. B. *Conferências Gerais do Episcopado Latino-Americano*: do Rio de Janeiro a Aparecida. São Paulo: Paulus, 2007, 23-24.

A primeira parte do documento[3] (*Observações sobre a situação atual*) é dedicada ao "ver". Tem como ponto de partida as grandes mudanças então em curso na América Latina e a diversidade de situações concretas, das quais resultam a valorização de alguns aspectos do ministério e o eclipse de outros. E acrescenta: "Em ambos os casos há elementos positivos e negativos" (D11,2). Mas infelizmente não diz quais sejam.

A seguir lamenta a "escassez numérica" de presbíteros e sua má distribuição: há acumulação nos centros urbanos e falta nas periferias, além da carência ou aproveitamento insuficiente ou inadequado de pessoas bem formadas ("sujeitos especializados") (D11,3). Acresce que não se dá "suficiente atenção" à diversidade de qualidades dos presbíteros, identificadas com "dons do Espírito Santo" e distintas de "inclinações naturais e interesses individuais" (D11,4). Tampouco aqui se explicita essa diferença a que parece dar-se tanta importância.

O aspecto considerado "mais pernicioso" nessa análise da realidade é a crise de fé dos presbíteros (D11,5), atribuída à "superficialidade na formação", "insegurança doutrinal", "relativismo ideológico" e "desorientação teológica", devido à falta de atualização tanto em antropologia como em teologia.[4] A isso se acresce "a desconfiança nas estruturas históricas da Igreja", mesmo em aspectos que tocam a instituição divina.

Segue-se a questão da espiritualidade e da oração. Sugere-se o risco de um debilitamento da vida espiritual e se afirma "a necessidade de uma expressão mais vivencial da oração" e a "adoção de novas formas de espiritualidade segundo as orientações do Vaticano II" (D11,6).

---

[3] Doravante abreviado com a sigla D11. Quando se refere a determinado trecho, acrescenta-se, depois de uma vírgula, o número do parágrafo em questão (p. ex.: D11,21 = parágrafo 21 do documento). O texto usado é o publicado em CONSEJO EPISCOPAL LATINOAMERICANO. *Rio de Janeiro, Medellín, Puebla, Santo Domingo*: Conferencias Generales del Episcopado Latinoamericano. Santafé de Bogotá: CELAM, 1994, 183-195. Tradução minha.

[4] Curiosamente, em vez de falar em teologia, D11 usa exclusivamente a expressão "ciências da Revelação" (D11,5 e 26).

Outro ponto diz respeito ao celibato (D11,7), a respeito do qual se verifica uma discussão vigente em termos pastorais, psicológicos e teológicos. A "exacerbação do erotismo" abre "caminho a nova e variada problemática", apenas sugerida.

A crise da obediência é outro fator a considerar-se (D11,8). Observa-se uma "tensão entre as novas exigências da missão e certo modo de exercer a autoridade". Nas entrelinhas se pode entender que se trata da obediência dos presbíteros com relação aos bispos, mas poderia ser também o autoritarismo dos ministros ordenados em geral com relação aos leigos. E aí teríamos um fenômeno de grande atualidade 50 anos depois.

Observa-se ainda a existência de dúvidas quanto à própria vocação ministerial (D11,9), oriundas da nova valorização do laicato, da perda de prestígio social do padre, da superficialidade de uma vida presbiteral rotineira e aburguesada. Pode-se perguntar se essas dúvidas não seriam antes em relação a determinada figura histórica da vocação ministerial, antes que à vocação enquanto tal.

O D11 refere-se também à crise proveniente da incapacidade de assimilar as novidades conciliares, quer devido à idade, quer devido à formação recebida (D11,10).

Por fim, observa-se certa insegurança devido a mudanças jurídicas no tocante ao sustento do clero ("revisão do regime de benefícios").

Diante desse panorama, procuram-se "elementos de reflexão pastoral" ("julgar"). São quatro: o sacerdócio de Cristo, a comunhão hierárquica, a comunidade eclesial e o serviço ao mundo. Sente-se falta de uma reflexão mais estruturada logicamente entre esses elementos. Cada um é considerado isoladamente.

O primeiro elemento, o sacerdócio de Cristo, é coerente com o título dado ao documento. É recordado que Cristo é o único sacerdote e o ministério hierárquico, sacramento desse único sacerdócio (D11,12). O tríplice múnus (sacerdote-profeta-rei) é então apresentado como ramificação do sacerdócio (D11,13), fazendo com que os três múnus se fecundem mutuamente.

196 | 50 anos de Medellín

Também a "comunhão hierárquica" é vista a partir do sacerdócio a ser exercido "como um conjunto orgânico" (D11,14): "não se pode conceber um bispo desligado ou alheio a seus presbíteros, nem um presbítero alheio ao ministério de seu bispo". Nesse contexto se refere à "fraternidade sacramental", de que fala o decreto *Presbyterorum Ordinis* (PO 8). Descendo ao concreto, o texto definitivo[5] fala do exercício do diálogo franco e respeitoso entre bispo e presbíteros, como meio de criar "um clima novo" que tornaria "mais fácil superar certas tensões de obediência".

O suposto *texto original*,[6] em vez da recomendação de diálogo franco e aberto, mencionava a necessidade de "uma forma institucionalizada da adequada corresponsabilidade dos presbíteros com a ordem episcopal", encarecia "a criação ou eficiente funcionamento do Conselho Presbiteral em cada diocese" e "maior representação dos presbíteros nos organismos episcopais de nível supradiocesano".[7] As exigências institucionais foram deixadas para o "agir" (D11,23) e aqui substituídas por exortações de cunho espiritual.

---

[5] Parece que se deve distinguir o *texto original*, produzido na própria Conferência, de um texto oficial corrigido a partir de observações enviadas pela Cúria Romana. Este será, daqui em diante, chamado "texto definitivo". Ao contrário da polêmica surgida em torno de modificações feitas no texto dos bispos por parte dos dicastérios romanos nas conferências de Puebla, Santo Domingo (cf. TABORDA, Francisco. "Santo Domingo corrigido: comentário às modificações romanas do Documento de Santo Domingo". *REB* 53 [1983] 640-666) e Aparecida, não tenho notícia de qualquer observação neste sentido com relação a Medellín. Entretanto, em três pontos encontra-se divergência entre o texto definitivo espanhol e a publicação em português das Edições Paulinas (BISPOS DA AMÉRICA LATINA. *Conclusões de Medellín*. 3. ed. São Paulo: Paulus, 1977, 107-118). A partir de uma alusão feita pelo então presidente do CELAM, Dom Avelar Brandão Vilela, e seu secretário, Mons. Eduardo F. Pironio, na apresentação dos documentos em sua versão definitiva e oficial, será preciso admitir que houve modificações. Com data de 30 de novembro de 1968, cerca de dois meses e meio depois do encerramento da Conferência, a cúpula do CELAM comunica expressamente que a Secretaria de Estado do Vaticano, junto com um "juízo positivo e elogioso" sobre os documentos por parte dos diversos dicastérios, enviou "observações correspondentes... que tendem a precisar e enriquecer algumas ideias" e "*foram tomadas em conta na redação definitiva*" (CONSEJO EPISCOPAL LATINOAMERICANO. *Rio de Janeiro, Medellín, Puebla, Santo Domingo*: Conferencias Generales del Episcopado Latinoamericano. Santafé de Bogotá: CELAM, 1994, p. 71; itálico meu). Dada a diferença entre o texto definitivo e a tradução publicada pela Paulus, cabe a hipótese de que esta última represente um estágio anterior ao "texto definitivo".

[6] Cf. nota anterior.

[7] BISPOS DA AMÉRICA LATINA. Ob. cit., 112.

O item intitulado "comunidade eclesial" inicia-se recordando que o ministério na Igreja é "o ministério da comunidade", remetendo a LG 20. Ela é interpretada como o serviço à unidade da comunidade (D11,16). Ao mesmo tempo em que afirma que os presbíteros são "membros específicos" da comunidade, diz que os leigos têm o direito e o dever de colaborar com a ação pastoral e, assim sendo, os presbíteros deverão "dialogar com eles não de uma maneira ocasional, mas de modo constante e institucional" (cf. AA 5) e igualmente com as religiosas e religiosos não presbíteros.

Neste contexto há nova correção do texto original. Este afirmava que os presbíteros tinham em comum com todo o povo de Deus "o mesmo ministério e a mesma e única missão salvadora". A expressão remete, sem dúvida, a LG 20, citada pouco antes. Ela poderia ser interpretada em um duplo sentido, de genitivo objetivo (ministério em benefício da comunidade), mas também de genitivo subjetivo ("o ministério próprio à comunidade", a função ou missão que tem a comunidade cristã para o bem da humanidade). Entendendo neste segundo sentido, seria correto dizer dos presbíteros e dos demais membros do povo de Deus: "o mesmo ministério e a mesma missão". Mas a expressão poderia ser lida como no sentido de um ministério que se ocupa da comunidade. Neste caso, a afirmação poderia parecer negar a distinção de funções entre ministros e não ministros. Por isso, no texto definitivo a palavra "ministério" terá sido substituída por "mistério",[8] o que, sem dúvida, também é correto e tem sentido, mas é alheio ao contexto.

Para falar do "serviço do mundo", o documento, coerente com o enfoque escolhido, parte da pretensa "definição" de sacerdócio da Carta aos Hebreus:[9] "em favor dos homens". Assim, o D11, fiel ao segundo milênio, põe o serviço como decorrência final da "consagração sacramental da

---

[8] Idem.

[9] Se o texto da Carta aos Hebreus for lido no seu contexto de crítica ao sacerdócio levítico, a "definição" deixaria de ser válida para o sacerdócio hierárquico da Igreja (cf. TABORDA, Francisco. *A Igreja e seus ministros*: para uma teologia do sacramento da ordem. 2. reimpressão. São Paulo: Paulus, 2016, 40-46).

ordem" (D11,17). Mas, por outro lado, reconhece que o serviço exige "especial solidariedade" com o mundo, de tal forma que a "consagração" dos presbíteros "resulte uma maneira especial de presença no mundo, antes que uma segregação com respeito a ele". Existe, pois, neste ponto, a preocupação de que a designação sacerdotal dos presbíteros não os exclua da realidade concreta, como poderia sugerir a "definição" posta à frente da reflexão pastoral sobre esse ministério.

Assim sua missão se enlaça com "o processo de desenvolvimento" da América Latina, onde o presbítero tem "um lugar específico e indispensável" (D11,18), de forma "que toda tarefa temporal" adquira "seu pleno sentido de liturgia espiritual", numa alusão não explicitada a Rm 12,1 e 1Pd 2,5. Aqui se enquadra a formação da consciência cristã dos leigos para seu serviço de "elaboração do progresso", sem que ele, presbítero, se imiscua diretamente na política (D11,19).

Seguem-se, como terceira parte ("agir"), "algumas conclusões de orientação". A primeira delas trata da "espiritualidade sacerdotal" que significa uma vida de fé e união a Cristo, de forma que o presbítero seja "o homem de oração por antonomásia" (D11,20). A "caridade pastoral infundida pelo sacramento da ordem" unirá o presbítero "intimamente com a comunidade", levando ao "equilíbrio da personalidade humana" que fará redescobrir a riqueza do "carisma do celibato" (D11,21).

O documento vê na "superação da uniformidade na figura do presbítero" uma "consequência da orientação conciliar" (D11,22), que, no entanto, deve levar em consideração o "planejamento pastoral para a melhor distribuição dos sacerdotes, tanto quantitativa como qualitativamente".

A temática da "adequada corresponsabilidade dos presbíteros com a ordem episcopal" (D11,23) volta aqui, substituindo um trecho mais longo do texto original, onde se pedia "o exercício de um diálogo no qual haja mútua liberdade e compreensão, tanto com respeito aos assuntos a tratar quanto à maneira de discuti-los".[10] Daí se esperava uma diminuição de

---

[10] BISPOS DA AMÉRICA LATINA. Op. cit., 115.

"certas tensões de obediência". Estes aspectos foram transferidos no texto definitivo para D11,15.

Segue-se a recomendação da instauração de "Conselhos de Pastoral" como "uma das instituições mais originais sugeridas pelo Concílio" (D11,24) e "mais eficientes" para a "renovação da Igreja" no tocante à Pastoral de Conjunto. Por esse meio se obviará o isolamento em que muitos presbíteros vivem (D11,25), fomentando diversas formas de "equipes sacerdotais" e estabelecendo-se "centros sacerdotais", que seriam espaços de convivência dos presbíteros entre si e com o bispo.

Recomenda-se a "renovação cultural" dos presbíteros nas diversas áreas do saber (D11,26), para que possam "assimilar com profundidade as grandes orientações teológicas do Concílio" e o progresso da teologia, bem como a "adaptação a todo progresso humano".

Por fim, toca-se o tema da "pobreza evangélica" (D11,27), entendida como uma vida de "testemunhas do Reino, sendo pobres de coração", sem, no entanto, descurar os bens econômicos a serem postos a serviço da pastoral. Nesse contexto aparece a problemática do "sistema de sustentação dos presbíteros" e "o funcionamento de uma adequada previsão social para o clero".

O final de D11 constitui uma exortação pastoral dirigida a três grupos de presbíteros: os que estão no pleno e tranquilo exercício da missão (D11,28), os que estão em crise (D11,29) e os que se afastaram do ministério ou até da própria Igreja (D11,30).

II – O Documento 11 de Medellín e o Decreto
Presbyterorum Ordinis

Se Medellín deveria ser a releitura latino-americana do Concílio – e o próprio tema o sugere: "A Igreja na presente transformação da América Latina *à luz do Concílio Vaticano II*" –, seria de esperar que o documento sobre os presbíteros fosse um reflexo do correspondente decreto conciliar. Mas já o título mostra discrepância: enquanto o Concílio usa o termo mais correto para o ministério de segundo grau, Medellín volta ao termo que se cristalizou no imaginário católico no segundo milênio. Será que se trata simplesmente de usar o termo mais comum, já que "presbítero" poderia soar demasiado rebuscado? De qualquer forma é significativa a simples análise quantitativa das palavras.

O texto definitivo do D11, num total de 3.325 palavras, usa 31 vezes o vocabulário presbiteral (presbítero, presbiteral, presbitério) e 53 vezes o sacerdotal (sacerdote, sacerdotal, sacerdócio), das quais 5 se referem ao sacerdócio de Cristo e uma ao sacerdócio comum. *Presbyterorum Ordinis*, no texto latino oficial de 11.418 palavras (quase quatro vezes mais palavras que Medellín), usa 122 vezes o vocabulário presbiteral e 61 vezes o sacerdotal, das quais 13 se referem ao sacerdócio de Cristo e uma ao sacerdócio comum. Para corresponder o vocabulário em proporção ao tamanho do texto, o D11 deveria ter usado apenas 7 a 8 vezes o vocabulário sacerdotal e entre 35 a 36 o presbiteral. No primeiro caso, a diferença é gritante (7-8 x 53); no segundo, está dentro das expectativas (35-36 x 31).

Mas há outro elemento que manifesta o distanciamento entre o texto conciliar e o de Medellín: o uso da palavra "consagração" para designar a graça da ordenação presbiteral (ou episcopal). O vocabulário ocorre 8 vezes no D11. *Presbyterorum Ordinis*, um texto quase quatro vezes mais longo, usa 9 vezes esse vocabulário, das quais apenas 3 vezes se referem à ordenação. Uma vez indica que o Batismo consagra o presbítero como consagra todo o fiel (PO 12), de forma que a ordenação é qualificada como uma consagração de um "modo novo". De resto, em geral, o termo é usado no sentido genérico, quase como sinônimo de missão e referido a Cristo, em consonância com o capítulo 17 do Evangelho de João (cf. Jo 17,17.19). Por fim, uma vez afirma que os presbíteros se consagram pelo celibato (PO 16), o que parece significar antes a entrega a Deus do que uma ação de Deus no presbítero, como é o caso quando se identifica o sacramento da Ordem com a consagração.

Com isso se observa que, novamente, o D11, apesar do uso frequente da palavra "presbítero", continua a navegar nas águas do segundo milênio, com sua concepção cristológico-individualista do ministério.[11] É conhecido que o decreto conciliar específico, como também os outros textos do Concílio, não chegam a superar de todo a visão ministerial do segundo milênio. Eles estão antes caminhando rumo a uma síntese que não chega a se efetivar.[12] Mas o documento de Medellín não atinge nem mesmo este patamar.

O vocabulário sacerdotal traz em seu bojo uma ambiguidade, já que nessa categoria a tradição inclui tanto o bispo como o presbítero,[13] de forma que não se sabe bem quando o D11 está falando do presbítero e quando do bispo ou de ambos. Por vezes se refere claramente ao presbiterado, mas outras vezes parece incluir indistintamente episcopado e presbiterado. Em consequência, perde-se um dos ganhos fundamentais do Vaticano II no tocante ao ministério ordenado, que consistiu em considerá-lo a partir do ministério episcopal.[14] Por partir do sacerdócio de Cristo (D11,12), o D11 não estabelece a distinção e relação entre os dois ministérios, voltando aos decretos doutrinais do Concílio de Trento e à subjacente teologia e prática medievais, que estabelecem o presbiterado como o ministério por excelência e o episcopado, mero acréscimo jurídico-celebrativo ao anterior. Apenas em D11,14 há um aceno à relação e à distinção entre episcopado e presbiterado, quando afirma que o sacerdócio ministerial é para ser exercido num "conjunto orgânico", logo explicitando que neste conjunto os presbíteros são "cooperadores da ordem episcopal", de acordo com a expressão consagrada da prece de ordenação da liturgia romana, desde o Sacramentário Veronense, do séc. VI. No fundo, a "comunhão hierárquica" não é vista como algo objetivo, baseado na diferença dos ministérios, mas como algo subjetivo que exige "a íntima união de amizade, de amor, de preocupações, interesses e trabalhos entre bispos e presbíteros" (D11,14). A partir daí o

---

[11] Cf. TABORDA. Ob. cit., 112-119.

[12] Ibidem,128-133.

[13] E excepcionalmente também o diácono: cf. OPTATO DE MILEVE (fim do séc. IV). O cisma dos donatistas I, 13 (*PL* 11,910): os diáconos são "constituídos no terceiro sacerdócio".

[14] Ver a discussão em Trento e a superação no Vaticano II em TABORDA. Ob. cit., 119-133.

dado objetivo de que não há bispo sem presbitério nem presbitério sem bispo torna-se uma piedosa exortação para que as duas ordens não se desvinculem uma da outra, e não uma afirmação objetiva da relação entre os dois ministérios.

Como consequência, a "fraternidade sacramental" entre os presbíteros, especialmente num mesmo presbitério, que PO 8 afirma como decorrente da ordenação presbiteral, pelo contexto em que a expressão é retomada pelo D11, parece ser uma fraternidade entre bispo e presbíteros, ainda mais quando, logo a seguir, se fala da "missão comum do sacerdócio ministerial" como algo que poderá levar a "superar certas tensões da obediência". Vale dizer: "sacerdócio ministerial" significa aqui episcopado e presbiterado, pois entre os dois é que se pode criar tensões de obediência, e a "fraternidade sacramental" se dá entre bispo e presbíteros.

Para poder dar conta da teologia conciliar sobre o presbítero, o D11 tem que desdobrar o sacerdócio no tríplice múnus: "Em seu sacerdócio Cristo unificou a tríplice função de Profeta, de Liturgo e de Pastor" (D11,13). Pela opção de iluminar o ministério a partir do sacerdócio de Cristo, foi necessário fazer este malabarismo e, depois, para evitar tautologia, na menção ao tríplice múnus, substituir "sacerdote" por "liturgo". Evidentemente que os três múnus estão imbricados,[15] mas por isso mesmo não cabe privilegiar um deles, como, no caso, o sacerdócio. A função do pastor, aludida na menção à figura do Bom Pastor, aparece apenas de passagem em D11,21. No entanto, o próprio Concílio de Trento, nos decretos de reforma, reconhecera como o múnus mais abrangente do bispo e, consequentemente, de seus cooperadores, os presbíteros.

A teologia de presbiterado (e do ministério ordenado em geral) está muito mais marcada pela perspectiva medieval consagrada no documento dogmático de Trento do que pela teologia do Vaticano II, que procura fazer uma síntese – infelizmente não isenta de ambiguidades – entre o primeiro

---

[15] Cf. TABORDA, Francisco. *Nas fontes da vida cristã*: uma teologia do batismo-crisma. 3. ed. revisada. São Paulo: Loyola, 2012, 245-246.

e o segundo milênio. D11, na explicitação do ministério, segue o esquema descensional do segundo milênio, que entende a constituição do ministro, independentemente de uma comunidade concreta, a partir do alto, depois designado, ao bel-prazer da autoridade constituída, para servir em qualquer Igreja local. Embora esta teologia também esteja presente no Vaticano II, predomina a teologia do primeiro milênio que parte da necessidade da Igreja, que precisa um ministro que a mantenha na unidade da fé e da caridade (bispo), escolhe a pessoa que se discerne habilitada e, com a aprovação e colaboração dos bispos vizinhos, suplica-se para o candidato o "Espírito do primado" para que governe a Igreja local. Por esse gesto sacramental, ele se torna bispo.

O bispo tem como cooperadores os membros do presbitério e os diáconos, com os quais constituirá uma personalidade corporativa e com cuja ajuda desempenhará sua missão. Neste ponto o D11 acerta na afirmação: "Não se pode conceber um bispo desligado ou alheio a seus presbíteros, nem um presbítero alheio ao ministério de seu bispo" (D11,14), apesar de o contexto sugerir que esta frase não expressa uma realidade objetiva, mas uma piedosa exortação.

III – A atualidade do Documento 11 de Medellín

A 50 anos de distância cabe perguntar se o D11 ainda é atual. Do ponto de vista da teologia ministerial nele presente será preciso dizer – como acabamos de ver – que está defasado com relação ao Concílio e, mais ainda, à posterior evolução da questão.[16] Vale do próprio D11 o que nele se afirma com relação à necessidade de atualização dos presbíteros diante do desconhecimento dos "atuais avanços [...] das ciências da Revelação" (D11,5) e da ajuda que os presbíteros precisam para "assimilar em profundidade as

---

[16] Cf., entre outras obras, ANTONIAZZI, Alberto. *Os ministérios na Igreja, hoje*: perspectivas teológicas. Petrópolis: Vozes, 1975. LEGRAND, Hervé. "La réalisation de l'Église en un lieu". In: LAURET, Bernard; REFOULE, François. *Iniciation à la pratique de la théologie*: *Dogmatique 2*. t. 3. Paris: Seuil, 1974. p. 143-345. GRESHAKE, Gisbert. *Ser sacerdote hoy*: teología, praxis pastoral y espiritualidad. Salamanca: Sígueme, 2006.

grandes orientações teológicas do Concílio e os principais progressos das ciências da Revelação" (D11,27). Regrediu até mesmo com relação aos poucos e ambíguos avanços do Vaticano II.

Do ponto de vista do "ver" a realidade, muitos aspectos do D11 permanecem válidos, outros se transformaram, outros ainda deveriam ser acrescentados.

A primeira observação que se encontra no D11 diz respeito à "grande mudança do mundo de hoje na América Latina" (D11,1). Grandes mudanças obviamente continuam a acontecer. Mas são fenômenos em geral bastante e até totalmente diversos dos de outrora. Basta lembrar o que significou desde então a multiplicação de transmissões televisivas "ditas católicas",[17] seja de missas em múltiplos horários, seja de palestras de pessoas que precisariam, elas mesmas, adequar-se à teologia e ao espírito do Concílio. Tais transmissões influenciam os fiéis e – quer direta, quer indiretamente – os presbíteros que se veem, por exemplo, constrangidos a imitar as celebrações televisivas de padres *pop star*, ou porque gostam, ou porque acham que assim vão agradar ao público e atrair o povo. Em decorrência, muitas vezes, a assembleia litúrgica se transforma em plateia de auditório e apresenta pouca ou quase nenhuma consonância com a celebração do memorial da Páscoa do Senhor.[18]

Outra grande mudança se verifica no fato de o pêndulo que nos anos 1960 se inclinava para a esquerda, agora se volta para a direita. No campo político, os movimentos revolucionários de esquerda, de qualquer inspiração, são relegados ou substituídos por ideologias neoliberais que chegam agora ao nosso continente depois de terem fracassado na Europa. A opção pelos pobres, apesar de evangélica e sublinhada com força pelo Papa Francisco, é posta sob suspeita e descartada por muitos como fruto de uma suposta teologia da libertação, considerada espúria e desviante.

---

[17] Faço questão de usar a qualificação de "ditas católicas", porque, se se observa bem, muitas vezes as opiniões emitidas rescendem a heresia, se é que já não são heréticas.

[18] Cf. TABORDA, Francisco. *O memorial da Páscoa do Senhor*: ensaios litúrgico-teológicos sobre a Eucaristia. 2. ed. aumentada. São Paulo: Loyola, 2015.

Se nos anos de Medellín o moto era "sair da sacristia" e tomar posição no mundo circundante, hoje se vê com preocupação a "volta à sacristia", o prazer pelas rendas e brocados de gosto mais do que discutível. Muitas vezes a celebração eucarística em que Cristo deveria ser o centro, como único mediador entre a humanidade e o Pai, se torna "missa do Padre Fulano, missa do Padre Sicrano", presbíteros que assumem um protagonismo que não lhes cabe naquela liturgia que "é simultaneamente a meta para a qual se encaminha a ação da Igreja e a fonte de onde promana toda a sua força" (SC 10). Esquecem que o agente principal da celebração litúrgica é o próprio Cristo na força do Espírito Santo, a cujo serviço os presbíteros deveriam estar.

A revolução informática é um dado totalmente novo que influencia profundamente presbíteros e fiéis. A comunicação direta é substituída pela virtual, que se torna mais importante e vital do que aquela. Todos têm livre acesso a *sites* das mais variadas naturezas, desde aqueles que fornecem informações preciosas até aqueles que – propositadamente ou não – propagam notícias falsas ou unilaterais. Se no tempo de Medellín se podia falar de "exacerbação do erotismo no meio ambiente" (D11,7), com mais razão se deve repeti-lo atualmente, dada a facilitação do acesso a *sites* pornográficos e a filmes de temática erótica tanto heterossexual como homossexual, que podem ser vistos no recesso dos lares e das casas paroquiais. Sem dúvida agora vale muito mais que então que se abriu "caminho a nova e variada problemática" no tocante à vivência do celibato.

Aparentemente talvez não se detecte "um perigo para a fé do presbítero", mas na realidade será preciso reconhecer em vários casos uma fé que não se interessa ou despreza a realidade social, política, econômica; uma fé com poucos fundamentos críticos pela falta de uma formação séria e do hábito de leitura que mantenha o presbítero – especialmente o jovem – atualizado na discussão teológica vigente, capaz de refletir sobre a fé e não simplesmente acolhê-la como um "pacote já pronto" a ser engolido e passado adiante com furor dogmático (que será tanto mais forte quanto mais falha a formação presbiteral). Enfim, descura-se uma fé encarnada. Neste ponto é crucial a formação adequada, sólida, profunda, tanto intelectual como espiritual, dos futuros presbíteros, e a atualização continuada dos presbíteros veteranos.

Na falta de uma espiritualidade sólida, os novos presbíteros recorrem ao "devocionismo" e se agarram e propagam "devoções" muitas vezes esdrúxulas, como as mãos ensanguentadas, o Divino Pai Eterno, a Nossa Senhora Desatadora de Nós, um folclórico Santo Expedito, desviando os fiéis do centro da fé, o mistério pascal de Cristo. Uma espiritualidade alimentada por mensagens de videntes (supostos ou verdadeiros), por dulcificação da piedade, por exclusivismos elitistas está bem distante do que Medellín considerava um desafio e continua a sê-lo: uma forma de "espiritualidade segundo as orientações do Vaticano II" (D11,6).

Hoje as "novas formas de espiritualidade" (D11,6) não são exatamente "segundo as orientações do Vaticano II", nem sequer estão preocupadas com os valores temporais. Daí decorre o perigo de espiritualidades desencarnadas que ignoram ou se afastam dos problemas do mundo e voltam a estabelecer uma "dicotomia entre a Igreja e o Mundo".

No tocante ao celibato (D11,7), observa-se, por um lado, casos de relacionamento conjugal estável entre clérigos e mulheres e mesmo homens, jovens ou copresbíteros, e, por outro, um número crescente de vocações homoafetivas de pessoas que fogem do estigma que a sociedade ainda pespega nas pessoas gay ou que buscam num ambiente exclusivamente masculino, como os seminários, um "paraíso" de jovens possivelmente disponíveis. Os trejeitos femininos bastante frequentes em candidatos ao presbiterado causam estranheza em muitas pessoas.

A tensão entre "as novas exigências da missão" e o "modo de exercer a autoridade" transformou-se (D11,8). Na época de Medellín a questão era que o "modo de exercer a autoridade" respeitasse a "dignidade e responsabilidade da pessoa", a "ordem dos valores" mais que a "ordem das normas", a colegialidade do ministério hierárquico, a autoridade como serviço, a diferença entre a obediência dos religiosos e dos presbíteros. Hoje em dia observa-se um incremento do autoritarismo exatamente em muitos presbíteros jovens, sobrepondo uma pretensa autoridade sagrada à dignidade e responsabilidade da pessoa; as normas são absolutizadas, desleixando a criação de processos; a colegialidade ministerial é muitas vezes sofrivelmente observada; a autoridade se afirma como ponto culminante dos relacionamentos.

O magistério papal e episcopal que sofria "um perigoso ofuscamento" nos tempos de Medellín (D11,8), agora com frequência é sobrevalorizado, principalmente quando se trata de voltar ao pré-Vaticano II.[19]

Quando o D11,9 procura causas para as "dúvidas no que concerne à própria vocação ministerial", menciona entre suas causas "a discussão moderna sobre o papel e a figura do sacerdote na sociedade". A afirmação é ambígua. Deve-se perguntar qual a razão por que o presbítero não goza mais do mesmo prestígio social. Se for por não estar à altura da evolução das questões que ocupam a opinião pública, por não ter, devido a uma formação deficiente, qualquer palavra ponderada e séria a pronunciar diante dos acontecimentos, então é realmente lamentável e preocupante. Se, porém, a razão é que os ricos e poderosos não mais o prestigiam, não buscam nele legitimação de seus privilégios, não mais os convidam a assentar-se em suas mesas nos banquetes que tripudiam a fome das multidões, então é bom sinal. E, se os presbíteros ficam vacilantes em sua vocação por causa disso, é sinal de terem tido uma falsa concepção da vocação ministerial, vista antes como promoção social do que como serviço humilde a todos, a partir dos pobres e descartados.

O receio pela "ameaçadora" presença do leigo, por vezes mais bem formado que a média do clero, talvez não traga "dúvidas sobre a própria vocação sacerdotal" (D11,9), mas leve a atitudes autoritárias por parte dos presbíteros, bem distante do diálogo que Medellín pedia para a relação bispo-presbíteros, mas que hoje poderia ser aplicado à relação presbítero-leigos:

---

[19] Veja-se, por exemplo, a polêmica em torno da Exortação Apostólica *Amoris laetitia*, principalmente em círculos europeus e norte-americanos.

"Um diálogo em que haja mútua liberdade e compreensão tanto no tocante aos assuntos a tratar como à maneira de discuti-los" (D11,15).

Quando lemos no D11 a referência à "incapacidade para assumir as mudanças de renovação promovidas pelo Concílio" (D11,10), podemos ter saudades desses tempos, em que se esperava que a renovação conciliar fosse assimilada pelos bispos e presbíteros. Hoje se observa em não poucos o desejo de voltar ao tempo anterior ao Concílio, que, no âmbito litúrgico, se expressa no desejo de uma "reforma da reforma", *slogan* que, na verdade, sub-repticiamente, se amplia até abranger todo o programa do Vaticano II.

As afirmações do D11 sobre a comunidade eclesial (D11,16) são muito atuais, diante do incremento do autoritarismo nas jovens gerações de presbíteros. Quanto ao serviço ao mundo, seria salutar recordar a exigência de uma "especial solidariedade" dos presbíteros com o mundo, bem como "o contato inteligente e constante com a realidade" em vista de uma "presença no mundo" e não de uma "segregação" (D11,17). Também vale recordar o papel que o D11 considera "indispensável" do presbítero no "processo de desenvolvimento no continente" (D11,18) com a tarefa de formar "os leigos e animá-los a participar ativamente com consciência cristã na técnica e elaboração do progresso" (D11,19). Parece que o interesse por esses temas está bem longe da preocupação de muitos presbíteros.

Por fim, chega-se às recomendações pertinentes ao agir. No tocante à espiritualidade (D11, 20-21), as conclusões permanecem válidas, talvez com a necessidade de acentuar a dimensão de encarnação que já foi sublinhada acima (D11,6) e será especificada como "pobreza evangélica" mais adiante (D11,27).

A tensão entre o carisma pessoal na forma de viver o presbiterado e a necessidade do conjunto (planejamento pastoral) continua a ser um desafio (D11,22). Infelizmente muitas vezes tem mais peso para os bispos e superiores religiosos a solução de problemas imediatos do que a preocupação por uma formação mais profunda dos presbíteros.

Neste contexto, volta-se à questão da escassez quantitativa e qualitativa de presbíteros. É um problema que continua candente. Entretanto, não se resolve na forma "tradicional". O próprio Papa Francisco mostra-se aberto para abordar o tema da ordenação de *viri probati* (homens casados, de vida reconhecidamente cristã, ativos na comunidade local). A discussão deveria ser retomada. Não se trataria de enquadrar tais homens no atual esquema da formação presbiteral, mas de procurar para eles uma formação adequada e suficiente, para quem vive em determinado ambiente e continuará a atuar aí, com especial e constante atenção a um programa de formação permanente (que, aliás, deveria também ser proposto para o clero hoje existente).

Entre os meios para fomentar o "diálogo e a cooperação" entre bispo e presbíteros, o D11 encarece especialmente os "Conselhos de Pastoral", considerados "uma das instituições mais originais sugeridas pelo Concílio e um dos mais eficientes instrumentos da renovação da Igreja em sua ação de pastoral de conjunto" (D11,24). Esses conselhos foram desejados pelo decreto *Christus Dominus* sobre o múnus pastoral dos bispos na Igreja (= CD). São descritos como um grêmio presidido pelo bispo diocesano e formado por clérigos, religiosos e leigos. Cabe-lhe a função de "investigar e ponderar tudo o que diz respeito às atividades pastorais e formular conclusões práticas" (CD 27). Por outro lado, ao tratar da "comunhão hierárquica" na parte destinada ao julgar, o texto original sugeria como "forma institucionalizada da adequada corresponsabilidade dos presbíteros com a ordem episcopal [...] a criação ou eficiente funcionamento do Conselho Presbiteral".[20] Esta recomendação desapareceu no texto definitivo. Ambas as recomendações deveriam, no entanto, ser renovadas hoje, quando se ouve dizer que há dioceses onde esses conselhos foram desativados ou recebem mero caráter decorativo.

Parece continuar a haver dificuldade no tocante ao isolamento dos presbíteros (D11,25), pois, longe de se fomentarem "equipes sacerdotais" (D11,25), observa-se em muitas dioceses a tendência a criar paróquias

---

[20] BISPOS DA AMÉRICA LATINA. Ob. cit., 112. Sobre o Conselho Presbiteral, cf. PO 7. Sobre a diferença entre ambos os Conselhos, cf. PO 7, nota 64.

novas a cada novo presbítero ordenado, de forma que o bispo não tenha problema com os desentendimentos entre padres que vivem na mesma casa e compartem a responsabilidade por uma mesma paróquia. Isso acontece porque os presbíteros diocesanos não são formados para a vida de comunidade. Claro que esses problemas podem surgir também em comunidades religiosas ou em casas paroquiais, onde convivem diversos presbíteros religiosos, mas parecem ser mais frequentes onde falta uma preparação específica para o exercício da vida comunitária.

Aqui e ali já se observam instituições do tipo que o D11 chama de "centros sacerdotais" que, pelo menos em dioceses de clero mais numeroso, como nas capitais e grandes cidades, se inserem na prática da chamada "pastoral presbiteral", a respeito da qual se poderia perguntar se é um termo adequado.

O item da "renovação cultural" (D11,26) continua também atual e talvez mais urgente do que nunca, dada a deterioração do ensino fundamental e médio no nosso país. Também segue de vital importância a atualização teológica no espírito do Concílio. O D11 é muito claro ao afirmar a necessidade de "assimilar com profundidade as grandes orientações teológicas do Concílio e os principais progressos das ciências da Revelação" (D11, 26). Não se julgue ultrapassada a recomendação de assimilar as grandes linhas do Concílio, porque infelizmente, dada também a multiplicação de cursos teológicos de baixa qualidade, a formação básica em teologia deixa muito a desejar. E não basta boa vontade para superar este problema.

Por fim, o estilo de vida (D11,27) seria também necessário sublinhar, dependendo naturalmente dos diversos ambientes. Descurar uma pobreza evangélica é bem mais fácil nas paróquias situadas nas regiões mais desenvolvidas e habitadas por pessoas de classes superiores com maior poder aquisitivo, do que nas periferias, favelas, roças.

****

Medellín se distinguiu pela opção pelos pobres, assumida sem adjetivos. Foi o grande passo adiante representado por esta Conferência

Episcopal. Tendo em vista esse horizonte – também presente no D11 –, é decepcionante a teologia do presbiterado que esboça neste documento. Seria possível levantar a hipótese de que, por mais aberta que a Conferência tenha sido no tocante ao âmbito social, seus participantes se encontravam numa defasagem teológica com respeito a outros avanços "das ciências da Revelação".

A Vida Religiosa Consagrada em Medellín e hoje: dois momentos de um carisma eclesial

Jaldemir Vitório[1]

A Vida Religiosa Consagrada (VRC), por sua relevância eclesial, integrou a pauta das preocupações do episcopado latino-americano, reunido em Medellín com o propósito de alavancar a recepção do Concílio Vaticano II em nosso continente. Afinal, a história da evangelização da América Latina está inextrincavelmente ligada à de muitas ordens e congregações, no passado e no presente. Embora uma leitura crítica da presença da Igreja Católica, em nosso continente, a partir de fins do século XV, possa ser questionada de muitos modos, mormente por seguir os passos dos conquistadores europeus, é impossível não reconhecer os incontáveis gestos heroicos de religiosos cujas vidas foram entregues à defesa dos indígenas e dos negros africanos e de tantos pobres e marginalizados ao longo dos séculos.

O claro-escuro da história da VRC na América Latina chama a atenção para o percurso de um carisma eclesial de incontestável relevância. Eis por que, em Medellín, os bispos não podiam menosprezá-lo e se omitir de

---

[1] É teólogo. Obteve o mestrado em Exegese Bíblica no Pontifício Instituto Bíblico (Roma) e o doutorado em Teologia Bíblica na Pontifícia Universidade Católica (PUC-Rio). Atualmente, é professor de Sagrada Escritura na Faculdade Jesuíta de Filosofia e Teologia (FAJE), em Belo Horizonte (MG). É membro da Comissão de Teólogos Jesuítas da América Latina, assessor teológico da Comissão Pastoral de Direitos Humanos da Arquidiocese de Belo Horizonte e colaborador com formadores e formadoras da Vida Religiosa. Este texto foi produzido no âmbito do Projeto de Pesquisa *Vida Religiosa Consagrada: problemática atual e teologia*.

lhe reconhecer a importância. O tópico 12 do documento final do evento revela para a atenção com que os bispos a consideraram. E com razão!

Uma leitura do Documento de Medellín (*DM*),[2] cinquenta anos depois, permite-nos mergulhar na consciência eclesial, naquela quadra precisa da história da Igreja latino-americana, e perceber as novidades de suas intuições, bem como as limitações de uma consciência ainda devedora de uma mentalidade milenar, na qual a VRC possuía um *status* privilegiado no contexto dos carismas e das vocações eclesiais, na condição de "caminho de perfeição". O *DM* abre espaço para que a nova brisa, o sopro do Espírito Santo, desejado pelo Papa João XXIII para toda a Igreja Católica, penetrasse também na VRC latino-americana.

Este estudo se deterá no item 12 do *DM* e se dividirá em duas partes. Na primeira, serão explicitados os elementos de novidade questionadores de uma VRC engessada por estruturas rígidas que a colocavam à margem da história. A seguir, serão indicados os pontos em que o *DM* se mostrou herdeiro da mentalidade que desejava ultrapassar. Esse fato se pode explicar pelo horizonte teológico-eclesial de boa parte dos bispos presentes na Assembleia. Havia bispos abertos e bispos fechados, avançados e retrógrados, conservadores e progressistas. Daí se pode entender a presença de pontos de vistas contrastantes no texto final. Importa, nesse caso, fixar-se na novidade e investir nela. Na segunda parte, mais breve, em grandes pinceladas, se descreverá a VRC atual, frisando os pontos luminosos, traçados a partir de Medellín, e os pontos sombrios e preocupantes que a colocam em risco.

Tratando-se de um carisma dinâmico, com longa e atribulada caminhada de contínuos refazimentos de sua figura histórica, permanece viva a esperança de que a VRC seja capaz de voltar às fontes e retomar o caminho de fidelidade a Jesus de Nazaré, no serviço aos mais pobres, na condição de comunidade missionária.

---

[2] A numeração do *DM* corresponderá à tradução da Editora Vozes, Petrópolis, 1971, 4ª edição, donde serão transcritos os textos do documento. Entre parênteses, estará a numeração interna do referido tópico 12.

I – Medellín – A VRC pensada a partir da América Latina

1. Apelos para uma encarnação profética da VRC no continente latino-americano

O *DM* revela o enorme esforço do episcopado latino-americano de repensar o Decreto *Perfectae Caritatis*, sobre a atualização da VRC, emanado do Concílio Vaticano II. A *PC* n. 2-3 apontou os princípios norteadores e os critérios práticos da atualização. O capítulo 12 do *DM*, que trata dos religiosos e das religiosas, corresponde ao esforço de aplicar o documento conciliar em nosso contexto continental.

Se pensarmos a VRC pré-conciliar, entendida como caminho de perfeição, alcançada pela *fuga mundi*, e as comunidades religiosas "protegidas" pela clausura, pelos altos muros dos conventos, por um estilo de vida estritamente regrado, com feições monásticas, por uma obediência cega aos superiores, de fato, o *DM* correspondeu a uma autêntica revolução.

a) A dimensão profética da VRC foi acentuada, pois "teve sempre, e agora com maior razão, uma missão profética, a de ser um testemunho da escatologia" (n. 2). O profetismo exige do religioso "encarnar-se no mundo real [...] com maior audácia que em outros tempos: não pode considerar-se alheio aos problemas sociais, ao sentido democrático, à mentalidade pluralista dos homens que vivem em torno dele" (n. 3). Era urgente abrirem-se as portas das clausuras como requisito para se passar da reclusão à inserção, da segurança conventual aos atropelos da história, do gueto asfixiante à solidariedade com a humanidade sofredora.

b) Uma reviravolta importante consistiu no apelo à adesão das congregações religiosas aos planos de pastoral de conjunto das Igrejas onde atuam, "de acordo com o carisma, as finalidades específicas de cada Instituto e as prioridades pastorais, mesmo que para isso seja às vezes necessário abandonar certas obras para atender a outras que se considerem mais urgentes e necessárias" (n. 14). O desafio consistia em superar a tendência a se bastar a si mesmas, como verdadeiros bastiões sem preocupação efetiva com a caminhada da Igreja. O *DM* acentua, assim, a eclesialidade da VRC, carisma a ser vivido em perfeita sintonia com a organização pastoral das Igrejas particulares. Os bispos pedem *"encarecidamente* aos superiores maiores que deem estabilidade ao pessoal religioso que desempenha funções apostólicas na América Latina, de acordo com convênios firmados com os Bispos do lugar" (n. 16 – grifo nosso), por conhecerem a tendência dos superiores a fazer transferência dos coirmãos e das coirmãs sem qualquer preocupação com a relevância da atuação pastoral deles, para além das obras e dos trabalhos da congregação.

c) O *DM* corresponde a uma tentativa de superar a gerontocracia imperante na VRC. E o faz insistindo ser "necessário levar em conta as inquietações e interrogações da juventude, que revelam em geral uma atitude de generosidade e compromisso com o ambiente" (n. 9). A valorização da juventude supõe deixar de lado a tendência persistente na VRC de infantilizar as novas vocações, só consideradas adultas após longos anos de formação inicial. Embora não seja dito, o "conflito de gerações", aludido pelo documento, tem origem na incapacidade de os veteranos acreditarem nos jovens religiosos e valorizá-los; e, na direção oposta, de os jovens recusarem a se submeter com docilidade e se deixarem guiar quais mansos cordeirinhos. O documento refere-se à "dissociação prática entre o conjunto de observâncias a que se dá o nome de 'Vida Regular' e a participação no desenvolvimento do homem latino-americano" (n. 10), como possível causa de conflitos. Em outras palavras, na raiz do conflito está o deslocamento da vida comunitária em relação à realidade, causa de alienação, na contramão da vocação evangélica de ser "sal da terra", "luz do mundo" e "fermento na massa". Portanto, escutar os jovens religiosos pode constituir um caminho fecundo de redescoberta da dimensão evangélica da VRC.

d) O *DM* faz um apelo aos religiosos no sentido de "integrar os leigos nos trabalhos apostólicos, respeitando sinceramente sua competência na ordem temporal e reconhecendo sua responsabilidade própria dentro da Igreja" (n. 15). O documento entrevê a inconveniência de os religiosos, no exercício de sua missão, serem autossuficientes. O motivo, não declarado, era a grande quantidade de religiosos, bastante para levar adiante os colégios, os hospitais, as obras sociais e tantos outros campos de atuação das congregações. Esta espécie de fechamento impedia-os de valorizar as outras vocações na Igreja e, muito menos, tomar consciência da importância de atuar em colaboração com os demais batizados. Os religiosos foram confrontados com a exigência de terem suficiente humildade para trabalhar com cristãos e cristãs com carismas diferentes, porém, colocando-se em pé de igualdade e se reconhecendo irmãos e irmãs com igual dignidade.

e) Os bispos latino-americanos propuseram às congregações religiosas fazerem um gesto altamente profético e revolucionário: "[...] realizar o pedido de Paulo VI referente à Reforma Agrária no caso em que possuam terras não necessárias para a obra apostólica" (n. 13g). Este tópico consiste na aplicação do anterior, em que os religiosos são instados a "promover um autêntico espírito de pobreza que se traduza efetivamente em pôr a serviço dos outros os bens que se possui" (n. 13f). Subjacente a tais orientações está a preocupação em criar uma nova figura da VRC, conformada com a opção pelos pobres e a solidariedade com os empobrecidos e marginalizados, consciência emergente na Igreja latino-americana a partir de Medellín. A posse exagerada de bens, numa sociedade onde a exclusão social é escandalosa, contradiz a vocação evangélica da VRC. Por conseguinte, partilhar se torna um imperativo.

f) O *DM* comporta um esforço de levar a VRC na América Latina a ter, de fato, um rosto latino-americano. Corresponderia ao empenho de dar uma feição nova à VRC europeizada em nosso continente. "Uma vez que a situação da América Latina é muito diferente da de outras regiões, em todos os planos, é muito importante que as decisões, para a aplicação concreta das normas gerais dadas pelos institutos religiosos, *sejam tomadas pela competente autoridade nacional ou regional*. De outro modo corre-se o risco de interpretar mal as situações concretas, com grave dano para a vida e a atividade das comunidades religiosas" (n. 25 – grifo nosso). Apesar de terem surgidos expressões autenticamente latino-americanas de VRC, predominava (e ainda predomina?) o modelo europeu, em muitos casos, pouco ou nada aderente à realidade latino-americana. Os centros de poder das congregações religiosas estão na Europa, com prevalência de Roma, donde advêm normas e decisões, sem que se dê ouvido à liderança latino-americana. Valorizar os superiores e superioras, em nível latino-americano, num momento de recepção do Concílio Vaticano II, significava sacudir pelas bases a VRC em nosso contexto.

2. Resquícios do modelo de VRC a ser ultrapassado

Considerados como proposta pós-conciliar de *aggiornamento* para a VRC, em âmbito latino-americano, os elementos suprarreferidos têm ares de profecia. Entretanto, uma leitura atenta do *DM* revela resquícios da concepção de VRC que se pretendia superar. Esta duplicidade é compreensível, se considerarmos a participação na II Conferência Geral do Episcopado Latino-americano, em 1968, de muitos bispos conservadores, incapazes de pensar uma nova eclesiologia ou, simplesmente, resistentes em mudar de mentalidade, inseguros em face de um cenário diferente de Igreja.

Alguns indícios literários apontam para o intento de pôr limites ao profetismo da VRC, presente no documento. Entre eles, a preocupação em enquadrar a "perfeita disponibilidade para seguir o ritmo da Igreja e do mundo atual, *dentro dos limites que lhe indica a obediência religiosa*" (n. 8 – grifo nosso). Disponibilidade, sim, mas sob o controle das autoridades. A partícula adverbial "embora" (no original, *aunque*), presente no n. 12, é uma clara tentativa de se opor ao que antecede: "A situação atual não pode deixar inativos os religiosos; *embora não tenham que intervir no sentido de dirigir o temporal*, têm que trabalhar diretamente com as pessoas..." (grifo nosso). É impossível pensar a VRC comprometida com a transformação da realidade, tomando "consciência dos graves problemas sociais de vastos setores do povo em que vivemos" (n. 11b), sem engajamento no "temporal"! A dicotomia espiritual (religiosos) e temporal (leigos) ocorre também no n. 15, na afirmação: "Sugerimos, *entretanto*, que os religiosos se esforcem por integrar os leigos nos trabalhos apostólicos, *respeitando sinceramente sua competência na ordem temporal* e reconhecendo sua responsabilidade própria dentro da Igreja" (grifo nosso). A conjunção adversativa "entretanto" (no original, *sin embargo*) e o advérbio de modo "sinceramente" (no original, *sinceramente*) apontam para a apreensão com possíveis desvios no engajamento apostólico, por parte dos religiosos, com o risco de abandonarem seu campo espiritual de ação, quando o foco do documento vai noutra direção. Outra ilustração da presença de uma mão conservadora no documento diz respeito a uma expressão que pode passar despercebida numa leitura superficial. Encontra-se no n. 19: "No campo da promoção humana, os institutos religiosos leigos deveriam diversificar-se à luz de uma presença *bem compreendida* da Igreja num mundo em desenvolvimento" (grifo nosso). As palavras grifadas são dispensáveis em seu contexto. Dever-se-ia pressupor de quem se dispõe a ser presença da Igreja no mundo em desenvolvimento uma compreensão adequada de sua vocação evangélica e eclesial. Afinal, o documento se destina a pessoas adultas e maduras. Por que alertá-las do dever de bem compreender sua presença no mundo, a não ser por medos e preocupações espúrias, características de indivíduos incapazes de viver a radicalidade da fé?

Uma afirmação do documento, sobremaneira, contradiz o veio profético da VRC. "Se é verdade que o religioso se coloca a certa distância das realidades do mundo presente, não o faz por desprezo pelo mundo, mas pelo propósito de lembrar seu caráter transitório e relativo" (n. 3). De que está falando: dos contemplativos e das contemplativas? Ou do conjunto dos religiosos e das religiosas? A segunda alternativa está mais de acordo com o contexto. Sendo assim, como concatenar inserção na realidade com "certa distância das realidades do mundo presente"?

A tais indicativos pontuais somam-se outros que são de caráter mais geral e parecem corresponder à consciência dos autores do texto, que apontam um caminho profético para a VRC na América Latina, embora sejam herdeiros de uma mentalidade milenar, difícil de ser superada.

a) Uma afirmação, no início do capítulo sobre os religiosos, deixa entrever a eclesiologia subjacente: "Na Igreja, todos são chamados à santidade, tanto os que pertencem à hierarquia como os leigos e os religiosos, santidade que se realiza mediante a imitação do Senhor por amor" (n. 1). O esquema piramidal, facilmente, se deixa perceber. Porém, na ordem das coisas, os religiosos parecem estar em posição superior aos leigos por terem uma "vocação especial dentro do Povo de Deus" (n. 2). Em relação aos demais cristãos, possuem "uma peculiar consagração que se baseia na do batismo e a exprime com maior clareza", citando o tópico 5 da *PC* (n. 2). E, mais, "essa consagração peculiar é um compromisso a viver com maior intensidade o aspecto escatológico do cristianismo para ser dentro da Igreja, de modo especial, 'testemunha da Cidade de Deus'" (n. 2). Ou, citando a *LG 31*, "os religiosos, por seu estado, dão brilhante e exímio testemunho de que não é possível transfigurar o mundo e oferecê-lo a Deus sem o espírito das bem-aventuranças" (n. 3). Os religiosos estariam num patamar superior aos demais cristãos e cristãs?

b) Embora o *DM* se esforce por pensar a VRC enraizada na história e comprometida com a transformação social, sublinha fortemente sua dimensão escatológica. Aliás, sua missão profética consiste, exatamente, em "ser um testemunho da escatologia", pois "essa consagração peculiar é um compromisso a viver com maior intensidade o aspecto escatológico do cristianismo [...]" (n. 2). "Testemunho da escatologia" identifica-se com "testemunho do mundo futuro" ou "Reino futuro" (n. 4.5). A vida religiosa contemplativa seria um "modo especial" dessa realidade, por ser "uma mediação e uma presença do mistério de Deus no mundo" (n. 5). Essa visão dualista subjaz à declaração de que "nas Congregações de vida ativa, a ação apostólica, como atividade missionária, não é um trabalho de desagregação da vida religiosa, mas uma manifestação do desígnio de Deus na História da Salvação que também 'tende à plenitude escatológica'", citando *AG 9* (n. 4). Faz-se necessário alertar para o valor da "ação apostólica" para que a preocupação com a escatologia não a reduza a um elemento que se deve suportar na VRC, cujo foco está nas coisas do além. Tal dualismo pouco se coaduna com a constatação de que "por vezes se interpreta equivocadamente a separação entre a vida religiosa e o mundo, e há comunidades que mantêm ou criam barreiras artificiais, esquecendo-se de que a vida comunitária deve abrir-se para o ambiente humano que a cerca, a fim de irradiar a caridade e abraçar todos os valores humanos" (n. 8). Portanto, o olhar dos religiosos deve se fixar no mundo, embora a preocupação escatológica deva ser levada a sério. A escatologia cristã constrói-se no mundo por meio da prática da caridade; na direção inversa, o mundo é o *locus* da construção da escatologia. Deve ser mantido o círculo hermenêutico da VRC que vai do aquém ao além e vice-versa. Desconectá-lo seria privar a vida cristã, nela a VRC, de um elemento fundamental, resultando na "crítica severa [dos jovens] a seus próprios institutos e comunidades" de "alienação fundamental relativamente à vida cristã e de inadaptação ao mundo de hoje" (n. 10).

c) O *DM* estabelece uma distinção problemática entre os "religiosos leigos", voltados para "tarefas apostólicas e profissionais, comunitárias ou pessoais" (n. 18), e os "religiosos presbíteros", que "têm uma situação especial: estão unidos com os Bispos no sacerdócio, são consagrados para serem cooperadores da ordem Episcopal, pertencem ao clero da Diocese enquanto participam nas obras de apostolado sob a autoridade dos Bispos" (n. 26). Os religiosos presbíteros são identificados pelo sacramento da ordem que receberam mais que pelos votos que professaram e os caracterizam como membros de uma Congregação religiosa. Tal visão clericalizante da VRC pode ser detectada na afirmação do n. 20, segundo a qual "os religiosos leigos poderão frequentemente prestar um apoio valioso ao ministério hierárquico", citando como exemplo "o trabalho que realizam as religiosas em paróquias onde não há presença sacerdotal permanente". Esta distorção tácita da identidade da VRC é compreensível em um documento de origem episcopal. Os bispos, até mesmo os oriundos de Congregações religiosas, tendem a focar no trabalho paroquial e considerar os religiosos presbíteros como "mão de obra" especializada e bem formada à qual podem lançar mão.

d) O alerta do n. 22 poderia ser dispensado, se considerarmos os elementos de novidade, em relação à VRC, presentes no *DM*: "Que os trabalhos domésticos necessários e meritórios não sejam para os religiosos e religiosas de institutos de apostolado direto um impedimento à sua tarefa específica". Dever-se-ia supor que consagrados e consagradas, com ardor profético e missionário, se recusariam a sacrificar o serviço ao Povo de Deus pela dedicação excessiva – e escrupulosa? – aos serviços domésticos. Em outras palavras, a "mania de limpeza" jamais seria empecilho para a vivência da vocação própria dos religiosos e religiosas. Tornar os trabalhos domésticos em espécie de absoluto inadiável seria uma distorção imperdoável! Só os incautos cairiam nessa armadilha. O alerta se torna dispensável para pessoas com discernimento!

e) A afirmação conclusiva do tópico referente aos religiosos no *DM* tem um quê de ingenuidade ou de expectativa equivocada: "Esta Segunda Conferência considera muito conveniente que haja religiosos e religiosas de diversas regiões da América Latina presentes nas Congregações Romanas e, em particular, na dos Religiosos" (n. 30). Muitas perguntas se podem levantar: os bispos desejam que a Cúria Romana deixe de lado a tendência eurocêntrica e se torne mais universal? Os bispos pensam que a presença de religiosos e religiosas latino-americanos em Congregações da Cúria Romana poderia ser um canal para que as intuições de Medellín chegassem à cúpula da Igreja Católica? Tinham a VRC na América Latina em conceito tão elevado, a ponto de imaginar que a presença de religiosos e religiosas latino-americanos, em Roma, poderia fermentar toda a VRC na Igreja? Certamente, existe uma preocupação subjacente à recomendação dos bispos. Entretanto, ao não ser explicitada, abre espaço para muitas indagações, assim sintetizáveis: para que serviria a presença de religiosos e religiosas em Congregações Romanas, quando se registrou o fato de "numerosas deserções nos institutos" (n. 9) e a diminuição do número "dos que se apresentam para neles ingressar" (n. 10), contrastando com os "graves problemas sociais de vastos setores do povo em que vivemos" (n. 11b)? Por acaso, suas vidas não teriam mais consistência evangélica se, permanecendo em nosso continente, se consagrassem à causa do resgate da dignidade de nosso povo? É sensato pensar na conversão das estruturas eclesiais a partir das cúpulas?

II – A VRC no Brasil: os caminhos atribulados de um carisma

A caminhada da VRC, nas cinco décadas após a Conferência de Medellín, consistiu num esforço hercúleo de colocar em prática o que o Espírito "falou à Igreja", em meio a reveses de todos os tipos, tanto eclesiásticos e institucionais quanto culturais. Um olhar contemplativo da VRC, em nosso país, revela-nos o rosto bonito de um carisma importante na vida do Povo de Deus. Entretanto, confronta-nos com seu avesso, com o colorido cinzento das infidelidades.

1. A face luminosa da VRC no Brasil, no pós-Medellín

a) O período pós-Medellín foi verdadeira primavera para a VRC no Brasil, nos passos do Concílio Vaticano II. Embora tenha sido tempo de deserções massivas, o foi, também, de descoberta das raízes evangélicas da vocação à vida religiosa, numa forma de conversão à pessoa de Jesus, com forte apelo para a dimensão trinitária. O Espírito Santo, tão esquecido na teologia latina, voltou a ocupar espaço nas reflexões em torno do nosso carisma. Resultou, daí, um momento de muita criatividade e ousadia, de abertura para o novo, com liberdade em relação aos esquemas antigos. Tinha-se a impressão de que o *é proibido proibir* do maio de 1968, da juventude francesa, encontrou terreno fértil nos arraiais de uma VRC desconectada do mundo. Diferentemente do ciclo da natureza, a primavera chegou criando reboliços, fazendo cair as folhas das árvores e, de certo modo, deixando as árvores desnudas, como condição para o surgimento do novo tão ansiado. Era como se a vocação de Jeremias estivesse acontecendo, como tempo para "arrancar e para derrubar, devastar e destruir, para construir e para plantar" (Jr 1,10). Sem dúvida, as bases da VRC foram abaladas em seus alicerces, para alegria de uns e desespero de outros. O provérbio popular "Não se pode fazer omeletes sem quebrar os ovos!" ilustra, muito bem, essa quadra da história recente da VRC.

b) O esforço de superar as estruturas arcaicas e adaptar a VRC aos novos tempos foi indubitável. À demolição seguiu-se o momento de redescoberta e atualização dos carismas congregacionais, pedidas pelo Vaticano II. As intuições de Medellín deram o sabor latino-americano e brasileiro ao caminho trilhado. A chamada *refundação* teria sido muito distinta sem a releitura latino-americana dos documentos conciliares. Basta ver o que aconteceu em outros continentes, onde a recepção do Concílio passou por outras veredas ou, simplesmente, não trilhou vereda nenhuma. Em palavras mais diretas: o Concílio ficou no papel! No Brasil, foi um tempo fecundo de fundação de congregações autóctones, até mesmo pela ruptura com matrizes europeias, resistentes em se inculturar em nossas terras. Não poucas religiosas viram-se largadas à própria sorte por não mais comungarem com as imposições de suas congregações, provenientes de casas gerais do estrangeiro, descoladas da realidade brasileira. Determinadas a levar adiante a vocação de consagradas, obedientes aos apelos do Espírito, optaram por dar outro rumo a suas vidas. Experiências dolorosas e conflitivas tiveram o efeito positivo de dar origem a novas maneiras de viver a VRC, com rosto muito distinto da vida consagrada refém das clausuras e das limitações impostas pelo autoritarismo de superiores e superioras, em muitos casos, alienígenas.

c) Uma reviravolta formidável na VRC no Brasil consistiu no surgimento de comunidades inseridas nos meios populares, entre os empobrecidos e marginalizados, em condições de grande carência, antípoda da vida conventual, bem asseada, tranquila, segura, protegida e imune da contaminação do mundo. Esse passo formidável teve como desdobramento a assunção da opção preferencial pelos pobres e do compromisso social, como decorrências da fé. O caminho da santidade fazia-se como comunidade solidária com o sofrimento do povo e suas lutas pela libertação. As comunidades eclesiais de base passaram a fazer parte da identidade da VRC apostólica e inserida, como Povo de Deus em marcha, rumo à terra prometida. A VRC, assim, jamais poderia receber a pecha de alienada e alienadora. Antes, despontava na Igreja e na Sociedade como autêntico profetismo de quem, de fato, abraçou a causa do Reino e a dos pobres. Doravante, a VRC foi confrontada com o martírio de vários de seus membros, sacramento inconteste de fidelidade à causa de Jesus de Nazaré. Sem dúvida, a Teologia da Libertação, com seu rico veio de espiritualidade bíblico-evangélica, teve parcela importante na construção da nova figura histórica da VRC, no pós-Medellín.

d) Um passo importante da VRC, nas últimas décadas, consistiu na preocupação com o tema da formação do corpo apostólico das congregações, tanto no âmbito espiritual e teológico quanto no âmbito profissional. O confronto com os desafios da missão foi fundamental. Por outro lado, o fato de trabalhar, até nas obras dos próprios institutos, ao lado de profissionais especializados em educação, administração e tantas outras áreas do conhecimento, levou os religiosos a caírem na conta de estarem fadados a serem profissionais de segunda categoria, na eventualidade de estarem despreparados ou desatualizados para o exercício de suas tarefas. No âmbito específico da VRC, a CRB-Nacional exerceu – e exerce – um papel de extrema relevância com os vários programas de formação inter-congregacional, com a possibilidade de contar com a ajuda de assessores e assessoras de alto nível, impossível se cada congregação se fechasse para as demais. Embora, aqui acolá, ainda impere a improvisação e o despreparo profissional, pode-se perceber o quanto as congregações cresceram na qualificação profissional de seus membros, sem falar na qualificação espiritual e teológica, com reflexos positivos no exercício da missão.

e) A diminuição do número de religiosos e de religiosas teve, como efeito positivo, o crescimento da consciência intercongregacional. As congregações compreenderam ser difícil – senão impossível! – levar adiante missões importantes, contando, apenas, com as próprias forças e recursos. Na direção inversa, tomaram consciência do horizonte de ação que se descortinava com a possibilidade de atuar em conjunto com outras congregações. O resultado foi a abertura de novas frentes missionárias no Brasil e no Exterior, possibilitadas pela comunhão de pessoas e de recursos financeiros e logísticos de várias congregações. A colaboração foi facilitada, em se tratando de congregações com carismas semelhantes. Entretanto, mesmo no caso de carismas complementares, a caminhada conjunta passou a ser feita como serviço ao Reino, de modo especial, aos mais pobres das periferias e dos interiores, no Brasil e nas missões *ad gentes*.

2. A face sombria da VRC no Brasil, no pós-Medellín

A face luminosa da VRC, em tempos recentes, comporta, em seu avesso, elementos de sombra.

a) Extremamente preocupante é o envelhecimento dos quadros das congregações e sua diminuição por motivo de morte ou de deserção. Porém, as obras não diminuem, tampouco os apelos para novas missões que chegam de toda parte. O risco do ativismo e a sobrecarga de trabalho põem em risco as parcas forças apostólicas das congregações. Como não há renovação de quadros, muitas congregações ou províncias correm o risco de desaparecer. Quanto mais envelhecido o corpo congregacional, tanto maior a probabilidade de não haver novas vocações, pois os jovens não se disporão a ingressar em estruturas caducas e anacrônicas, onde as enfermarias e não as casas de missão são o horizonte de boa parte do corpo apostólico de muitas congregações. Que jovem sadio de corpo e de mente, desejoso de se entregar ao serviço do Reino, consagrará suas energias num projeto congregacional sem futuro?

b) Muitas congregações, devido ao severo controle do Estado, por serem entidades filantrópicas, foram deixando de lado o carisma institucional e se centraram nas preocupações administrativas. O endurecimento da lei da filantropia teve como efeito criar uma espécie de obsessão para manter tudo impecavelmente em ordem, para não se correr o risco de pesadas multas e de perder o certificado de entidade filantrópica. Assim, a pessoa jurídica, com seu CNPJ e nome reconhecidos pelo governo, está mais na boca e no coração das lideranças do que a congregação e seu carisma. Quanto mais o governo enrijecer as regras da filantropia, tanto maior será o risco de os religiosos, pressionados pelas lideranças, se desviarem da mística congregacional. De servidores do Reino, se transformarão em escravos de uma burocracia sem fim, que lhes consumirá as forças a serem consagradas ao serviço dos empobrecidos e dos marginalizados.

c) A VRC, no momento, passa por um processo de encolhimento, pela diminuição de seus efetivos. Preocupante é o fato de o encolhimento se dar da periferia para o centro. Quando se devem fechar casas, comunidades e obras, as primeiras a serem sacrificadas são as que estão entre os mais pobres, as deficitárias financeiramente e as que consomem dinheiro sem nenhum retorno. São preservadas aquelas lucrativas, que estão nos bairros melhores, são mais tradicionais e podem ser levadas adiante por pessoas de confiança, não pertencentes à congregação. Uma leitura evangélica dessa dinâmica inexorável da VRC revelará o quanto os religiosos estão caminhando na contramão do Mestre de Nazaré: deixam de estar onde Jesus espera que estejam (as inserções e periferias), optando pelo mais seguro (os conventos e as comunidades com segurança econômica). Dessa forma, o sal da VRC perde, cada vez mais, seu sabor, restando-lhe somente o destino de ser descartado, por ter se tornado inútil.

d) Quem observa, com atenção, a trajetória recente da VRC, com facilidade, perceberá a tendência ao decréscimo da qualidade da vida comunitária. Os elementos antievangélicos da cultura pós-moderna contaminaram as comunidades religiosas que, sem os anticorpos da mística e da ascese cristãs, padecem de profunda anemia espiritual. A dimensão comunitária, fundamental na identidade da VRC, tornou-se um peso insuportável para muitos religiosos, que optam pela fuga ou pelo isolamento, quando não por um estilo de vida feito de competição, ofensas e agressões. A VRC apostólica é um corpo eclesial a serviço do Reino. Privado do ideal de corpo, representado pelos membros dos institutos e suas comunidades, a dimensão apostólica se empobrece, embora os religiosos se consumam de trabalhar. Comunidade e missão são faces da mesma moeda na VRC. Se a comunidade é anêmica, por conseguinte, a missão padecerá da mesma enfermidade. Será questionável a densidade evangélica de uma ação apostólica da VRC, se levada adiante por religiosos deficientes no tocante à dimensão comunitária. Os escândalos comunitários dos religiosos são, sobremaneira, danosos para o exercício da missão. Esse quadro institucional inviabiliza o profetismo dos religiosos. Caber-lhes-ia o provérbio referido pelo Mestre de Nazaré: "Médico, cura-te a ti mesmo!" (Lc 4,23).

e) Extremamente preocupante, na atual conjuntura da VRC, é o desencanto das novas gerações com as estruturas ultrapassadas e, muitas vezes, intocáveis das congregações religiosas. Tanto as estruturas de governo quanto as estruturas de vida comunitária e de missão padecem de esclerose, sem que as lideranças se disponham a promover mudanças. A gerontocracia, que não abre espaço para quem possa trazer ares novos para as congregações, é um fenômeno preocupante. Some-se a isso a resistência de certos veteranos para ceder lugar para quem está chegando, por suspeitar de sua capacidade de levar a congregação adiante. A desconfiança mútua gera conflitos estéreis, com grave prejuízo para a missão. Tratados como imaturos e inexperientes, os jovens têm dificuldade de abraçar um projeto de formação que lhes parece inútil. O futuro da VRC, enquanto carisma tão valorizado em Medellín, em tais circunstâncias, corre o risco de se tornar irrelevante e de desaparecer e, com ele, uma mediação excelente de serviço aos pobres e deserdados deste mundo.

Conclusão

Medellín, no filão aberto pelo Concílio Vaticano II, descortinou para a VRC um horizonte largo de renovação, apontando para a construção de nova figura histórica de um carisma eclesial milenar, tão importante para o serviço aos mais pobres e deserdados de nosso mundo. Embora tenham sido muitos os momentos gloriosos do testemunho de religiosos e de religiosas, ao longo dos séculos, seria fazer a política do avestruz desconhecer o momento dramático pelo qual a VRC está passando. Equivoca-se quem atribui ao Concílio Vaticano II ou às lições de Medellín o atual estado da Igreja e da VRC. Só uma leitura simplista da realidade, sem o devido senso crítico, pode desembocar nesse erro grosseiro de avaliação. Os meandros da história e do coração humano são demasiado complexos para permitirem que se identifique, com precisão cirúrgica, as causas do atual *low profile* da VRC, beirando à insignificância.

A celebração do cinquentenário da II Conferência do Episcopado Latino-Americano em Medellín pode se constituir em momento oportuno para um exame de consciência, que possibilite aos religiosos escutarem, de novo, o que o Espírito falou aos religiosos e às religiosas de nosso continente. E se disponham a retomar o caminho profético da opção preferencial pelos pobres, na trilha aberta por Jesus de Nazaré, "o grande profeta que surgiu entre nós", "Deus que visitou seu povo!" (Lc 7,16), e convida muitos ao seu seguimento, como desdobramento da vocação batismal.

Formação do clero

Manoel Godoy[1]

I – Realidade da Igreja

Revisitar Medellín, cinquenta anos depois, nos remete a um contexto social e político ímpar da história do século passado. A década de 1960, que começou com grandes manifestações nos EUA, por meio dos movimentos pelos direitos civis dos negros, teve uma explosão na Europa, sobretudo na França, em maio de 1968. Uma greve geral se estabeleceu na França com significado e proporções revolucionários. Há quem afirme que essa rebelião foi o acontecimento revolucionário mais importante do século XX, pois se configurou como uma insurreição popular que superou barreiras étnicas, culturais, de idade e de classe. Começou como uma série de greves estudantis que irromperam em algumas universidades e escolas de ensino secundário em Paris, após confrontos com a administração e a polícia.

No Brasil, vivíamos desde 1964 sob o regime de exceção estabelecido pelos militares, por meio de um golpe. Em 26 de junho de 1968, o Rio de Janeiro foi o cenário da conhecida Passeata dos Cem Mil. Uma manifestação gigantesca em protesto contra a morte do estudante Edson Luís de Lima Souto, que tinha sido assassinado pelos militares, em 28 de março de 1968, e que ao mesmo tempo refletia o descontentamento crescente com o governo; dela participaram muitos intelectuais, artistas, padres e grande número de mães.

---

[1] Mestre em teologia pastoral pela Faculdade Jesuíta de Belo Horizonte, professor no Instituto de Filosofia e Teologia Santo Tomás de Aquino e CEBITEPAL/CELAM de Bogotá, Supervisor de Estágio Pastoral da FAJE e membro da Ameríndia.

Em termos de Igreja, estávamos sob o efeito do maior acontecimento eclesial do século XX: o Concílio Vaticano II. Concluído em finais de 1965, o Concílio teve em Medellín, de 26 de agosto a 6 de setembro de 1968, por meio da Segunda Conferência Geral do Episcopado Latino-Americano, a sua recepção profundamente criativa e inculturada.

Eram tempos desafiadores, pois depois do Concílio a Igreja conhece uma significativa revoada de padres, possivelmente descontentes com as conclusões conciliares que ficaram muito aquém das perspectivas de muitos deles. Havia um debate muito forte sobre o celibato dos padres. A cúpula da Igreja chegou mesmo a se abrir para mudanças, retirando a excomunhão dos padres que optassem pelo matrimônio. Porém, no fim do Concílio, o celibato foi mantido. A decisão provocou frustração e uma iné-dita saída em massa de sacerdotes da Igreja, levando a Santa Sé à publica-ção de uma encíclica *Sacerdotalis Caelibatus*, que apresenta uma avaliação profundamente negativa dos padres "desertores".

Medellín reconhece os grandes desafios da realidade da Igreja na América Latina, tais como "os problemas angustiantes da integração, desenvolvimento, profundas mudanças e miséria", e quando trata especi-ficamente da formação do clero afirma: "Além dos múltiplos problemas de caráter estritamente religioso, a Igreja se encontra com um número cada vez mais escasso de sacerdotes, com estruturas ministeriais insuficientes e, às vezes, inadequadas para um verdadeiro trabalho apostólico".

E a partir daí vê na formação do clero uma possibilidade de renovação da Igreja com vistas a dar respostas às exigências religiosas e humanas do continente.

II – Formação do clero

Medellín enquadra a formação do clero no contexto acima e destaca como fenômenos que influenciam diretamente o processo formativo "a restauração do diaconato permanente e os problemas particulares suscita-dos pela existência do sacerdócio".

1. Diaconato permanente

O diaconato está presente na Igreja Primitiva e junto ao bispo e os presbíteros forma a tríade de ministérios ordenados bem nos primórdios da Igreja. Já no século IV tem a sua missão consolidada, indo da pregação do Evangelho à administração dos bens eclesiásticos. Era servidor direto da pessoa do bispo e também atuava no serviço litúrgico, na catequese e em obras de caridade. Porém, com a estatização eclesial, empreendida pelos imperadores Constantino (306-337) e Teodósio (379-395), o diaconato foi sendo deixado de lado, até sua total extinção no século V. Com a crescente estruturação da Igreja, que reduzia a presença dos bispos apenas em cidades mais significativas, delegando aos presbíteros o cuidado das cidades menores e de toda a zona rural, os diáconos se tornaram dispensáveis, pois os padres ocuparam rapidamente todo o espaço que antes era daqueles considerados ajudantes diretos dos bispos. Somente com o Concílio Vaticano II deu-se sua restauração, o que leva Medellín a reconhecer que "É cedo para emitir um julgamento, porque, sendo iniciativa recente, ainda não atingiu o suficiente grau de maturidade". Reconhece, porém, que a experiência está presente em algumas Igrejas da América Latina, provocando reflexões no processo formativo.

Hoje o diaconato permanente poderia ser uma boa ponte, unindo o ambiente dos sacerdotes à realidade mais comum dos casais e das famílias, já que os diáconos têm ligação maior com as duas situações.

2. Seminaristas

Quanto à formação para o sacerdócio, Medellín parte da afirmação de que os seminaristas advêm do mundo juvenil, onde os jovens vivem intensamente as mudanças da sociedade em geral, mas com algumas características que lhes são próprias. Destaca nos seminaristas: desejo de autenticidade; sensibilidade aos problemas sociais; desejo de justiça e participação na responsabilidade das mudanças de hoje; maior desejo de vida autenticamente comunitária; diálogo e sentido de Igreja como catolicidade; desejo de pobreza e busca dos valores evangélicos; respeito à pessoa humana; espírito de iniciativa pastoral; sentido de liberdade e autonomia; desejo de trabalhar para inserir-se vitalmente no ambiente e colaborar com sua formação; apreço aos valores essenciais.

Também reconhece que a crise social provoca nos seminaristas questionamentos com os quais a Igreja não estava muito acostumada a lidar. Dentre eles, destaca: tensões entre a autoridade e a obediência; ânsia de total independência; falta de equilíbrio para discernir entre o positivo e o negativo das novidades que surgem na vida da Igreja e do mundo; recusa de certos valores religiosos tradicionais; exagerado ativismo que leva a descurar a vida de relação pessoal com Deus; desconfiança dos adultos.

Comparando com o mundo atual dos seminaristas, percebe-se uma mudança significativa na caracterização feita por Medellín, comprovando que os candidatos ao sacerdócio refletem nas suas vidas os anseios e crises presentes na sociedade. A juventude de hoje tem outras características e hábitos. Hoje, vivemos num mundo bastante complexo, onde os ideais coletivos andam em baixa, ante um exacerbado individualismo. Crianças e jovens estão crescendo num clima de maior irresponsabilidade, dominados pelo universo digital e com menos experiência de disciplina e respeito. A passagem da sociedade da disciplina para a sociedade do desempenho provocou o surgimento de uma geração que luta por definir bem seu espaço, suas conquistas, seus anseios, marcadamente autorreferenciados e bastante despreocupados com o sentido coletivo. Como afirma Byung-Chul Han: "Cada época possui suas enfermidades fundamentais".[2]

As características dos jovens vocacionados foram mudando desde então, acompanhando as mudanças acontecidas no âmbito da sociedade. Quanto ao número, até 1974 houve queda lenta e progressiva dos seminaristas maiores; voltou a crescer ainda na década de 1970 e, em 1978, aumentou com um ritmo de 15% por ano, o que levou em 1982

---

[2] BYUNG-CHUL HAN. *Sociedade do cansaço*. Tradução de Enio Paulo Giachini. 1. reimpressão. Petrópolis: Vozes, 2015.

a se conseguir um número de seminaristas maiores superior, em termos absolutos, e igual, em termos relativos, ao de 1960: 4,2 seminaristas por 100 mil habitantes. Nesse clima positivo de aumento vocacional, em 1983, o então Setor Vocações e Ministérios da CNBB, realizou uma pesquisa junto aos seminaristas e constatou que a média de idade dos mesmos era profundamente superior à de tempos pré-conciliares. Outro elemento bastante forte era o da origem social dos seminaristas, em que a grande maioria vinha da classe média baixa, sendo que os diocesanos vinham de famílias mais pobres que os candidatos religiosos. Crescia também o número de seminaristas cujas famílias não tinham nenhuma prática religiosa ou até mesmo se declaravam sem religião. Outra pesquisa foi realizada em 1995, quando se constatou que a caracterização dos seminaristas tinha se acentuado: mais pobres, de idade mais alta e de famílias muito mais heterogêneas. Da década de 1960 em diante, o que pode ser marcado como novidade é a efetiva participação dos novos movimentos eclesiais como celeiros das novas vocações, sobretudo a Renovação Carismática Católica.

Porém, as duas pesquisas não fornecem dados que permitam entender as motivações que levam os candidatos a acolher a vocação presbiteral. Diante da complexidade da sociedade atual e também da multiforme figura dos padres, seria interessante interrogar-se sobre a mudança de motivação dos anos de Medellín para hoje. Numa sociedade onde o processo de privatização do religioso por um lado e, por outro, a variada forma de viver a fé alcançaram níveis significativos, é claro que o jovem tem desejos e expectativas diferentes daquelas dos anos 1960.

Esse quadro serve apenas para dizer que vivemos em tempos diferentes e a caracterização que Medellín faz dos seminaristas já não se aplica mais. Por um lado, é sadio aceitar cada época e enfrentar suas enfermidades com remédios novos e eficazes; por outro, há valores que se perderam, sobretudo aqueles mais ligados à experiência comunitária de vida, a partilha de sonhos e angústias, que gestaram uma Igreja profundamente conectada com o destino da humanidade.

3. Seminários

Medellín constata que os seminários estão em crise e apontam dois fatores preponderantes: o baixo índice de perseverança e o ingresso de cada vez menos seminaristas. De fato, a década de 1960 foi um tempo de seca vocacional, que se estendeu até meados da década de 1980. A causa dessa crise Medellín reputa a um conjunto de elementos internos e externos aos seminários, que vai desde a falta de preparo dos educadores até às maiores oportunidades para a promoção social, oferecidas pela sociedade de então. É interessante também destacar os outros fatores externos levantados pelos bispos como possíveis elementos que podem ter colaborado para o aumento da crise nos seminários: "A crise da atual figura do sacerdote, a valorização do laicato e matrimônio como possibilidade de participação na missão da Igreja". Ora, na verdade, se a ascensão do laicato e a valorização do matrimônio são obstáculos para o desenvolvimento da vocação sacerdotal, é porque há uma deficiência séria na teologia dos ministérios, que até hoje se arrasta sem uma solução mais adequada. Numa Igreja verdadeiramente ministerial, todos os ministérios encontram seu verdadeiro espaço de realização, sem que o desenvolvimento de um ameace a existência do outro.

Os bispos destacam algumas soluções que estavam em andamento, no âmbito dos seminários em geral e dos seminários maiores e menores, para a adequação da instituição formativa do novo clero: maior presença da mulher na formação; maior inserção na vida da Igreja local; formação mais personalizada; uso da psicologia; possibilidade de estudos em universidades católicas ou públicas.

Apesar de, no âmbito dos seminários menores, os bispos terem levantado a possibilidade de criação de novas formas, até, de semi-internatos, a existência em si do seminário em nenhum momento foi questionada. Era vista como necessidade intrínseca da formação sacerdotal e afirmava-se que "a razão de ser do Seminário deve ser colocada dentro da perspectiva bíblica de chamamento e resposta". Nele, os seminaristas deveriam obter a maturidade humana que os tornasse capazes de serem guias, líderes. Seria uma maturidade cristã que ultrapassa aquela exigida dos demais leigos, para que pudessem ser configurados a Cristo Cabeça, isto é, líderes de um corpo. Nesta configuração, os bispos de Medellín afirmavam que era isso que distinguia o sacerdócio ministerial ordenado do sacerdócio comum dos fiéis, tão destacado na Constituição Dogmática do Concílio Vaticano II, a *Lumen Gentium*.

É interessante observar o quanto o processo formativo caminhou da década de 1960 até os dias de hoje. Aqueles velhos tempos de muitas vocações e grandes seminários e/ou centros de formação deram espaço para as pequenas comunidades formativas. Como cada diocese foi incentivada a instituir o seu seminário, forçosamente este tomou dimensões mais adequadas às realidades das Igrejas locais. Embora ainda existam grandes edificações, o que predomina são as chamadas Casas de Formação, que reúnem seminaristas de uma Congregação Religiosa ou de uma Diocese, onde participam do processo de formação mais generalizado e frequentam um mesmo centro de estudos para filosofia e teologia. É interessante observar a profundidade dessa proliferação de seminários diocesanos, pois, até 1960, os Seminários Maiores diocesanos eram poucos e alunos do Amazonas estudavam no Rio de Janeiro e muitos de Paraná, Bahia e São Paulo estudavam em Minas Gerais. Agora, cada região e, de acordo com o tamanho, também a Diocese têm cada uma delas o seu próprio seminário. Segundo o mais recente catálogo organizado pela CNBB, em 2013, detectaram-se 506 seminários, casas de formação e similares. São muito variadas as formas, os estilos e até a metodologia formativa nesses centros de formação, mas cada um procura responder às demandas vocacionais dos jovens de hoje.

III – Orientações pastorais

Medellín também procurou dar orientações pastorais práticas no sentido de formar os padres de acordo com a nova eclesiologia que vinha do Concílio Vaticano II. Orientou-se mais significativamente por três eixos: formação espiritual, formação intelectual e formação pastoral.

1. Formação espiritual

Na perspectiva da formação espiritual, seguindo o espírito conciliar, adotou o método indutivo, por meio do qual o desenvolvimento da capacidade de ver e discernir os sinais dos tempos é crucial para uma espiritualidade encarnada na vida do povo. Esse exercício deverá ser uma constante na vida dos formandos, que deverão desenvolver sempre mais o amor à Palavra de Deus. Dela é que eles se servirão para sua purificação interior, pois somente assim serão homens aptos a captar as autênticas exigências espirituais para sua vida.

Outro ponto de destaque para um progresso real na capacidade de escutar com fidelidade a Palavra de Deus está em aprofundar, por meio dela, o *sensus fidei*. Este instinto para a verdade do Evangelho, que faz com que todo batizado possa reconhecer, na comunhão da Igreja, quais são a doutrina e prática cristãs autênticas e a elas aderir, deve ser aguçado pelos seminaristas também por meio da oração pessoal, da participação na liturgia, pelo estudo sério da mensagem e por um constante confronto com os ensinamentos do magistério da Igreja.

A formação espiritual deve, ainda, suscitar uma espiritualidade marcada pelos conselhos evangélicos. Medellín apresenta a vida austera como condição para uma coerência sempre maior do compromisso da pastoral com a promoção humana. Trata-se de um testemunho verdadeiro de saber viver com equilíbrio e liberdade a renúncia dos bens, evitando dar a eles um valor absoluto.

O celibato também é apresentado como condição para uma boa vivência dos conselhos evangélicos e caracterizado como sinal da entrega do futuro sacerdote a Cristo e por Ele à Igreja. O texto de Medellín afirma que o celibato é uma forma de caridade pastoral que se confunde com a consagração total e testemunho escatológico para os homens. Para que seja compreendido e assimilado dessa maneira, ressalta que é preciso que se dê aos seminaristas bases sólidas para garantir seu cumprimento na plenitude do amor.

Em meio às justificativas do celibato, há um parágrafo não muito claro que pode levar o leitor de hoje a ilações duvidosas. Vejamos: "Dadas as circunstâncias concretas em que frequentemente deve viver o sacerdote latino-americano, é importantíssima uma cuidadosa formação dos seminaristas neste sentido". Ora, será que somente os sacerdotes do nosso continente precisam mesmo de um cuidado maior com a formação para o celibato?

E para que o seminarista seja formado para assumir o celibato, Medellín sugere que lhe seja dada uma formação gradual, de acordo com o seu desenvolvimento físico e psicológico, capacitando-o para uma escolha madura, consciente e livre. É preciso desenvolver ainda nos seminaristas a capacidade de amor e entrega sem reservas, o que, reconhece Medellín, exige uma fé forte, capaz de fazê-lo responder ao chamado de Deus. Destaca também que todo esse processo formativo deve ser marcado pela disciplina ascética e vida de oração que o leve à maturidade no relacionamento com o outro sexo e à realização do sentido da amizade e capacidade de trabalhar em equipe. Essa experiência de amizade é importante também para que o celibato não se torne um peso que produz um líder distante de seu povo. O sacerdote é celibatário para estar mais disponível, mas não precisa – nem deve – ser solitário, isolado. Estar cercado de amigos, e não simplesmente de paroquianos, é fundamental para o bom equilíbrio emocional e para o desenvolvimento da capacidade de dialogar, de compreender o outro, de acolher e sentir-se acolhido como todo ser humano precisa.

Como parte integrante dessa espiritualidade que deve impregnar o processo formativo, os bispos ainda apresentam três exigências que se complementam entre si: o espírito de serviço, a experiência pessoal e amor a Cristo e à disciplina. Esta deve ser para o seminarista objeto de adesão interior, pois por meio dela desenvolverá sua personalidade e aprenderá que deve estar a serviço do povo, sem limitações e sem exigências. Somente assim será capaz de assumir as realidades e o sentir do povo em suas situações e mentalidade. Desenvolverá também a capacidade de, antes de ensinar, aprender, por meio do espírito de humildade e de pobreza, "fazendo-se tudo para todos a fim de levá-los a Cristo" (cf. 1Cor 9,19).

2. Formação intelectual

Coerentemente com a visão de pastor desenvolvida nos documentos conciliares, Medellín vê a necessidade de uma profunda atualização dos estudos de acordo com os mesmos. Insiste que nessa atualização se leve em conta sempre mais a realidade do continente latino-americano.

Entende que é necessário um cuidado com a doutrina ante a tendência de surgimento de novidades não suficientemente fundamentadas. Essa tendência assinalada pelos bispos na Segunda Conferência do Episcopado Latino-Americano seguramente se deve às associações diversas de padres que se multiplicavam no continente, sempre em busca de viver radicalmente uma dimensão do ministério. Porém, sempre foram motivo de preocupação dos bispos tais associações de padres, o que veio a ser legitimado mais plenamente por meio do Código de Direito Canônico promulgado em 1983. No seu cânon 278, lê-se: "É direito dos clérigos seculares associar-se para finalidades conformes ao estado clerical".

Já que o decreto conciliar sobre a formação sacerdotal define a pastoral como eixo integrador de todo o processo formativo, Medellín alerta: "Insista-se num aprofundamento que vise dar um alto nível intelectual, devido a sua condição de pastor". A formação intelectual é para capacitar o presbítero para melhor servir o povo de Deus e, nessa perspectiva, cobra-se também um estudo e investigação da realidade latino-americana em seu aspecto religioso, social, antropológico e psicológico.

Por fim, na dimensão da formação intelectual os bispos de Medellín percebem a necessária atualização do quadro do professorado. Incentivam para isso iniciativas nacionais e continentais que possam atualizá-lo, contando com gente especializada nas mais diversas áreas do saber. É bom perceber que uma boa pastoral vai exigir que o sacerdote não tenha conhecimento só de assuntos considerados "religiosos". Para lidar com o povo e orientar pessoas precisa entender a cultura em que vive; compreender comportamentos, saber comunicar-se usando, inclusive, recursos do mundo secular.

3. Formação pastoral

É interessante que os bispos comecem esse item alertando para a necessidade de experiência pastoral dos professores dos seminários. De fato, essa foi se tornando uma característica marcante no modo de fazer teologia no continente. Para ser teólogo latino-americano deve-se assumir uma postura de verdadeiro e autêntico intelectual orgânico, que sabe se mover dentro do círculo hermenêutico que relaciona teoria e práxis de maneira permanente e dialética. E quanto ao clero em geral, pede-se que esteja sempre atualizado para poder colaborar com a formação dos novos presbíteros.

Outro aspecto que nos chama a atenção nas indicações dos bispos de Medellín é o cuidado para que a formação seja inculturada, adotando as marcas do povo latino-americano. Trata-se da superação daquela formação generalista anterior ao Concílio Vaticano II. A atenção ao continente leva os bispos a destacar os seguintes aspectos: formação básica sobre Pastoral de Conjunto, preparação para fundar e assistir às comunidades de base, conveniente formação e treinamento da dinâmica de grupos e relações humanas e adequada informação para utilizar os meios de comunicação social. Insistem também no caráter gradual, progressivo e prudente dos estágios pastorais dos seminaristas, que devem ser mais desenvolvidos nos períodos das férias.

4. Pastoral Vocacional

Medellín assume o conceito amplo de pastoral vocacional, superando o modelo exclusivo para vocações sacerdotais. Afirma que é tarefa de toda a comunidade eclesial a promoção e o acompanhamento das mais diversas vocações, porém destaca o papel dos sacerdotes.

Reconhece também o fenômeno do despertar das vocações no meio dos jovens e por isso alerta para um trabalho sério junto à Pastoral da Juventude, que, segundo os bispos, para ser autêntica, deve levar os jovens a uma maturação pessoal e comunitária, que os leve a assumir um compromisso concreto perante a comunidade eclesial, decidindo por um estilo de vida cristã.

5. Pontos diversos

A lista de pontos diversos é aberta com uma das grandes intuições do Papa João XXIII e tão bem assimilada pelo Concílio Vaticano II: atenção aos sinais dos tempos. Ponto de partida do método indutivo – ver, julgar e agir – essa atenção está na raiz do fazer teologia no continente latino-americano. É o momento primeiro partir da realidade e não da doutrina. Dizem os bispos de Medellín: "Procure-se promover no seminário uma reflexão contínua sobre a realidade que vivemos, a fim de que se saibam interpretar os sinais dos tempos e se criem atitudes e mentalidade pastoral adequada". Ter como hábito ler a realidade para poder atuar com respeito à cultura local, aos costumes dos povos, é atitude permanente de quem quer assumir o ministério como serviço e não como imposição.

Dentro do processo formativo, para que ele seja coerente com o conteúdo que se ensina, Medellín recomenda que se reconheçam todos os participantes do mesmo como educadores. Parafraseando o grande educador Paulo Freire, aplica-se aqui "ninguém forma ninguém, ninguém se forma sozinho, nós nos formamos em comunhão". Assim educandos e educadores trocam saberes e já entram no círculo formativo que deverá ser a tônica constante no processo de evangelização. Serão evangelizandos e evangelizadores partilhando a vida para se aperfeiçoarem no seguimento de Jesus, nosso único Mestre.

Reconhecem os bispos de Medellín que se faz urgente a adequada preparação dos formadores, daqueles que trabalharão na preparação dos novos ministros ordenados na Igreja. Sugerem que experiências bem-sucedidas neste campo possam ser partilhadas em âmbito continental. A Organização dos Seminários Latino-Americanos (OSLAM), órgão do Conselho Episcopal Latino-Americano (CELAM), tem assumido esse papel de preparar novos formadores para os seminários latino-americanos, por meio de seus cursos e assembleias que reúnem os formadores do continente para uma efetiva troca de experiências no campo da formação.

Outro problema detectado em Medellín, no campo formativo, é o conhecido rodízio de seminaristas pelo continente, um verdadeiro vaivém que provoca descontinuidade no processo de formação e gera desconforto entre as Igrejas, pois muitas vezes um candidato rejeitado num lugar é aceito e ordenado em outro. Nem sempre esse método tem se mostrado eficaz. Para corrigir tal prática, recomenda-se que o candidato seja formado no seu próprio ambiente, onde a equipe de formação tem mais condições de acompanhá-lo, conhecendo sua origem e sua cultura.

Na década de 1960, era comum a inserção de sacerdotes vindos de outros países nos processos formativos diocesanos e religiosos. Por isso, Medellín diz que é conveniente que tais sacerdotes passem por processos de enculturação por meio de estágios pastorais e cursos em centros adequados.

Também se abre a possibilidade de trabalhos integrados entre dioceses do mesmo país e até em âmbito continental para a formação dos candidatos ao sacerdócio. Recomenda-se, porém, que haja antes integração entre os bispos em questão e que as regiões que se juntem nesse esforço em comum sejam as mais homogêneas possíveis.

E, por fim, os bispos de Medellín reconhecem a grande utilidade para o processo formativo de um trabalho mais articulado em âmbito continental, para que as dificuldades sejam assumidas em comum e as soluções sejam partilhadas. Nomeiam o CELAM e a OSLAM como organismos próprios para esse intercâmbio continental.

IV – Diaconato permanente

A preocupação com o Diaconato Permanente se entende devido ser um tema tão recente na Igreja, depois de séculos de abandono. Os bispos de Medellín partem de uma constatação muito oportuna sobre o resgate desse ministério feito pelo Concílio Vaticano II: "Nota-se que a restauração do diaconato permanente surgiu devido a certas exigências pastorais. Isto deu lugar a uma relativa pluralidade de formas na concepção e preparação dos candidatos ao diaconato, de acordo com os ambientes".

Tendo isso claro, recomendam que a formação do diácono permanente se dê em profunda comunhão com sua comunidade de origem, pois é nela que ele aperfeiçoará sua formação. É importante que todo o processo formativo leve em conta os métodos marcados pela psicologia do adulto, excluindo todo tipo de formação de massas.

Bastante oportuna é a lembrança de Medellín de que a primeira preocupação dos responsáveis pela formação dos diáconos seja a de prepará-los para torná-los aptos na criação de novas comunidades cristãs. É bom lembrar que Medellín valorizava o surgimento de novas comunidades para o processo evangelizador. De fato, a década de 1970 conheceu uma explosão de novas pequenas comunidades, que aglutinavam os fiéis, sobretudo nas periferias das grandes cidades e na área rural, fazendo emergir uma rede delas, dentro do melhor espírito evangelizador, com grande capilaridade e capacidade de suscitar vários novos ministérios no meio dos leigos e leigas.

Outro aspecto lembrado por Medellín e de suma importância na formação dos diáconos permanentes é a articulação entre a espiritualidade diaconal e a espiritualidade conjugal. Ora, somente um homem bem integrado na sua família, com profunda mística conjugal, deveria entrar no processo formativo para o diaconato. São dois sacramentos que se interagem e se complementam na missão do diácono permanente.

Medellín reconhece a diversidade de tarefas que devem ser exercidas por esse ministério e, por isso, indica que a formação intelectual seja de acordo com a missão que o diácono permanente vai assumir. Porém, destaca que sua formação deve ser para uma ação efetiva no campo da evangelização e do desenvolvimento integral.

Por fim, para que tudo isso seja concretizado, recomenda-se que o processo formativo para o diaconato permanente seja conduzido em equipe formada por presbíteros, diáconos, religiosos e leigos.

Todas as recomendações de Medellín para a formação dos diáconos permanentes são bastante atuais e pertinentes. A prática de muitas dioceses na América Latina tem reduzido o diácono permanente a mero auxiliar do altar. Em alguns lugares ele atua como "quebra-galho" dos sacerdotes, funcionando como "tapa-buraco" na prática sacramental.

1. Diocese de San Cristobal de las Casas (Chiapas/México)

Uma das experiências mais oportunas com o diaconato permanente se dá na diocese de San Cristobal de las Casas, no México, onde o bispo Dom Samuel Ruiz, que se tornou emérito em 2000, ousou fazer um processo de uma Igreja autóctone, alicerçada no diaconato permanente do povo originário. Com a saída de Dom Samuel, a Santa Sé proibiu a ordenação de diáconos autóctones, temendo que essas ordenações fossem colocar em questão o celibato sacerdotal. Mas, em maio de 2014, o Papa Francisco deu seu aval ao atual bispo de Chiapas, Dom Felipe Arizmendi, para que novos diáconos autóctones sejam ordenados progressivamente. "Há, atualmente, 329 diáconos permanentes na diocese. Eles parecem talvez muito numerosos, mas ainda estão em falta: apenas 20 das 57 paróquias da diocese contam com diáconos autóctones e há apenas oito padres indígenas para servir dois milhões de habitantes majoritariamente autóctones", acrescenta o bispo que prevê a ordenação de novos diáconos.

Dom Samuel Ruiz conseguiu a tradução da Bíblia em tzotzil, facilitando o entendimento dos autóctones, que muitas vezes auxiliam os padres na celebração de uma missa em tzotzil, uma das línguas maias. Nessa Igreja, os diáconos permanentes estão perfeitamente integrados e são mesmo a alma das comunidades eclesiais.

Embora poucos batismos e casamentos católicos sejam celebrados na diocese de San Cristobal de las Casas, Felipe Arizmendi afirma já colher os frutos de mais de 40 anos de esforços de instauração de uma Igreja autóctone: "Atualmente, 39 dos 69 seminaristas da diocese são autóctones. Os jovens estão fascinados com o discurso do Papa e da Igreja, o que nos alegra e nos enche de esperança. No tocante aos sacramentos, é um processo longo, mas estamos no caminho certo".[3]

---

[3] Disponível em: <http://www.ihu.unisinos.br/noticias/541552-a-igreja-autoctone-de-samuel--ruiz-comeca-a-se-concretizar-em-chiapas>. Acesso em: 22/10/2016.

Algumas palavras finais

Depois de 36 anos de ministério presbiteral e todos eles atuando muito próximo dos processos de formação sacerdotal, tenho percebido que estamos diante de um momento oportuno para voltarmos a buscar experiências novas, mais leves em termos institucionais e mais abertas à realidade que nos cerca.

Se não interpreto mal, é esse o espírito que nos tenta passar o Papa Francisco, quando nos desafia a vencer as estruturas eclesiásticas ultrapassadas e nos lançarmos a uma Igreja em saída.

Com todo respeito aos modelos vigentes, creio que chegamos num ponto de saturação, sobretudo daqueles que privilegiam um grande seminário, nos moldes tridentinos. No século XVI, diante da situação em que a Igreja se encontrava, Trento foi muito eficaz para salvar a Instituição Católica do fosso em que ela havia se metido com problemas de toda ordem. Hoje, ante os problemas atuais, precisamos ser também bastante criativos na busca de respostas no campo do processo formativo.

Porém, não basta reduzir o tamanho da casa, se nela se reproduz o espírito dos grandes seminários. É preciso ir mais longe que isso. A formação precisa estar atenta às demandas reais das juventudes vocacionadas de hoje, sobretudo às características dos jovens dessa sociedade da informação, profundamente dispersiva e fragmentada. Como facilitar aos seminaristas a estruturação de sua personalidade, ajudando-os a perceber que a formação é um processo permanente, que não termina com a ordenação?

Importantíssimo também levar em conta as condições familiares dos candidatos, nesse tempo em que a instituição familiar está passando por tantos reajustes. Porém, cada vez chego mais à certeza de que nossas casas de formação, grandes ou pequenas, já não exercem mais tanto influência sobre os jovens seminaristas. Não é possível, nem sadio, esconder-lhes o que se passa fora das quatro paredes das instituições de formação. Os padres das congregações e dioceses exercem uma influência bastante grande, não só pelo que falam, mas muito mais pelo testemunho de vida.

Afinal, padres humanamente completos e felizes podem servir como estímulo aos novos, que estão no processo de formação. É claro, o contrário também é verdadeiro.

Hoje, não há mais condições de filtrar as informações, pois elas penetram por todas as frestas de nossas casas. É preciso investir na perspectiva do discernimento e do debate sobre os critérios do que é válido ou não para a própria realização sacerdotal e, sobretudo, do que é mais adequado para o trabalho evangelizador junto ao povo de Deus. Os três verbos utilizados pelo Papa Francisco na Exortação sobre a Família podem ser uma pista valiosa durante todo o processo formativo: acompanhar, discernir e integrar. Acredito muito mais num acompanhamento personalizado durante a formação do que programas formativos bem redigidos, mas extremamente idealizados, desconsiderando as especificidades de cada um.

Teríamos que ter a coragem de nos lançarmos a modelos novos, mais colados à realidade atual, e não simplesmente reproduzirmos tudo aquilo que já se tentou nos últimos anos. Buscarmos um estilo de formação que facilite aos jovens vocacionados uma vida normal de qualquer jovem que luta para se manter no estudo e no trabalho e colabora ainda na manutenção de suas famílias. E, por fim, criarmos uma cultura de formação permanente, onde cada presbítero sabe que a cada estágio de sua vida ministerial existe uma exigência nova de aprofundamento do mistério da vida, pessoal e do povo, que lhe cobra enfrentar com coragem e mística, na certeza de que Deus caminha conosco, estendendo sempre os efeitos da graça recebida no sacramento da Ordem.

Pobreza da Igreja

Benedito Ferraro[1]

O título deste Documento de Medellín procura refletir o papel e a missão da Igreja no contexto da América Latina, em consonância com o Documento Paz, que define a situação da época como "violência institucionalizada":

> Se o cristão crê na fecundidade da paz para chegar à justiça, crê também que a justiça é condição imprescindível da paz. Não deixa de ver que a América Latina encontra-se, em muitas partes, numa situação de injustiça que pode chamar-se de violência institucionalizada, já que, por defeito das estruturas da empresa industrial e agrícola, da economia nacional e internacional, da vida cultural e política, "populações inteiras, desprovidas do necessário, vivem numa dependência que lhes corta toda a iniciativa e responsabilidade, e também toda a possibilidade de formação cultural e de acesso à carreira social e política", violando-se assim direitos fundamentais.[2]

A Igreja é chamada a responder aos anseios de libertação dos pobres que clamam por justiça e vida. Diante da situação de injustiça, afirma-se que "não se há de abusar da paciência de um povo que suporta durante anos uma condição que dificilmente aceitaria quem tem uma maior consciência dos direitos humanos".[3] Olhando para realidade da maioria dos povos da América Latina e Caribe, que sofrem em sua carne as marcas do abandono e da desolação, a Igreja se vê provocada a assumir sua causa e a colocar todas as energias na defesa da vida e na busca de justiça.

---

[1] Assessor da Pastoral Operária de Campinas. Professor de Teologia na PUC-Campinas.

[2] Medellín, *Paz*, 16.

[3] Medellín, *Paz*, 16.

Sente-se convocada a trabalhar junto com os pobres e a colocar seus bens a serviço deles, não a partir de uma posição de força e de poder, mas na perspectiva do serviço solidário e misericordioso como Igreja samaritana e servidora. Como Jesus de Nazaré, a Igreja é convidada a fazer opção pelos pobres e a colocar-se junto dos pobres, sofrendo com os pobres, e combater a miséria que destrói a possibilidade da vida. Sem dúvida alguma, este Documento foi influenciado pelo *Pacto das Catacumbas*, indicando o caminho seguido por Jesus de Nazaré, que se esvaziou, assumindo a condição de servo para se tornar semelhante aos seres humanos e realizar a libertação (cf. Fl 2,5-11). O *Pacto das Catacumbas* foi assinado por 42 bispos, numa celebração na Catacumba de Santa Domitila, em Roma, no dia 16 de novembro de 1965 e, posteriormente, foi assumido por outros 500 bispos presentes no Concílio Vaticano II. Sem dúvida alguma, este Pacto acabou inspirando os bispos presentes em Medellín, e posteriormente também em Puebla, a insistirem na importância da vivência da pobreza "como compromisso que assume voluntariamente e por amor a condição dos necessitados deste mundo para testemunhar o mal que representa e a liberdade espiritual frente aos bens"; como também o Pacto das Catacumbas colaborou na denúncia da "carência injusta dos bens deste mundo e o pecado que a engendra".[4] Para melhor compreender esta influência, indicamos alguns itens do Pacto que mais se aproximam da vivência da pobreza por parte dos bispos e também por parte de uma Igreja servidora e pobre, já presente no coração e no sonho de João XXIII, ao convocar o Concílio Vaticano II, em 25 de janeiro de 1959, e ao afirmar, com vigor, em 11 de setembro de 1962, o compromisso de uma Igreja que, se espelhando no Evangelho e no seguimento de Jesus, fosse uma "Igreja dos pobres": "Em face dos países subdesenvolvidos, a Igreja apresenta-se – tal qual é e quer ser – como a Igreja de todos e particularmente a Igreja dos pobres".

---

[4] Medellín, *Pobreza da Igreja*, 4.5. Cf. SILVA R. R. Verbete "Pobreza Evangélica". In: PASSOS, João Décio; SANCHEZ, Wagner Lopes (Org.). *Dicionário do Concílio Vaticano II*. São Paulo: Paulinas/Paulus, 2015. p. 746.

Pacto das catacumbas

1. "Procuraremos viver segundo o modo ordinário da nossa população, no que concerne à habitação, à alimentação, aos meios de locomoção e a tudo o que se segue (cf. Mt 5,3; 6,33; 8,20).

2. Para sempre renunciaremos à aparência e à realidade da riqueza, especialmente no traje (fazendas ricas, cores berrantes), nas insígnias de matéria preciosa (devem esses signos ser, com efeito, evangélicos) (Mc 6,9; Mt 10,9s; At 3,6). Nem ouro nem prata.

3. Não possuiremos imóveis nem móveis, nem conta em banco etc., em nosso próprio nome; e, se for preciso possuir, poremos tudo em nome da diocese, ou das obras sociais ou caritativas (cf. Mt 6,19-21; Lc 12,33s).

5. Recusamos ser chamados, oralmente ou por escrito, com nomes e títulos que signifiquem a grandeza e o poder (Eminência, Excelência, Monsenhor...); preferimos ser chamados com o nome evangélico de Padres (cf. Mt 20,25-28; 23,6-11; Jo 13,12-15).

6. No nosso comportamento, nas nossas relações sociais, evitaremos aquilo que pode parecer privilégios, prioridades ou mesmo uma preferência qualquer aos ricos e aos poderosos (ex.: banquetes oferecidos ou aceitos, classes nos serviços religiosos) (cf. Lc 13,12-14; 1Cor 9,14-19).

8. Daremos tudo o que for necessário do nosso tempo, reflexão, coração, meios etc. ao serviço apostólico e pastoral das pessoas e dos grupos laboriosos e economicamente fracos e subdesenvolvidos, sem que isso prejudique as outras pessoas e grupos da diocese. Ampararemos os leigos, religiosos, diáconos ou sacerdotes que o Senhor chama a evangelizarem os pobres e os operários, compartilhando a vida operária e o trabalho (cf. Lc 4,18s; Mc 6,4; Mt 11,4s; At 18,3s; 20,33-35; 1Cor 4,12; 9,1-27).

10. Poremos tudo em obra para que os responsáveis pelo nosso governo e pelos serviços públicos decidam e ponham em prática as leis, as estruturas e as instituições sociais necessárias à justiça, à igualdade e ao desenvolvimento harmônico e total do homem todo em todos os homens (e mulheres) e, por

aí, ao advento de outra ordem social, nova, digna dos filhos dos homens e dos filhos de Deus (cf. At 2,44s; 4,32-35; 5,4; 2Cor 8 e 9 inteiros; 1Tm 5,16)".[5]

I – Realidade latino-americana

Coerentes com o seguimento de Jesus de Nazaré, os bispos latino-americanos afirmam que "a Igreja não pode ficar indiferente perante as tremendas injustiças existentes na América Latina que mantêm a maioria de nossos povos numa dolorosa pobreza e que, em muitíssimos casos, chega a ser miséria inumana".[6] Já se passaram 50 anos e, infelizmente, esta palavra do episcopado latino-americano continua a ressoar em nosso continente, na esteira de Medellín, ao afirmar que "um surdo clamor brota de milhões de homens (e mulheres), pedindo a seus pastores uma libertação que não lhes advém de parte alguma".[7] Na 3ª Conferência Geral do Episcopado Latino-americano, em Puebla (1979), esta constatação se mantém: "O clamor pode ter parecido surdo naquela ocasião. Agora é claro, crescente, impetuoso e, nalguns casos, ameaçador".[8] Em Puebla, na mesma perspectiva de Medellín, os bispos latino-americanos buscam compartilhar as angústias que nascem da pobreza dos povos:

> Vemos, à luz da fé, como um escândalo e uma contradição com o ser cristão, a brecha crescente entre ricos e pobres. O luxo de alguns poucos converte-se em insulto contra a miséria das grandes massas. Isto é contrário ao plano do Criador e à honra que lhe é devida. Nesta angústia e dor, a Igreja discerne uma situação de pecado social, cuja gravidade é tanto maior quanto se dá em países que se dizem católicos e que têm a capacidade de mudar.[9]

---

[5] BEOZZO, J. O. *Pacto das Catacumbas*: por uma Igreja servidora e pobre. São Paulo: Paulinas/CESEEP/CEHILA, 2015. p. 29-44.

[6] Medellín, *Pobreza da Igreja*, 1.

[7] Ibidem, 2.

[8] Puebla, 89.

[9] Ibidem, 28.

Novamente, compreende-se que esta situação de pobreza não é uma etapa casual, mas é produto de estruturas econômicas, sociais e políticas, de tal modo que, em nível internacional, produzem "ricos cada vez mais ricos às custas de pobres cada vez mais pobres".[10] A comprovação desta situação de pobreza é alicerçada na análise da realidade onde "esta pobreza extrema adquire, na vida real, feições (rostos) concretíssimas, nas quais deveríamos reconhecer as feições (rostos) sofredoras de Cristo, o Senhor que nos questiona e interpela".[11]

Embora com muitas contradições presentes na 4ª Conferência Geral do Episcopado Latino-americano, em Santo Domingo (1992), podemos observar que esta crítica, presente em Medellín e em Puebla, também se encontra nesta ocasião:

> A nós, pastores, comove-nos até as entranhas ver continuamente a multidão de homens e mulheres, crianças e jovens, anciãos que sofrem o insuportável peso da miséria, assim como diversas formas de exclusão social, étnica e cultural; são pessoas humanas concretas e irrepetíveis que veem seus horizontes cada vez mais fechados e sua dignidade desconhecida.[12]

Esta verificação leva os bispos a assumirem que "descobrir nos rostos sofredores dos pobres o rosto do Senhor (Mt 25,31-46) é algo que desafia todos os cristãos (e cristãs) a uma profunda conversão pessoal e eclesial".[13]

Na 5ª Conferência Geral do Episcopado Latino-americano, em Aparecida (2007), se nota a mesma observação em relação à situação de vida dos povos no continente latino-americano e caribenho: "Na globalização, a dinâmica do mercado absolutiza com facilidade a eficácia e a produtividade como valores reguladores de todas as relações humanas. Esse

---

[10] Ibidem, 30, citando JOÃO PAULO II, *Discurso inaugural*, III,3 – AAS, LXXI, p. 201.

[11] Ibidem, 31. Para uma melhor compreensão desta afirmação dos bispos, ler Puebla, 31-39.

[12] Santo Domingo, 179.

[13] Ibidem, 178.

caráter peculiar faz da globalização um processo promotor de iniquidades e injustiças múltiplas".[14] Embora com muitas possibilidades de superação das causas que produzem as injustiças, os bispos mostram, como já enunciado em Puebla, que estamos diante de "uma dolorosa contradição que o continente com o maior número de católicos seja também o de maior iniquidade social".[15]

Na esteira de Aparecida, compreendemos a crítica que o Papa Francisco faz ao atual sistema em que a economia exclui, em que o dinheiro é idolatrado e a desigualdade social gera violência:

> Não podemos esquecer que a maior parte dos homens e mulheres do nosso tempo vive seu dia a dia precariamente, com funestas consequências. Aumentam algumas doenças. O medo e o desespero apoderam-se do coração de inúmeras pessoas, mesmo nos chamados países ricos. A alegria de viver frequentemente se desvanece; crescem a falta de respeito e a violência, a desigualdade social torna-se cada vez mais patente.[16]

---

[14] Aparecida, 61. Para se compreender este processo promotor de iniquidades e injustiças, cf. JOÃO PAULO II, *Ecclesia in America*. *Exortação Apostólica Pós-sinodal do Santo Padre João Paulo II*. São Paulo: Paulus, 1999, n. 56: "Domina cada vez mais, em muitos países americanos, um sistema conhecido como 'neoliberalismo'; sistema este que, apoiado numa concepção economicista do homem, considera o lucro e as leis de mercado como parâmetros absolutos com prejuízo da dignidade e do respeito da pessoa e do povo. Por vezes, este sistema transformou-se numa justificação ideológica de algumas atitudes e modos de agir no campo social e político que provocam a marginalização dos mais fracos. De fato, os pobres são sempre mais numerosos, vítimas de determinadas políticas e estruturas frequentemente injustas". O Papa Francisco também critica este sistema gerador de injustiças: "Enquanto os lucros de poucos crescem exponencialmente, os da maioria situam-se cada vez mais longe do bem-estar daquela minoria feliz. Tal desequilíbrio provém de ideologias que defendem a autonomia absoluta dos mercados e a especulação financeira. Por isso, negam o direito de controle dos Estados, encarregados de velar pela tutela do bem comum. Instaura-se uma nova tirania invisível, às vezes virtual, que impõe, de forma unilateral e implacável, as suas leis e as suas regras". Cf. também Aparecida, 65 e 402, para contemplar os rostos daqueles e daquelas que sofrem as injustiças.

[15] Aparecida, 527.

[16] FRANCISCO. *Exortação apostólica Evangelii Gaudium, a alegria do Evangelho*: sobre o anúncio do Evangelho no mundo atual. São Paulo: Paulus/Loyola, 2013. n. 52.

Concretizando esta dura realidade, o Papa afirma: "Assim como o mandamento do Senhor 'não matar' põe limite claro para assegurar o valor da vida humana, hoje devemos dizer 'não a uma economia da exclusão e da desigualdade social'. Essa economia mata".[17]

O Documento *Pobreza da Igreja* deixa entrever uma crítica aos próprios bispos e padres que não se identificam com os pobres, com seus problemas e angústias, e acabam não apoiando aqueles e aquelas que trabalham com eles. Esta crítica tem ainda muito de verdade. No Documento de Aparecida, encontramos duas direções que indicam que a Igreja ainda tem um longo caminho a percorrer neste comprometimento com os pobres: *a primeira,* daqueles e daquelas que veem os pobres e excluídos como objeto de misericórdia, comiseração, atenção e cuidado. Certamente, com base nessa concepção, surgirá uma dinâmica de assistência, que, no texto, está sinalizada como a conveniência de dar mais tempo aos pobres, de atendê-los em suas necessidades imediatas, de modificar minimamente o estilo de vida burguês de bispos, padres, religiosos, religiosas. Apesar de apontar para o perigo do paternalismo, os bispos afirmam que "se nos pede dedicar tempo aos pobres, prestar-lhes amável atenção, escutá-los com interesse, acompanhá-los nos momentos difíceis, escolhendo-os para partilhar horas, semanas ou anos de nossas vidas e buscando, a partir deles, a transformação de sua situação".[18]

A *segunda direção* é daqueles e daquelas que veem os pobres como novos sujeitos emergentes e apontam para novo modelo eclesial e de sociedade. Essa posição está em consonância com a análise da realidade latino-americana e caribenha que os bispos reconhecem ser de iniquidade social, de intoleráveis desigualdades sociais e econômicas que clamam ao céu e fruto de um processo promotor de iniquidades e injustiças.[19] Nessa ótica, a 5ª Conferência nos indica que "a opção pelos pobres deve conduzir-nos

---

[17] Ibidem, 53.

[18] Aparecida, 397.

[19] Ibidem, 527.395.61.

à amizade com os pobres"[20] e a vê-los como sujeitos de sua própria libertação.[21] O Papa Francisco aprofunda esta segunda direção ao afirmar que "hoje e sempre, os pobres são os destinatários privilegiados do Evangelho, e a evangelização dirigida gratuitamente a eles é sinal do Reino que Jesus veio trazer. Há que se afirmar sem rodeios que existe um vínculo indissolúvel entre a nossa fé e os pobres. Não os deixemos jamais sozinhos!".[22]

II – Motivação doutrinal

Os bispos latino-americanos afirmam que

> o exemplo e o ensinamento de Jesus, a situação angustiosa de milhões de pobres na América Latina, as incisivas exortações de Paulo VI e do Concílio, colocam a Igreja latino-americana ante um desafio e uma missão da qual não pode fugir, mas deve responder com diligência e audácia adequadas à urgência dos tempos.[23]

E acrescentam:

> A Igreja da América Latina, dadas as condições de pobreza e subdesenvolvimento do continente, sente urgência de traduzir esse espírito de pobreza em gestos, atitudes e normas que a transformem num sinal mais lúcido e autêntico do Senhor. A pobreza de tantos irmãos clama por justiça, solidariedade, testemunho, compromisso, esforço e superação para o cumprimento pleno da missão salvífica confiada por Cristo.[24]

Esta afirmação dos bispos latino-americanos ganha, em Medellín e também depois de Medellín, uma iluminação maior a partir da opção pelos pobres, retomando o fio condutor de toda a tradição bíblica, desde o

---

[20] Ibidem, 398.

[21] Ibidem, 394.

[22] FRANCISCO, *Evangelii Gaudium*, 48.

[23] Medellín, *Pobreza da Igreja*, 7.

[24] Ibidem, 7.

Êxodo, passando pela Lei (*Torah*), pelos Profetas, pela literatura sapiencial e chegando a Jesus de Nazaré, que revela que esta opção está enraizada no coração de Deus:[25] "Eu te louvo, Pai, Senhor do céu e da terra, porque escondeste essas coisas aos sábios e inteligentes e as revelaste aos pequeninos. Sim, Pai, porque assim foi do teu agrado" (Mt 11,25-26). Na vida de Jesus de Nazaré, o profeta de Nazaré, esta presença dos pobres se faz sentir de modo luminoso, pois é o próprio Espírito que o envia para o meio dos pobres, de tal modo que podemos dizer que a opção pelos pobres se enraíza também numa dimensão pneumatológica:

> O Espírito do Senhor está sobre mim, porque ele me consagrou com a unção, para anunciar a Boa Notícia (Evangelho) aos pobres, enviou-me para proclamar a libertação aos presos e aos cegos a recuperação da vista; para libertar os oprimidos e para proclamar um ano da graça do Senhor (Lc 4,18-19).

Mais recentemente, na 5ª Conferência do Episcopado Latino-americano e Caribenho, Bento XVI retoma a dimensão cristológica da opção pelos pobres ao afirmar que "a opção preferencial pelos pobres está implícita na fé cristológica naquele Deus que se fez pobre por nós, para enriquecer-nos com sua pobreza (cf. 2Cor 8,9)".[26] Bento XVI afirma também que o Deus revelado em Jesus de Nazaré é "o Deus de rosto humano; é o Deus-Conosco, o Deus do amor até a cruz".[27] É interessante observar que essa afirmação do papa se aproxima do canto das Comunidades Eclesiais de Base: "Tu és

---

[25] "O motivo último do compromisso com os pobres e oprimidos não está na análise social que empregamos, em nossa compaixão humana ou na experiência direta que possamos ter da pobreza. São todas razões válidas que sem dúvida desempenham um papel importante em nosso compromisso, mas, como cristãos, tal compromisso se baseia fundamentalmente no Deus de nossa fé. É uma opção teocêntrica e profética que deita as raízes na gratuidade do amor de Deus e é exigida por ela" (GUTIÉRREZ, Gustavo. *Teologia da Libertação*: perspectivas. São Paulo: Loyola, 2000, p. 25).

[26] Aparecida, 292.

[27] BENTO XVI. Discurso na sessão inaugural da V Conferência Geral do Episcopado da América Latina e do Caribe, em *Palavras do Papa Bento XVI no Brasil*. São Paulo: Paulinas, 2007, p. 110.

o Deus dos pequenos, o Deus humano e sofrido, o Deus de mãos calejadas, o Deus de rosto curtido. Por isso te falo eu, como te fala meu povo, porque és o Deus roceiro, o Cristo trabalhador!".[28] A Conferência de Aparecida também retoma esta aproximação entre os pobres e a luta pela justiça:

> Se esta opção está implícita na fé cristológica, os cristãos, como discípulos e missionários, estamos chamados a contemplar nos rostos sofredores de nossos irmãos e irmãs o rosto de Cristo que nos chama a servi-lo neles: "Os rostos sofredores dos pobres são os rostos sofredores de Cristo". Eles interpelam o núcleo do agir da Igreja, da pastoral e de nossas atitudes cristãs. Tudo o que tem a ver com Cristo tem a ver com os pobres e tudo o que estiver relacionado com os pobres está relacionado com Jesus Cristo: "Todas as vezes que vocês fizeram isso a um dos menores de meus irmãos, foi a mim que o fizeram" (Mt 25,40).[29]

A opção pelos pobres é, pois, uma opção teocêntrica (Ex 3,7-10; 20,2), cristocêntrica (Mt 9,35-36; 11,25-26), pneumatocêntrica, a partir da *Sequência* da missa de Pentecostes, quando o Espírito é chamado de *Pater Pauperum,* como também é uma opção mariológica (cf. Lc 1,46-56), uma opção das primeiras comunidades cristãs (especialmente a partir das cartas de Paulo aos Coríntios, Filipenses e também o Apocalipse). O Papa Francisco reafirma a opção pelos pobres em sua Exortação apostólica *Evangelii Gaudium*: "Para a Igreja, a opção pelos pobres é mais uma categoria teológica que cultural, sociológica, política ou filosófica". Deus "manifesta a sua misericórdia antes de mais" a eles. Esta preferência divina tem consequências na vida de fé de todos os cristãos, chamados a possuírem "os mesmos sentimentos que estão em Cristo Jesus" (Fl 2,5). Inspirada por tal preferência, a Igreja fez uma opção pelos pobres, entendida como uma "forma especial de primado na prática da caridade cristã, testemunhada por toda a Tradição da Igreja".[30]

---

[28] Refrão do canto "O Cristo trabalhador" da missa nicaraguense.

[29] Aparecida, 393.

[30] FRANCISCO, *Evangelii Gaudium*, 197.

Os pobres estão na origem, na constituição e na dinâmica do Cristianismo.[31] Em Medellín a opção pelos pobres, já presente, mesmo que latente no Vaticano II,[32] ganha força e a Teologia da Libertação dá consistência teológica à centralidade do pobre, de tal modo que hoje os pobres fazem parte da agenda da Igreja no mundo inteiro e a própria Teologia da Libertação é um dos grandes legados à Igreja no mundo inteiro,[33] de tal modo que "a opção preferencial pelos pobres já ganhou aceitação quase universal na Igreja Católica".[34] Desse modo, "a interpelação dos pobres e da situação de miséria e fome no mundo provocam a Igreja a viver a pobreza como um ato de solidariedade com os pobres e oprimidos e de protesto contra a destruição da vida e da dignidade humana".[35]

A Igreja não pode fugir desta sua missão que se encontra na mensagem do Reino de Deus anunciado por Jesus de Nazaré (cf. Mc 1,14-15; Mt 9,35-36; Lc 4,16-21; Mt 11,2-6; Lc 7,18-23). A crítica ao sistema neoliberal que continua imperando na América Latina e Caribe, mesmo com alguns arranhões, deve ser radical. O neoliberalismo como instituição absoluta

---

[31] WANDERLEY, L. E. "Pobres". In: PASSOS, João Décio; SANCHEZ, Wagner Lopes (Org.). *Dicionário do Concílio Vaticano II*. São Paulo: Paulinas/Paulus, 2015, p. 743.

[32] "O Cardeal Lercaro apontou a pobreza como o tema do Concílio: 'Não satisfaremos as mais verdadeiras e profundas exigências de nossa época, não responderemos à esperança da unidade compartilhada por todos os cristãos, se fizermos do tema da evangelização dos pobres apenas um dos numerosos temas do Concílio. Não se trata, com efeito, de um tema qualquer, trata-se de certo modo 'do' tema de nosso Concílio'" (GUTIÉRREZ, G., 1975, 234), citado por SILVA, Rafael Rodrigues. "Verbete Pobreza Evangélica", p. 745.

[33] "Estamos convencidos, nós e os senhores (bispos), de que a teologia da libertação é não só oportuna mas útil e necessária. Ela deve constituir uma nova etapa – em estreita conexão com as anteriores – daquela reflexão teológica iniciada com a Tradição apostólica e continuada com os grandes Padres e Doutores, com o Magistério ordinário e extraordinário e, na época mais recente, com o rico patrimônio da Doutrina Social da Igreja, expressa em documentos que vão da *Rerum Novarum* à *Laborem exercens*" (João Paulo II, *Mensagem ao Episcopado Brasileiro*, 09/04/1986).

[34] RIBEIRO DE OLIVEIRA, P. (Org.), *Opção pelos pobres no século XXI*. Paulinas: São Paulo, 2011, p. 09.

[35] SILVA, Rafael Rodrigues da. *Pobreza evangélica*, p. 745.

deve ser enfrentado e sua crítica aponta para a busca de alternativas históricas que visam à construção de uma sociedade onde caibam todos e todas.[36] Nesse sentido,

> fazer oposição ao neoliberalismo significa, antes de tudo, afirmar que não existem instituições absolutas, capazes de explicar ou conduzir a história humana em toda a sua complexidade. O homem e a mulher são irredutíveis ao mercado, ao Estado ou a qualquer outro poder ou instituição que pretenda impor-se como totalitária. Significa proteger a liberdade humana, afirmando que o único absoluto é Deus e que seu mandamento de amor se expressa socialmente na justiça e solidariedade. Significa, finalmente, denunciar as ideologias totalitárias, pois elas, quando conseguiram se impor, só apresentaram como resultado injustiça, exclusão e violência.[37]

III – Orientações pastorais

Medellín afirma:

> Queremos que a Igreja Latina seja evangelizadora e solidária com os pobres, testemunha do valor dos bens do Reino e humilde servidora de todos os homens (e mulheres) de nossos povos. Seus pastores e

---

[36] "Partilha-se profundamente a convicção de que um Projeto de Libertação hoje tem que ser um Projeto de sociedade na qual caibam todos e todas, e que isto implica uma ética universal, porém não dita princípios éticos universalmente válidos. Este Projeto tem que enfrentar a lógica da exclusão que está na base da sociedade neoliberal e da proposta globalizadora. Deve enfrentar a este Mercado Total ou capitalismo totalizante e suas implicações multidimensionais. Deve questionar a racionalidade econômica imposta e a eficiência competitiva. Um dos maiores desafios é a conquista de uma ética econômica justa que coloque o ser humano no centro e como eixo das decisões, e não o capital e o lucro como se tem presenciado até o presente" (GONZÁLEZ BUTRON, M. A. "Desde el Mundo de las Excluidas para un Mundo donde quepan todos y todas. Por la Visibilización de las Invisibles". In: *PASOS*, 70 (marzo/abril/1997), p. 5.

[37] *O Neoliberalismo na América Latina. Carta dos Superiores Provinciais da Companhia de Jesus da América Latina. Documento de Trabalho*. São Paulo: Loyola, 1997, n. 11, p. 19. Este texto focaliza as razões do enfrentamento que se deve fazer ao neoliberalismo, oferecendo pistas concretas para a ação pastoral e social.

demais membros do Povo de Deus devem dar à sua vida, suas palavras, atitudes e ação, a coerência necessária com as exigências evangélicas e as necessidades dos homens latino-americanos.[38]

A Igreja deve estar atenta à vida humana, tocar a carne sofredora de Cristo no povo a tal ponto dos evangelizadores e evangelizadoras contraírem o "cheiro de ovelha".[39] Tornar-se Igreja Povo de Deus a Igreja dos pobres, considerando os pobres protagonistas de sua história e sua libertação:

> Essa Igreja popular – Povo de Deus é constituída, majoritariamente, de gente do povo, que detém a hegemonia potencial de constituição deste processo; é Igreja dos pobres, enquanto o pobre é membro participante, e que soma os que abraçam a causa dos pobres; é Igreja da luta pela libertação, da libertação integral e da liberação regional historicamente datada; é Igreja da caminhada, entendida como deslocamento para uma Igreja popular e como marcha nunca concluída e dinâmica; é Igreja na base e a partir da base, base que inclui o povo organizado e todas as instâncias eclesiais (bispos, clero e agentes de pastoral), e base num novo conceito de poder que envolve a cúpula e as bases em estreita comunhão; é Igreja de santidade política, que requer virtudes pessoais dos cristãos de amor, esperança, solidariedade, obediência às decisões tomadas comunitariamente, e dar a vida pela fidelidade ao Evangelho e aos irmãos oprimidos; é Igreja aberta a todos, o que exige conversão de todos na Igreja.[40]

Por isso, não basta mitigar ou aliviar as consequências de tudo o que gera a pobreza, mas "junto com ações que visam socorrer vítimas de fome, de doença, de opressão e de injustiça, faz-se necessário atacar as causas do mal. O que aponta para a busca de transformação das estruturas que institucionalizam a opressão".[41]

---

[38] Medellín, *Pobreza da Igreja*, 8.

[39] Cf. *Evangelii Gaudium*, 24.

[40] WANDERLEY, Luiz Eduardo. "Verbete Pobres", p. 744.

[41] SILVA, Rafael Rodrigues da. "Pobreza Evangélica", p. 745.

1. Preferência e solidariedade

Fazer relação entre prática pastoral e transformação social nos remete a compreender a ação dos cristãos e cristãs, no mundo, na perspectiva da ligação entre evangelização e libertação. Esta aproximação encontra-se explicitada na *Evangelii Nuntiandi* de Paulo VI:

> ... É impossível aceitar "que a obra da evangelização possa ou deva negligenciar os problemas extremamente graves, agitados sobremaneira hoje em dia, pelo que se refere à justiça, à libertação, ao desenvolvimento e à paz no mundo. Se isso porventura ocorresse, seria ignorar a doutrina do Evangelho sobre o amor para com o próximo que sofre ou se encontra em necessidade".[42]

A perspectiva de uma aproximação dos pobres, no sentido de assumir suas dores, seus sofrimentos, aspirações, angústias,[43] está presente na *Evangelii Gaudium* ao indicar o caminho de uma *Igreja em saída*:

> Saiamos, saiamos para oferecer a todos a vida de Jesus Cristo! Repito aqui, para toda a Igreja, aquilo que muitas vezes disse aos sacerdotes e aos leigos de Buenos Aires: prefiro uma Igreja acidentada, ferida e enlameada por ter saído pelas estradas a uma Igreja enferma pelo fechamento e pela comodidade de se agarrar às próprias seguranças.[44]

A solidariedade para com os pobres leva à denúncia da injustiça e da opressão e exige resolver as causas estruturais da pobreza:

> Enquanto não forem radicalmente solucionados os problemas dos pobres, renunciando à autonomia dos mercados e da especulação financeira e atacando as causas estruturais da desigualdade social, não se

---

[42] PAULO VI, Papa. *A evangelização no mundo contemporâneo: Evangelii Nuntiandi*. São Paulo: Loyola, 1976, n. 31. "Evangelizar é honrar o reino de Deus presente no mundo" (*Evangelii Gaudium*, 176).

[43] Cf. *Gaudium et Spes*, 1. 11.

[44] *Evangelii Gaudium*, 49.

resolverão os problemas do mundo e, em definitivo, problema algum. A desigualdade é a raiz dos males sociais.[45]

O Documento *Pobreza da Igreja* indica que os bispos devem estar próximos dos que trabalham no serviço aos pobres, vendo-os como protagonistas de sua libertação e sinaliza também que a Igreja deve estar articulada com outras entidades que trabalham nesta mesma direção.[46] Esta postura de trabalho conjunto está presente no Discurso do Papa Francisco no II Encontro Mundial dos Movimentos Populares:

> Gostaria, no entanto, de vos propor três grandes tarefas que requerem a decisiva contribuição do conjunto dos movimentos populares: 3.1 A primeira tarefa é pôr a economia ao serviço dos povos. Os seres humanos e a natureza não devem estar ao serviço do dinheiro. Digamos NÃO a uma economia de exclusão e desigualdade, onde o dinheiro reina em vez de servir. Esta economia mata. Esta economia exclui. Esta economia destrói a Mãe Terra... 3.2 A segunda tarefa é unir os nossos povos no caminho da paz e da justiça. Os povos do mundo querem ser artífices do seu próprio destino. Querem caminhar em paz para a justiça. Não querem tutelas nem interferências, onde o mais forte subordina o mais fraco. Querem que a sua cultura, o seu idioma, os seus processos sociais e tradições religiosas sejam respeitados... 3.3 E a terceira tarefa, e talvez a mais importante que devemos assumir hoje, é defender a Mãe Terra. A casa comum de todos nós está sendo saqueada, devastada, vexada impunemente. A covardia em defendê-la é um pecado grave. Os povos e os seus movimentos são chamados a clamar, mobilizar-se, exigir – pacífica mas tenazmente – a adoção urgente de medidas apropriadas. Peço-vos, em nome de Deus, que defendais a Mãe Terra...[47] 4. Para concluir, quero dizer-lhes novamente: o

---

[45] Ibidem. 202.

[46] Cf. Medellín, *Pobreza da Igreja*, 10-11.

[47] O Cuidado da Casa Comum exige a articulação entre o Grito da Terra e o Grito dos Pobres: "Hoje, não podemos deixar de reconhecer que uma verdadeira abordagem ecológica sempre se torna uma abordagem social, que deve integrar a justiça nos debates do meio ambiente, para ouvir tanto o clamor da terra como o clamor dos pobres" (*Laudato Si'*, 49).

futuro da humanidade não está unicamente nas mãos dos grandes dirigentes, das grandes potências e das elites. Está fundamentalmente nas mãos dos povos; na sua capacidade de se organizarem e também nas suas mãos que regem, com humildade e convicção, este processo de mudança. Estou convosco. E cada um, repitamos a nós mesmos do fundo do coração: nenhuma família sem teto, nenhum camponês sem terra, nenhum trabalhador sem direitos, nenhum povo sem soberania, nenhuma pessoa sem dignidade, nenhuma criança sem infância, nenhum jovem sem possibilidades, nenhum idoso sem uma veneranda velhice. Continuai com a vossa luta e, por favor, cuidai bem da Mãe Terra. Acreditai em mim, e sou sincero, de coração vos digo: Rezo por vós, rezo convosco e quero pedir a nosso Pai Deus que vos acompanhe e abençoe, que vos cumule do seu amor e defenda no caminho concedendo-vos, em abundância, aquela força que nos mantém de pé: esta força é a esperança, a esperança que não decepciona. E peço-vos, por favor, que rezeis por mim. E se algum de vós não pode rezar, com todo o respeito, peço-te que me tenha em teus pensamentos e mande-me uma boa "onda". Obrigado![48]

2. Testemunho

O Documento *Pobreza da Igreja*, influenciado pelo Pacto das Catacumbas, propõe aos bispos e sacerdotes um estilo de vida simples, sem apelo aos títulos honoríficos e que dê "o testemunho de pobreza e desprendimento dos bens materiais, como tantos o fazem sobretudo em regiões rurais e bairros pobres".[49] A partir do exemplo e testemunho dos bispos sacerdotes, religiosos e religiosas, confia-se que os demais membros do Povo de Deus possam dar também testemunho análogo de pobreza. A superação da mentalidade individualista será conquistada a partir de uma conversão sincera, tendo como referência o bem comum.[50]

---

[48] *Discurso do Papa Francisco no II Encontro Mundial dos Movimentos Populares*, Santa Cruz de la Sierra, Bolívia, 9 de julho de 2015.

[49] Medellín, *Pobreza da Igreja*, 15.

[50] Cf. ibidem. 17.

3. Serviço

A Igreja Povo de Deus, como se apresenta em Medellín, quer ser uma Igreja samaritana e servidora, respeitadora da autonomia das realidades terrestres,[51] livres das amarras temporais e conveniências sociais que indicam prestígio, para estar decididamente presente no processo de libertação integral, sendo uma presença profética na realidade latino-americana e caribenha. No momento atual, este serviço deve estar relacionado de modo especial aos pobres, pois são eles que sofrem afetados pelos fenômenos relacionados com o aquecimento, pois seus meios de subsistência estão ligados às reservas naturais, à agricultura, pesca e recursos florestais. Os migrantes climáticos já se fazem sentir em muitas partes do mundo e pouco se faz para libertá-los desta situação, como explicita o Papa Francisco:

> Infelizmente, verifica-se uma indiferença geral perante essas tragédias, que estão acontecendo agora mesmo em diferentes partes do mundo. A falta de reações diante desses dramas dos nossos irmãos e irmãs é um sinal da perda do sentido de responsabilidade pelos nossos semelhantes, sobre o qual se funda toda a sociedade civil.[52]

Para ser a continuadora da missão de Jesus de Nazaré, proclamado como Senhor e Cristo, a Igreja não pode se afastar da profecia de anunciar a libertação dos pobres, sempre os primeiros atingidos diante das catástrofes naturais e sociais: "A deterioração do meio ambiente e a da sociedade afetam de modo especial os mais frágeis do planeta. Tanto a experiência comum da vida cotidiana como a investigação científica demonstram que os efeitos mais graves de todas as agressões ambientais recaem sobre as pessoas mais pobres".[53] O Papa Francisco, para indicar esta íntima relação entre os pobres e o processo de deterioração da qualidade de vida e

---

[51] Cf. *Gaudium et Spes*, 36

[52] *Laudato Si'*, 25.

[53] Ibidem. 48.

degradação social, faz recorrência a São Francisco de Assis, que "manifestou uma atenção particular pela criação de Deus e pelos mais pobres e abandonados... Nele se nota até que ponto são inseparáveis a preocupação pela natureza, a justiça para com os pobres, o empenho na sociedade e a paz interior" (*Laudato Si'*, 10).

Concluindo...

O Concílio Vaticano II representa um ponto final no divórcio entre Igreja e sociedade moderna. Cria uma nova mentalidade eclesial assumindo as necessidades e aspirações dos homens e mulheres de hoje.[54] Realiza um *aggiornamento*, ou seja, coloca a salvação de Deus numa linguagem significativa para os nossos contemporâneos. Medellín realiza uma recepção criativa do Vaticano para a América Latina e Caribe. Firma a opção pelos pobres, fortalece a nova reflexão teológica que se consolida na Teologia da Libertação,[55] abre-se, a partir das Comunidades Eclesiais de Base, para um novo paradigma eclesiológico, onde os pobres são considerados novos sujeitos sociais e eclesiais. A centralidade do pobre torna-se uma marca característica da fisionomia da Igreja latino-americana e caribenha[56] e a partir dela vai imprimindo esta nota para a Igreja do mundo todo. Pode-se falar de uma nova eclesiogênese,[57] ou seja, um modelo eclesial em gestação a partir das experiências concretas das comunidades eclesiais de base, nas quais mulheres e homens vivem e interpretam a fé em chave evangélica includente e transformadora. As CEBs constituem a estrutura básica e o fundamento atual desse novo modelo eclesiológico. Propõem uma comunidade ministerial igualitária com as

---

[54] Cf. *Gaudium et Spes*, 1-4.

[55] Haveria também necessidade de ressaltar a importância dos artistas que, com sua arte no canto, na poesia, na pintura, relançam a reflexão teológica da libertação para o meio popular.

[56] *Cf. Aparecida*, 391.

[57] Cf. BOFF, Leonardo. *Eclesiogênese*: as comunidades eclesiais de base reinventam a Igreja. Petrópolis: Vozes, 1977.

marcas da participação criativa, reconhecimento pleno das alteridades (gênero, etnias, geração) e responsabilidade equivalente. Nesse sentido, há uma exigência de reformulação teológica dos ministérios, como também aponta-se para uma nova estrutura eclesial ecumênica, exigida pelas vivências das Igrejas Cristãs no continente latino-americano e caribenho (Campanhas da Fraternidade, Celebração dos 500 anos da Reforma, experiência ecumênica do Conselho Nacional das Igrejas Cristãs – CONIC). A participação nas lutas de libertação acarreta muitas perseguições entre os pobres e entre aqueles e aquelas que, por livre opção, mesmo sendo de outras classes sociais, assumem o lado dos pobres e excluídos. Por isso, em toda a América Latina e Caribe, encontramos mártires que vão, como Jesus de Nazaré, até o extremo do derramamento do sangue. São trabalhadores e trabalhadoras do campo e da cidade, indígenas, negros e negras, advogados, religiosas e religiosos, padres, bispos. Muitos destes/as mártires são saídos das CEBs e expressam a dimensão profética da/s Igreja/s. O reconhecimento do martirológio latino-americano-caribenho está sendo contemplado com os mártires que deram a vida pelo Reino de Deus, como doação de vida para que haja vida para todos e todas, especialmente para os pobres e excluídos (cf. Jo 15,12-13). Ao assumir as lutas de libertação, os pobres vão se tornando novos protagonistas da história. Invisibilizados durante séculos, fazem-se presentes em vários países latino-americanos e caribenhos e indicam a necessidade de mudanças estruturais na sociedade e também na Igreja e apontam para a possibilidade de *um outro mundo possível*, para que haja vida e vida abundante para todos os seres humanos e também vida para toda a natureza.

Neste novo paradigma eclesial, embora com grande participação das mulheres nas comunidades eclesiais de base e, de modo geral, nas atividades da Igreja, ainda falta ao Documento *Pobreza da Igreja* um reconhecimento da mulher na Igreja e na sociedade. Para visibilizar este reconhecimento, apontamos três referências que nos podem ajudar a concretizar a igualdade entre todas as pessoas. A primeira indicação nos vem do papa Francisco:

Duplamente pobres são as mulheres que padecem situações de exclusão, maus-tratos e violência, porque frequentemente têm menores possibilidades de defender os seus direitos. E, todavia, também entre elas, encontramos continuamente os mais admiráveis gestos de heroísmo cotidiano na defesa e no cuidado da fragilidade das suas famílias.[58]

A segunda referência nos vem do X Intereclesial de CEBs:

A igualdade em todas as suas dimensões, com vida abundante, com justiça e paz, sem discriminação de classe, gênero ou de etnia e com plena valorização da pessoa foi apresentada como o grande sonho a ser realizado. Sonhamos com uma Igreja participativa, toda ministerial, unida no respeito à diversidade, missionária. Uma Igreja-mãe, acolhedora, pobre, comprometida com a causa dos excluídos e aberta aos novos desafios. As CEBs sentem profundamente estarem quase sempre privadas da mesa eucarística em suas celebrações dominicais e pedem que a Igreja repense urgentemente a questão ministerial. Sonham ainda com uma Igreja onde o poder seja partilhado, com espaço para a participação da mulher nas várias instâncias de serviços e decisões (Carta Final do X Intereclesial das CEBs).

Finalmente, tomamos a palavra dos bispos do Brasil:

No mundo de hoje, cada vez mais as mulheres vêm tomando consciência de sua dignidade e exigindo igualdade no trato e igualdade de oportunidades. A Igreja não pode ficar insensível a esse novo sinal dos tempos, também em nível interno, pois, nela, são os homens os mais privilegiados, que normalmente tomam as decisões. As tendências conservadoras, que rejeitam o pensamento e a participação das mulheres em tarefas de direção e coordenação eclesial, inclusive nas CEBs, não podem inibir a Igreja a gestos proféticos. O acesso das mulheres ao ministério ordenado é uma dívida pendente (Síntese da CNBB para a V Conferência de Aparecida).

---

[58] *Evangelii Gaudium*, 212.

A esperança nos alenta no caminho. Medellín continua sendo um farol para a Igreja latino-americana e caribenha. Retomar seus textos depois de 50 anos nos ajuda a repensar o caminho que já trilhamos e a projetar-mos novos horizontes em busca da Terra sem Males, do Sumak Kawsay, da Pátria Grande, do Reino de Deus.

A sinodalidade no documento de Medellín

Mario de França Miranda[1]

O tema que me foi proposto se referia à colegialidade. De fato, esta estrutura eclesial, vista quase exclusivamente na relação entre o Papa e o episcopado, marcou fortemente o Concílio Vaticano II.[2] Entretanto, nos anos posteriores ao Concílio, não só se tomou consciência de outras realidades eclesiais de cunho colegial implícitas, como também a reflexão teológica avançou incorporando a colegialidade na temática mais abrangente da *sinodalidade*. O conceito é bastante amplo, de tal modo que teólogos e canonistas ainda divergem sobre seu significado. Seu fundamento está na comunhão eclesial (*communio fidelium*), que abre a possibilidade de vê-la realizada em diversos âmbitos da Igreja, ultrapassando a noção conciliar de colegialidade episcopal.[3] Este fato nos exige ir além de uma simples aplicação da doutrina conciliar sobre a colegialidade à realidade da América Latina, já que também o próprio texto de Medellín amplia tal doutrina.

Examinaremos primeiramente as linhas gerais da colegialidade no Vaticano II e, em seguida, sua recepção em Medellín. Numa outra parte, abordaremos como esta noção sofreu avanços e recuos no período

---

[1] É teólogo e pertence à Companhia de Jesus. Graduado em Filosofia pela Faculdade de Filosofia Nossa Senhora Medianeira (1962), mestre em Teologia pela Faculdade de Teologia da Universidade de Innsbruck (1968) e doutor em Teologia pela Universidade Gregoriana (1974). Autor de vários livros de Teologia, atualmente é professor na Pontifícia Universidade Católica do Rio de Janeiro. Por onze anos, fez parte da Comissão Teológica do Vaticano.

[2] Foi o tema que teve o maior número de intervenções depois da doutrina sobre a Virgem Maria.

[3] BORRAS, A. "Trois expressions de la synodalité depuis Vatican II". *Ephemerides Theologicae Lovanienses* 90 (2014), p. 643-666, aqui p. 645-648.

pós-conciliar e como também na América Latina houve conquistas e dificuldades na realização concreta do que hoje conhecemos como sinodalidade. Concluindo, veremos como o Papa Francisco procura resgatar a herança do Concílio e da Assembleia Episcopal de Medellín.

I – A colegialidade no Concílio Vaticano II

A procura por equilibrar uma centralização exagerada na pessoa do papa e posteriormente também de sua cúria romana, centralização esta já presente no Concílio Vaticano I, marcou, sem dúvida, as preocupações dos padres conciliares no Vaticano II. Havia uma desconsideração pelas Igrejas locais e certa desvalorização de seus bispos residenciais. A Constituição Dogmática *Lumen Gentium* recupera a importância do colégio episcopal a ser exercido com o papa como "poder supremo e pleno sobre toda a Igreja" (LG 22) que, enquanto de direito divino, não se vê anulado embora se dê sempre "cum Petro et sub Petro".[4] A falsa imagem de uma Igreja Universal que se confundia com a Igreja de Roma é corrigida pelo fato de que a Igreja Católica una e única subsiste nas e pelas Igrejas locais (LG 23). Estas não são filiais de uma imaginada Igreja Universal, já que nelas está presente sem mais a Igreja Católica.

Sem dúvida, essa noção de colegialidade apresenta limites,[5] pois não havia ainda a consciência de que toda a Igreja, sendo uma comunhão, tem na sinodalidade uma característica *essencial*, embora esta última não tenha estado ausente no Concílio.[6] Importante também neste sentido foi a opção feita pelos bispos de não tratar a Igreja a partir de sua hierarquia, mas de *todo* o Povo de Deus com a missão comum de propagar o Reino (LG 9; 33). Todos os fiéis participam também a seu modo do sacerdócio de Cristo

---

[4] VITALI, D. *Verso la Sinodalità*. Magnano: Ed. Qiqajon, 2014, p. 63-69.

[5] Ver LEGRAND, H. "Les évêques, les églises locales et l'église entière"; *RSPT* 85 (2001) p.466-472.

[6] LEGRAND, H. "La sinodalità al Vaticano II e dopo il Vaticano II. Un'indagine e una riflessione teologica e istituzionale". In: BATTOCHIO, R.; NOCETI, S. (ed.). *Chiesa e Sinodalità*. Milano: Glossa, 2007, p. 85-87.

(LG 10; 34-36), gozam de "verdadeira igualdade quanto à dignidade e ação comum" (LG 32), são sujeitos constitutivamente ativos pelo simples fato de terem sido batizados (LG 33) e devem ser ouvidos pela hierarquia com uma presença ativa no governo da Igreja (LG 37). De fato, o Concílio reconhece a importância do *sensus fidei* de todos na Igreja, do qual a Igreja não pode prescindir (LG 12), sendo que sua tradição cresce pela íntima compreensão das verdades transmitidas por parte de todos (DV 8).

Recomenda também este Concílio a criação de conselhos diocesanos, em vista da ação apostólica com a participação de clérigos, religiosos e leigos. Tais conselhos devem ainda, se possível, ser constituídos "no âmbito paroquial e interparoquial, interdiocesano, como ainda em nível nacional e internacional" (AA 26). Recomenda-se também não só uma profunda união dos presbíteros com seus bispos, como ainda a criação de "um grupo ou senado de sacerdotes que possam auxiliar eficazmente com seus conselhos o bispo no governo da diocese" (PO 7). Do mesmo modo se recomenda a união e colaboração dos presbíteros entre si (PO 8) e com os leigos, sabendo ouvi-los e incentivá-los na ação pastoral (PO 9). Podemos, assim, constatar que a sinodalidade, embora sem ser expressamente nomeada, esteve também presente, de certo modo, na consciência dos padres conciliares.

Resumindo, podemos dizer que a sinodalidade diz respeito a todas as relações na Igreja, papa e bispos, bispos e bispos, bispos e sacerdotes, bispos e fiéis, sacerdotes e sacerdotes, sacerdotes e fiéis e ainda fiéis e fiéis. Todos participam ativa, embora diversamente, porque todos estão sob a ação do Espírito Santo, dotados do "sentido da fé", que elimina a distinção entre Igreja docente e discente por estar presente em ambas.[7] Trata-se, portanto, de concretizar estruturalmente esta comunhão e participação efetiva de todos, através do diálogo e da escuta, salvando sempre o que compete a cada instância.[8]

---

[7] LUBAC, H. *La Foi Chrétienne. Essai sur la structure du Symbole des Apôtres*. Paris: Aubier, 1970, p. 221.

[8] Ver as sugestivas propostas de Dario Vitali, ob. cit., p. 140-148.

II – Sua recepção no documento de Medellín

A finalidade da Assembleia Episcopal de Medellín vem expressamente formulada já na *Introdução às Conclusões*: "Nossa reflexão orientou-se para a busca de forma de *presença mais intensa e renovada da Igreja na atual transformação da América Latina, à luz do Concílio Vaticano II*, de acordo com o tema desta Conferência" (8). E mais concretamente na *Mensagem aos Povos da América Latina, Nossa Palavra, Sinal de Compromisso* vem afirmado um claro compromisso: "Renovar e criar estruturas na Igreja que institucionalizem o diálogo e canalizem a colaboração entre os bispos, sacerdotes, religiosos e leigos".

No que diz respeito ao nosso tema, a expressão mais fundamental e abrangente vem formulada como *pastoral de conjunto*, a qual abarca todo o capítulo 15º do documento. Nele já aflora certa consciência da sinodalidade em fatos como a planificação pastoral, a vitalização de vicariatos forâneos, a criação de equipes sacerdotais, os sínodos, os conselhos presbiterais e de pastoral, o desejo do laicato por maior participação e a importância das Conferências Episcopais e das Assembleias do CELAM (3). Mas também não deixa de mencionar as lacunas da estrutura paroquial tradicional, a burocracia das Cúrias Diocesanas, o individualismo de pessoas e de instituições, bem como a aplicação incorreta da Pastoral de Conjunto (4). Porém, Medellín quis avançar mais ao buscar rever e renovar as estruturas eclesiais "para atender as exigências de situações históricas", sob a inspiração e orientação das ideias diretivas do Concílio, a saber, "a da comunhão e da catolicidade" (5).

O "espírito colegial" significa um verdadeiro espírito de comunhão que acolha a *participação de todos* na missão comum. "Os diversos ministérios não só devem estar a serviço da unidade de comunhão, mas também, por sua vez, devem constituir-se e atuar de forma solidária", o que vale de modo especial para os bispos e os presbíteros (7). Assim, as comunidades eclesiais não se devem fechar sobre si mesmas e a comunicação real entre todos na Igreja deve ser "ascendente e descendente, entre a base e a cúpula" (8). Consequentemente a ação pastoral "deve ser necessariamente global, orgânica e articulada" e, por conseguinte "as estruturas eclesiais devem ser periodicamente revistas e reajustadas" (9).

Essa consciência de comunhão e participação explica a ênfase dada às *Conferências Episcopais*, que são "a expressão concreta do espírito de colegialidade que deve animar cada bispo" (22), desenvolvendo "uma autêntica pastoral de conjunto" adequada à região, constituindo-se como "elemento de integração entre as diversas dioceses" através de uma distribuição equilibrada de pessoal e de recursos (23). Elas devem ouvir os presbíteros, os religiosos e os leigos, "incorporando-os no estudo, elaboração e execução da pastoral" (25). Estas Conferências Episcopais também deverão estar em contato com Igrejas de outros continentes (28). Os bispos latino-americanos expressam em nível continental seu espírito de colegialidade através da Conferência Geral do Episcopado Latino-Americano e do CELAM (Conselho Episcopal Latino-Americano) (29), sendo este último "órgão de contato, colaboração e serviço" (30), por meio de seus departamentos (31) e de uma "continuada e enriquecedora comunhão de experiências no campo pastoral" (32).

Esse espírito de colaboração não se limita ao nível episcopal, mas atinge também os párocos que devem ser assistidos "no ministério pastoral pela colaboração de representantes leigos, religiosos e diáconos" (14), considerando ainda seus vigários cooperadores não "meros executores de suas diretivas, mas como seus colaboradores, pois pertencem ao mesmo e único Presbitério" (14). A comunidade paroquial não se encontra isolada, mas faz parte do "vicariato forâneo ou decanato, cujo titular é chamado a promover e dirigir a ação pastoral comum no território a ele confiado", sendo que vários vicariatos forâneos vizinhos poderiam formar uma região sob a responsabilidade de um vigário episcopal (16).

Também no nível diocesano aparece a preocupação dos bispos em Medellín em fomentar a comunhão e participação de todos na vida da Igreja. Assim, o bispo tem "a responsabilidade da Pastoral de Conjunto enquanto tal" (17) e deve contar "com o Conselho Presbiteral, seu senado no regime das dioceses", seus auxiliares e conselheiros. Também se aconselha que os bispos tenham "um Conselho Pastoral" que represente o Povo de Deus em sua diversidade (sacerdotes, diáconos, religiosos/as e leigos/as), em vista da ação pastoral, constituindo assim uma entidade de diálogo com sua diocese (18). O espírito de sinodalidade em Medellín se manifesta também em pontos que podem parecer secundários, mas que não o são, como, por exemplo: "recomenda-se que os cargos da Cúria que possam ser exercidos por leigos sejam a eles confiados" (19).

Já no capítulo 11º do documento, dedicado aos *sacerdotes*, aparece claramente a intenção de maior participação de todos na vida da Igreja. Enquanto dotados do sacramento da Ordem, bispos e presbíteros (diocesanos e religiosos) representam "um conjunto orgânico que manifesta e torna presente a Cristo cabeça" (14). Consequência desta realidade é "a íntima união de amizade, amor, preocupações, interesses e trabalhos entre bispos e presbíteros" e uma verdadeira "fraternidade sacramental" que vincula todos os sacerdotes (14). A responsabilidade comum entre bispos e presbíteros "exige o diálogo em que haja mútua liberdade e compreensão" (15). Do ponto de vista estrutural se enfatiza a "extraordinária importância dos 'Conselhos de Pastoral', que são inegavelmente uma das instituições mais originais sugeridas pelo Concílio e um dos mais eficientes instrumentos da renovação da Igreja em sua ação de pastoral de conjunto" (24). Na mesma linha "se fomente a vida das equipes sacerdotais em suas diversas formas" (25).

É interessante observar que para Medellín os presbíteros não se encontram separados de suas comunidades paroquiais, mas estão "como membros específicos que compartilham com todo o Povo de Deus o mesmo ministério e a mesma e única missão salvadora". Portanto, devem dialogar com os leigos "de maneira constante e institucional", já que eles têm o direito e o dever de colaborar na ação pastoral (16). Não nos deve, portanto, surpreender que a primeira das conclusões orientadoras deste capítulo dedicado aos sacerdotes afirme: "A adequada corresponsabilidade será uma vivência pessoal intrinsecamente vinculada à ação ministerial" (20).

De fato, no capítulo 10, que trata dos *movimentos de leigos*, o texto de Medellín busca valorizar o papel dos mesmos na vida da Igreja. Reconhece o que fazem, mas lamenta sua "fraca integração na Igreja" e o desconhecimento de sua "legítima autonomia" (5). Os critérios teológicos-pastorais que apresenta para a participação do laicato na vida eclesial seguem em grandes linhas o ensinamento do Vaticano II, acentuando desse modo o âmbito de sua ação na sociedade em compromissos de cunho temporal (9-11), ainda que tanto o Concílio quanto Medellín reconheçam e promovam a participação do mesmo laicato no interior da Igreja, embora não com a consciência que hoje temos. Por exemplo, ao tratar dos *religiosos* no capítulo 12, os bispos sugerem "que os religiosos se esforcem por integrar os leigos nos trabalhos apostólicos, respeitando sinceramente sua competência na ordem temporal e reconhecendo-lhes sua responsabilidade própria *dentro da Igreja*" (15).

Neste mesmo capítulo aparece a preocupação em integrar os religiosos na vida da Igreja. Dadas as circunstâncias concretas da América Latina, exige-se dos mesmos "uma especial disponibilidade, segundo seu próprio carisma, para se inserirem nas linhas de uma pastoral efetiva" (3). Daí o apelo para se atualizarem não só para obviar as crises que enfrentam (7-9), mas também para que possam estar realmente integrados na pastoral de conjunto, "em sintonia com os demais grupos e membros do Povo de Deus" (14). Na mesma linha se insiste que os superiores garantam estabilidade ao pessoal religioso que desempenha funções apostólicas na América Latina (16). O texto menciona explicitamente a especial importância das "religiosas encarregadas de paróquias nos lugares em que a presença sacerdotal não é permanente" (20). O capítulo termina insistindo na participação dos religiosos na vida da Igreja em seus diversos níveis, paroquial, diocesano, nacional e mesmo continental, através das Conferências Nacionais ou da Confederação Latino-Americana de Religiosos (CLAR) (26-30).

Ao tratar da *pastoral de conjunto* no capítulo 15, depois de criticar a estrutura tradicional de "muitas paróquias para proporcionar uma vivência comunitária" e "as atitudes particularistas de pessoas e instituições em situações que exigem coordenação" (4), o texto de Medellín afirma sem maiores rodeios: "A vivência de comunhão a que foi chamado, o cristão deve encontrá-la na '*comunidade de base*', ou seja, em uma comunidade local ou ambiental, que corresponda à realidade de um grupo homogêneo e que tenha uma dimensão tal que permita a convivência pessoal fraterna entre seus membros". E mais adiante esclarece: "Ela é, pois, célula inicial da estrutura eclesial e foco de evangelização e, atualmente, fator primordial da promoção humana e do desenvolvimento" (10). Elas podem ser conduzidas por pessoas aptas para tal, qualquer que seja seu *status* na Igreja, escolhidas e devidamente formadas para assumirem "responsabilidades em um clima de autonomia" (11). O texto termina recomendando estudos sérios sobre estas comunidades, sendo que tais experiências devem ser divulgadas pelo CELAM (12). Conhecemos bem a importância que tiveram as CEBs nos anos seguintes a Medellín. Em síntese, podemos afirmar que os bispos presentes em Medellín, dentro da consciência histórica da época, perceberam bem a importância da sinodalidade para a vida da Igreja na América Latina, ultrapassando mesmo neste particular a visão do Concílio Vaticano II.

III – A colegialidade no período pós-conciliar

Sem dúvida alguma o Concílio trouxe uma revalorização da sinodalidade na Igreja: o Sínodo dos bispos junto ao Papa, as Conferências Episcopais tornadas obrigatórias, a recomendação de Conferências regionais como o CELAM, certa internacionalização da Cúria Romana, a promoção de Sínodos diocesanos,[9] a recuperação da cidadania do laicato na Igreja, bem como sua participação na missão comum. Entretanto, por diversas razões que não nos cabe aqui julgá-las, ocorreu nos anos posteriores ao Concílio um movimento de cunho centralizador com a finalidade de enquadrar o episcopado e neutralizar os pronunciamentos de bispos e teólogos. Já é lugar comum afirmar que as conquistas conciliares não foram devidamente recebidas na legislação eclesiástica.[10] De fato, o Novo Código de

---

[9] Embora deva ser redimensionado em vista de uma participação mais efetiva de todos, como nota LEGRAND, H. "La sinodalità al Vaticano II", p. 97-101.

[10] ALBERIGO, G. "Synodalität in der Kirche nach dem Zweiten Vatikanum". In: GEERLINGS, W.; SECKLER, M. (Hrsg.). *Kirche Sein. Nachkonziliäre Theologie im Dienst des Kirchenreform*. Freiburg: Herder, 1994, p. 333-347.

Direito Canônico (1983) considera a comunhão dos bispos anteriormente à comunhão das Igrejas,[11] de tal modo que o colégio episcopal apareça como uma entidade anterior e acima das Igrejas locais,[12] dificultando muito ver a Igreja como uma autêntica "comunhão de Igrejas". O mesmo Código usa a expressão Igreja particular e não Igreja local, o que favorece uma falsa compreensão da Igreja local como apenas parte de uma Igreja universal. Além disso, reserva o título de "vigário de Cristo" ao Papa (ignorando LG 27), cuja sentença ou decreto não admite apelo ou recurso por parte dos bispos (cânon 337 §3), sendo que os mesmos ainda lhe devem prestar um juramento de fidelidade (*Ad Tuendam Fidei*). Desse modo, o bispo se assemelha mais a um vigário episcopal e as Igrejas locais não se podem manifestar como sujeitos de direitos e de iniciativas. Recentemente (1998) o *motu proprio Apostolos Suos*, contrariando o que esperava o Concílio das Conferências Episcopais (LG 23, no final), retira das mesmas seu magistério doutrinal, como lhes era permitido pelo Código de Direito Canônico (cânon 753), a não ser que haja unanimidade (!) ou que se recorra à *recognitio* romana, devendo os bispos seguirem o magistério da Igreja universal. Igualmente, limita-se a autoridade dos Sínodos Diocesanos,[13] enfraquecendo assim o peso das Igrejas locais na vida da Igreja. O Sínodo do Bispos em Roma deixou de ser um organismo de expressão das Igrejas locais em colaboração com o governo petrino, limitando-se apenas a confirmar a doutrina provinda da Santa Sé. A política de nomeações episcopais que reforçava esta centralização privou as Igrejas locais de lideranças competentes, debilitou o episcopado de todo o mundo e reduziu sobremaneira o processo de inculturação da fé, diminuindo assim a catolicidade da Igreja. O laicato viu encolher o âmbito de sua missão profética, a formação presbiteral retomou características pré-conciliares, a preocupação com os pobres se viu arrefecida e os cargos eclesiásticos foram vistos como instâncias de poder e não de serviço, promovendo deste modo certo carreirismo no clero.

---

[11] Para maiores detalhes, ver LEGRAND, H. Art. cit. p. 475-483.

[12] LEGRAND, H. The Bishop in the Church and the Church in the Bishop. *The Jurist* 66 (2006), p. 77.

[13] *Instructio de Synodis diocesanis agendis*, n. IV, 4, AAS 89 (1997), p. 706-727.

IV – O período posterior a Medellín

O que nos chama a atenção no Documento de Medellín é que soube ter encarado sem escamoteações a realidade da América Latina, tê-la devidamente expressado e corajosamente assumido opções condizentes com a mesma. Não teve em vista oferecer grandes exposições doutrinais, mas aplicar a este continente as conquistas do Vaticano II. Nesse ponto ele se destaca das posteriores Assembleias Episcopais de Puebla, Santo Domingo e mesmo de Aparecida. Dada a complexidade e riqueza da realidade latino-americana, nos é muito difícil apresentar um quadro completo e suficientemente diferenciado da situação eclesial nos anos posteriores a Medellín. Pois não se trata tanto de citar documentos quanto de deixar aflorar a *realidade vivida* pelas Igrejas do continente nesse período. Tarefa que certamente ultrapassa nossos conhecimentos. Portanto, nossa perspectiva de leitura se limita mais ao Brasil, sem negar sua validade, em certos pontos, também em outros países.

A presença e a atuação da CNBB foram marcantes nos anos da ditadura militar ao denunciar o desrespeito aos direitos humanos, a ideologia subjacente, a perseguição a líderes sociais e ao insistir na luta pelos mais pobres e marginalizados da sociedade. Seus textos eram lidos e traduzidos no exterior. Embora sempre com vozes contrárias, havia um clima de consenso colegial no episcopado, quando se debatiam questões relacionadas à justiça e à situação dos pobres. A participação ativa nos debates era intensa. Por outro lado, muitos bispos viviam em grande proximidade com o povo e se caracterizavam por um grande zelo apostólico e um grande amor aos pobres. Em muitas dioceses as Comunidades Eclesiais de Base recebiam apoio das autoridades eclesiásticas e floresciam sobretudo na área rural do país. A preocupação social atingia também a teologia e a pastoral.

Porém, nos anos seguintes, acompanhando uma tendência presente em toda a Igreja, esta situação começou a mudar. A Cúria Romana procurou enfraquecer a importância da CNBB pela nomeação de bispos que mais sintonizavam com a centralização romana, com graves prejuízos, seja para a vida das dioceses, seja para o diálogo da Igreja com a sociedade, como ainda experimentamos em nossos dias. Os bispos mais próximos aos pobres são vistos com desconfiança, as Comunidades Eclesiais de Base são suspeitas de ter uma eclesialidade duvidosa, os movimentos eclesiais de cunho carismático são de tal modo promovidos que, em alguns casos, até criam problemas para as pastorais de conjunto das dioceses. Ao mesmo tempo há um aumento espantoso das comunidades evangélicas de cunho pentecostal, sobretudo nas periferias, que ocupam os espaços que a Igreja Católica lhes deixa por aparecer para muitos como uma instituição mais voltada para o doutrinal, o moral e o jurídico, não conseguindo corresponder à realidade concreta onde atua. Nota-se ainda uma reviravolta na formação presbiteral com a diminuição do zelo apostólico e com um aumento de consumo e bem-estar em parte do clero mais jovem, embora tal afirmação não deva ser generalizada, devido ao testemunho de vida de outros muitos.

V – A renovação eclesial do Papa Francisco no espírito de Medellín

Sabemos que a eleição do Papa Francisco aconteceu sobretudo em vista de corrigir uma exagerada centralização na Igreja. Certamente como latino-americano também ele foi marcado em seu pensamento e em sua ação apostólica por Medellín. Embora sua programática Exortação Apostólica *Evangelii Gaudium* (EG) não trate explicitamente da sinodalidade na Igreja, não é difícil constatar sua opção por uma maior comunhão e participação de todos na Igreja, sempre em vista da missão. São suas estas palavras: "Não convém que o Papa substitua os episcopados locais no discernimento de todas as problemáticas que sobressaem em seus territórios. Nesse sentido, sinto a necessidade de proceder a uma salutar descentralização" (EG 16). O próprio texto da Exortação Apostólica comprova esta afirmação ao citar e valorizar pronunciamentos de diversas Conferências Episcopais.

Nesta mesma linha, as paróquias devem ser "âmbitos de comunhão e participação" (EG 28), o bispo deve promover "os organismos de participação propostos pelo Código de Direito Canônico" (EG 31), as Conferências Episcopais são "sujeitos de atribuições concretas, incluindo alguma autêntica autoridade doutrinal" (EG 32). A participação de todos na vida da

Igreja deve chegar também aos sacramentos do Batismo e da Eucaristia (EG 47), sendo que todos, pelo Batismo recebido, são sujeitos ativos de evangelização, não limitada a agentes qualificados (EG 120). Numa perspectiva ecumênica, o Papa afirma taxativamente que "nós, os católicos, temos a possibilidade de aprender algo mais sobre o significado da colegialidade episcopal e sobre a sua experiência de sinodalidade" (EG 246).

A metodologia empregada pelo Papa, ao enviar uma série de questões destinadas a todos os fiéis e não somente aos bispos em vista do Sínodo sobre a Família, demonstra sua preocupação em escutar a todos e é igualmente um convite à participação de todos. No discurso (17/10/2015) que fez em comemoração do 50º aniversário da instituição do Sínodo dos Bispos, o Papa Francisco deixou bem claro o seu pensamento em frases lapidares, como esta: "O caminho da sinodalidade é justamente o caminho que Deus espera da Igreja do terceiro milênio". Afirma que todos devem saber escutar uns aos outros e todos devem estar à escuta do Espírito Santo para saber o que ele diz à Igreja. E volta a insistir: "A sinodalidade, enquanto dimensão constitutiva da Igreja, nos oferece o quadro interpretativo mais adequado para compreender este ministério hierárquico" (papado). E mais adiante: "A Igreja não é outra coisa que o Povo de Deus que 'caminha junto' pelas sendas da história ao encontro com Cristo Senhor".[14]

Num mundo cada vez mais complexo, numa humanidade mais consciente do valor da pessoa, numa sociedade que deve abrigar a diversidade, só poderá haver paz e convivência realmente humana se houver escuta mútua e participação de todos em vista de um consenso, necessário e imprescindível, diante dos desafios e das problemáticas. E a Igreja deveria dar sua contribuição pelo testemunho e pela vivência desta sinodalidade entre seus membros. Trata-se de seguir a rota indicada pelo Concílio Vaticano II, por Medellín e urgida atualmente pelo Papa Francisco.

---

[14] *La Documentation Catholique*, n. 2521 (janvier 2015), p. 75-80.

Comunicação, "imperativo dos tempos presentes": o horizonte comunicacional do Documento de Medellín

Moisés Sbardelotto[1]

Introdução

"A Comunicação Social é hoje uma das principais dimensões da humanidade." Essa constatação é o ponto de partida do capítulo dedicado aos "Meios de comunicação social" (n. 16), do documento da Segunda Conferência Geral do Episcopado Latino-Americano, reunida em Medellín, Colômbia, em 1968. Uma época bastante significativa na história da comunicação, em que as conexões de nível mundial iam se ampliando, social e tecnologicamente. E a própria assembleia episcopal era sinal disso: pela primeira vez na história, um papa, Paulo VI, atravessava o Oceano Atlântico e visitava outro continente, a América Latina.

---

[1] Doutor e mestre em Ciências da Comunicação pela Universidade do Vale do Rio dos Sinos (Unisinos), com estágio doutoral na Università di Roma "La Sapienza", na Itália. Autor de *E o Verbo se fez rede: religiosidades em reconstrução no ambiente digital* (Ed. Paulinas, 2017) e de *E o Verbo se fez bit: a comunicação e a experiência religiosas na internet* (Editora Santuário, 2012). Colaborador do Instituto Humanitas Unisinos (IHU) e colunista das revistas *Família Cristã* e *O Mensageiro de Santo Antônio*. Foi membro da Comissão Especial para o *Diretório de Comunicação para a Igreja no Brasil*, da Conferência Nacional dos Bispos do Brasil (CNBB). De 2008 a 2012, coordenou o escritório brasileiro da Fundação Ética Mundial (*Stiftung Weltethos*), fundada pelo teólogo suíço-alemão Hans Küng. É graduado em Comunicação Social – Jornalismo pela Universidade Federal do Rio Grande do Sul (UFRGS). E-mail: m.sbar@yahoo.com.br.

Em território brasileiro, 1968 foi o ano em que faleceu Assis Chateaubriand, fundador dos então poderosos *Diários Associados*, o homem que trouxe a televisão para o Brasil, com a fundação da primeira emissora da América Latina, a TV Tupi. Canal, aliás, que, poucos anos antes, em 1963, inaugurou a transmissão em cores no Brasil. Já a TV Globo, que se tornaria o conglomerado comunicacional contemporâneo, tinha apenas três anos de vida, assim como a Empresa Brasileira de Telecomunicações (Embratel), criada por um decreto do ditador Castelo Branco. O país ainda não contava com um "Ministério das Comunicações", que só viria a ser criado no ano seguinte, sob a ditadura de Médici, quando também seria fundado o jornal satírico *O Pasquim*, que fortaleceria a imprensa alternativa ao buscar driblar a censura e denunciar os abusos por parte do regime militar. Em nível mundial, um ano antes de Medellín, ocorria a primeira transmissão global de TV via satélite. E, no ano seguinte, 1969, seria criada a Arpanet, a primeira rede operacional de computadores, desenvolvida para fins militares pelo Departamento de Defesa dos Estados Unidos, que serviria de "embrião" para a atual internet.

Em suma, outros tempos, outra realidade, outras tecnologias e também outra comunicação. Foi nesse contexto, marcado pelo "signo da transformação e do desenvolvimento" da América Latina, que os bispos latino-americanos, reunidos em Medellín, refletiram sobre a comunicação. Trata-se de uma verdadeira inovação no pensamento eclesial, como tentativa de problematização e resposta a uma "nova época" e a uma "nova cultura" (DM 16, par. 1) então emergentes. Como reconheciam os bispos já no primeiro capítulo do documento, as "técnicas e meios de comunicação social" passavam, então, a desencadear um "processo de socialização" do continente, assumindo um papel relevante no contexto familiar, na educação, na formação religiosa e também na catequese.

A 50 anos da publicação do documento de Medellín, queremos aqui reler o capítulo 16 e perceber o que dele permanece de mais relevante para a práxis comunicacional da Igreja latino-americana hoje, depois de tantas mudanças sociais, tecnológicas, culturais e históricas nesse meio século que se passou. Trata-se de uma tentativa de ir além da "letra" do texto, indo ao encontro do seu "espírito" em sentido comunicacional; de ultrapassar o seu "conteúdo" muitas vezes datado, alcançando a sua "mensagem" mais profunda que perdura no tempo. Nesse processo de atualização, é preciso ir além daquilo que foi "enunciado" pelos bispos reunidos em Medellín em 1968, para ouvir aquilo que continua sendo "anunciado" pelo texto, mediante uma releitura em meio às luzes e sombras da contemporaneidade.

I – Inter Mirifica: "antecedente" eclesial do capítulo 16 do Documento de Medellín

Primeiramente, é importante revisitar o "antecedente" eclesial do capítulo 16 do documento de Medellín, pois a reflexão sobre os meios de comunicação social proposta pelos bispos latino-americanos encontra uma estreita relação com o Concílio Ecumênico Vaticano II. Tal reflexão se segue à publicação do decreto *Inter mirifica sobre os meios de comunicação social*, documento aprovado pelos Padres conciliares e promulgado pelo Papa Paulo VI no dia 4 de dezembro de 1963.

O decreto – citado cinco vezes no capítulo 16 de Medellín – marca a primeira vez em toda a história da Igreja em que um Concílio abordava, especificamente com um documento próprio, a questão da comunicação. De certo modo, Medellín busca fazer uma tradução e uma recepção latino--americanas do decreto conciliar. Se não é possível entender Medellín sem o Vaticano II, é igualmente difícil entender a abordagem e a perspectiva comunicacionais do documento de Medellín sem o decreto *Inter mirifica*.

O texto conciliar, em síntese, regozija-se diante das *mirifica technicae artis* inventadas pelo ser humano como "a imprensa, o cinema, a rádio, a televisão" (IM 1). Assim começa o decreto: "Entre as maravilhosas invenções da técnica que, principalmente nos nossos dias, o engenho humano extraiu, com a ajuda de Deus, das coisas criadas, a santa Igreja acolhe e fomenta aquelas que dizem respeito, antes de mais, ao espírito humano e abriram novos caminhos para comunicar facilmente notícias, ideias e ordens". Na íntima relação entre as "invenções da técnica", o "engenho humano" e as "coisas criadas", a Igreja vê despontar "novos caminhos" para a comunicação que favoreceriam também a sua própria missão de "pregar a mensagem da salvação" (IM 3).

II – "Os meios de comunicação social": uma síntese do capítulo 16 do Documento de Medellín

O capítulo 16 é a seção que encerra o documento de Medellín. Assim como o texto em geral, esse capítulo também está marcado pelo método "ver-julgar-agir", a partir dos próprios entretítulos das três partes que articulam seus 24 parágrafos.

Em primeiro lugar, o texto faz uma "Descrição da realidade" (par. 1-3) dos meios de comunicação social na América Latina ("ver"). Essa seção parte da constatação de que a comunicação social é "uma das principais dimensões da humanidade", pois "inaugurou uma nova época" (par. 1), a partir do avanço das inovações daqueles anos, como os satélites e a eletrônica. Os bispos latino-americanos reconhecem que os meios de comunicação "plasmam o homem e a sociedade", gerando "uma nova cultura". Ressalta-se que tais meios "aproximam homens e povos", favorecendo, por um lado, a "personalização" e, por outro, o "fenômeno da socialização, uma das conquistas da época moderna". Segundo os prelados, especificamente na América Latina, os meios de comunicação "contribuem para despertar a consciência das grandes massas sobre suas condições de vida", embora muitos deles estejam "vinculados a grupos econômicos e políticos, nacionais e estrangeiros, interessados na preservação do *status quo* social" (par. 2).

Com as "Justificações" (par. 4-9), a Igreja do continente reflete sobre as potencialidades da comunicação ("julgar"). Parte-se do pressuposto de que, especialmente na América Latina, "a Igreja recebe com prazer a ajuda providencial destes meios", tendo em vista sua possível contribuição "para a promoção humana e cristã do continente" (par. 4). Focando o contexto local, o texto justifica a importância dos meios de comunicação para a Igreja a partir do seu papel no "indispensável processo de transformação da América Latina" (par. 5), como "agentes ativos" no sentido de "sensibilizar a opinião pública" e de "promover a participação ativa de toda a sociedade em sua execução". A principal justificação eclesial, entretanto, é que os meios de comunicação social "são um imperativo dos tempos presentes para que a Igreja realize sua missão evangelizadora" (par. 7).

Por fim, são apresentadas algumas "Recomendações pastorais" à Igreja do continente, que constituem a maior seção desse capítulo (par. 10-24), tendo em vista a presença e a atuação eclesiais no campo da comunicação ("agir"). Medellín reconhece que a Igreja é chamada a estar presente no campo da comunicação "com uma pastoral dinâmica que abarque todos os setores deste amplo mundo" (par. 10), reconhecendo também "o direito de a Igreja possuir meios próprios" (par. 11). Os cristãos são chamados a trabalhar nos meios de comunicação "segundo o espírito de diálogo e serviço assinalado pela constituição *Gaudium et spes*", ou seja, sendo "fermento na massa" e ampliando "os contatos entre a Igreja e o mundo" (par. 12), contribuindo, assim, na sua transformação.

Por outro lado, os bispos latino-americanos percebem a urgência de "suscitar e promover vocações no campo da comunicação social, especialmente entre os leigos" (par. 13). Para isso, sustentam que estes recebam uma "adequada formação apostólica e profissional" (par. 14), que também deve ser oferecida pela Igreja aos jovens, na escola e na catequese (par. 15), a "bispos, sacerdotes e religiosos de ambos os sexos" (par. 16), contando com o apoio de "estudiosos e intelectuais", a fim de "especificar cada vez mais as dimensões desta nova cultura e suas projeções futuras" (par. 17). E, diante da socialização promovida pelos meios, Medellín também solicita que os meios de comunicação prezem pela "promoção dos valores autóctones" das culturas locais (par. 18).

Depois, o documento dedica os parágrafos 19, 20 e 21 a questões organizacionais internas à Igreja (como a necessidade de criar e fortalecer "Escritórios Nacionais de Imprensa, Cinema, Rádio e Televisão" nos países da América Latina), pedindo também, profeticamente, no número 22, a "necessária liberdade de expressão, indispensável dentro da Igreja". Lembra ainda aos episcopados nacionais do continente sobre a importância de celebrar o Dia Mundial das Comunicações Sociais, conforme pedido pelo decreto *Inter mirifica* (par. 23).[2]

Por fim, tais recomendações pastorais têm como horizonte o fato de que, sem os meios de comunicação, "não se poderá obter a promoção do homem latino-americano e as necessárias transformações do continente" (par. 24). Daí se infere não apenas sua "utilidade e conveniência, mas sobretudo a necessidade absoluta de empregá-los, em todos os níveis e em todas as formas, na ação pastoral da Igreja".

III – "Os meios de comunicação social": uma atualização do capítulo 16 do Documento de Medellín

Nesta releitura, destacaremos três eixos transversais principais do capítulo 16 do documento de Medellín, oferecendo algumas considerações, em vista a uma atualização do seu "espírito comunicacional". Trata-se de apenas alguns pontos de destaque, dentro da riqueza do texto em geral. São os eixos: *tecnopolítico-econômico*, *sociocultural* e *pastoral-eclesial* da comunicação, que apresentam, ao mesmo tempo, cristalizações históricas presentes no texto que ficaram perdidas ao longo do tempo, mas também o reconhecimento de movimentos comunicacionais que perduram ainda hoje.

1. Eixo tecnopolítico-econômico

O capítulo 16 se situa historicamente em um ambiente tecnológico marcado pelo avanço dos satélites e da eletrônica (DM 16, par. 1), em que

---

[2] O decreto também solicitava outras duas respostas concretas por parte da Igreja no âmbito da comunicação: a criação de um secretariado pontifício voltado à comunicação (o ex-Pontifício Conselho para as Comunicações Sociais, reestruturado em 2015 pelo Papa Francisco com o nome de Secretaria para a Comunicação); e a publicação de uma instrução pastoral sobre o tema da comunicação, que foi publicada em 1971 pelo Papa Paulo VI, intitulada *Communio et progressio*.

os principais meios de comunicação são a "imprensa, o cinema, rádio, televisão, teatro, discos" (par. 4). Fala-se, então, do surgimento de uma "civilização audiovisual" (par. 1). Cinquenta anos depois, encontramo-nos em meio ao surgimento de outra civilização, que poderíamos chamar de "digital", nascida a partir de uma verdadeira reviravolta comunicacional. Trata-se dos "10.000 dias que estremeceram o mundo",[3] desde o surgimento das interfaces gráficas dos computadores (com o *Macintosh*, da Apple, em 1984), que deram origem aos *tablets* e *smartphones* contemporâneos, e da rede mundial de conexões digitais (a *World Wide Web*, WWW, em 1992), que ao longo do tempo transformou praticamente todos os âmbitos da vida social.

Mas Medellín conserva a sua atualidade quando valoriza os "maravilhosos inventos da técnica", aos quais a Igreja "acolhe e incentiva" (DM 16, par. 4), porque "aproximam homens e povos, convertendo-os em próximos e solidários" (par. 1). Hoje, quando surgem novos "inventos da técnica" graças à digitalização, a Igreja do Papa Francisco mantém a mesma postura de Medellín, ao reconhecer, por exemplo, que "particularmente a internet pode oferecer maiores possibilidades de encontro e de solidariedade entre todos; e isto é uma coisa boa, é um dom de Deus. [...] A rede digital pode ser um lugar rico de humanidade: não uma rede de fios, mas de pessoas humanas".[4]

Contudo, atualmente, o mundo experimenta uma "explosão" tecnológica mais ampla e mais rápida, que leva à transição de uma "era dos meios de massa" para uma "era da *massa de meios*".[5] Isso gera uma ecologia midiática muito mais complexa, em que qualquer "ser comunicacional"

---

[3] SCOLARI, C. Los 10.000 días que estremecieron al mundo. Redes, medios e interfaces. In: VERÓN, E.; FAUSTO NETO, A.; HEBERLÊ, A. L. O. (org.). *Pentálogo III: Internet: viagens no espaço e no tempo*. Pelotas: Editora Cópias Santa Cruz, 2013, p. 75-98.

[4] FRANCISCO. Comunicação ao serviço de uma autêntica cultura do encontro. Mensagem para o 48º Dia Mundial das Comunicações Sociais. *Vatican.va*, Vaticano, 24 jan. 2014. Disponível em: http://goo.gl/8JbLFr.

[5] ALVES, R. C. Passamos dos meios de massa para a massa de meios. *Valor Econômico*, São Paulo, 31 jul. 2013. Disponível em: http://goo.gl/Mtajae.

tem uma chance de sobreviver. Em uma sociedade da comunicação e da conexão ubíquas, a criação, o armazenamento, a gestão, a distribuição e o consumo de informações e conteúdos se "socializam", envolvendo não mais apenas as grandes empresas de comunicação ou as principais instituições sociais (como a Igreja), mas também, potencialmente, cada pessoa, graças ao acesso facilitado a tecnologias da informação de alcance global e instantâneo. Com isso, a cadência diária da produção de notícias por parte da imprensa vai sendo posta em xeque pela instantaneidade das informações produzidas e compartilhadas no Facebook, Twitter e afins. A "programação" de um canal de TV, com sua grade fixa de horário, vai sendo suplantada pela liberdade de escolha de conteúdos, tempos, lugares e modalidades de fruição em plataformas como YouTube ou Netflix, acessíveis sempre *onde e quando* o usuário conectado à rede quiser. Assim, o cotidiano da história também passa a ser narrado por "microagentes" comunicacionais interconectados em rede, que se convertem em verdadeiras *mídias* no tecido social.

Tudo isso traz também consequências políticas, como as diversas Primaveras Árabes, ou movimentos como o *Occupy Wall Street*, nos Estados Unidos, ou os *Indignados*, na Espanha, ou mesmo as manifestações de 2013 no Brasil, com a emergência de coletivos como *Mídia Ninja* e *Jornalistas Livres*,[6] em que redes e ruas se conectam de maneiras emergentes, "passando da conexão ao encontro, e do encontro à ação".[7] No ambiente digital, as pessoas encontram novas formas de relação pessoal, de interação social e de organização da informação e do conhecimento, sem fronteiras de espaço e sem limites de tempo, o que também traz implicações para a vida da fé.[8]

---

[6] Cf. CASTELLS, M. *Redes de indignação e esperança*: movimentos sociais na era da internet. Rio de Janeiro: Zahar, 2013.

[7] MARTÍN-BARBERO, J. "Tecnicidades, identidades, alteridades: mudanças e opacidades da comunicação no novo século". In: MORAES, D. (org.). *Sociedade midiatizada*. Rio de Janeiro: Mauad, 2006, p. 69.

[8] SBARDELOTTO, M. *E o Verbo se fez bit*: a comunicação e a experiência religiosas na internet. Aparecida: Santuário, 2012.

Se as atuais formas de relação social são fruto de uma série de mudanças históricas, estas, contudo, não poderiam se desenvolver sem a internet e as tecnologias digitais,[9] que também suscitam "aspirações e exigências de transformações radicais" (DM 16, par. 2). Mas é preciso atentar para o risco de recair em um "paradigma tecnocrático" (*Laudato si'*, 101ss) que pode afetar também a comunicação. Hoje, muitas vezes, a técnica assume um "poder globalizante e massificador" (LS 108), pretendendo ser a única solução dos problemas culturais e sociais, ignorando "o mistério das múltiplas relações que existem entre as coisas e, por isso, às vezes resolve um problema criando outros" (LS 20).

Desse modo, continua sendo necessária a postura crítica do documento de Medellín, especialmente em relação à vinculação dos meios de comunicação "a grupos econômicos e políticos nacionais e estrangeiros, interessados na preservação do *status quo* social" (DM 16, par. 2). Na transição comunicacional dos últimos 50 anos, despontaram novos oligopólios da comunicação, como os chamados "quatro cavaleiros do Apocalipse" (Google, Facebook, Apple e Amazon; mas poderíamos incluir vários outros), todos de matriz estadunidense. São tais empresas, em sua grande maioria, que detêm a "chave de acesso" ao ambiente digital, em primeiro lugar por meio da venda dos aparatos necessários (celulares, *tablets*, dispositivos digitais em geral), com novos modelos sendo lançados a cada ano, mediante uma obsolescência tecnológica programada, que rapidamente torna antiquada e praticamente inutilizável qualquer versão anterior de um mesmo aparelho. A inclusão digital, portanto, tem o seu preço – ao qual uma grande parcela da população latino-americana não tem condições de pagar. E, como afirma o Papa Francisco, "a pessoa que, pelas mais diversas razões, não tem acesso aos meios de comunicação social, corre o risco de ser excluída".[10]

---

[9] CASTELLS, Manuel. "Internet e sociedade". In: MORAES, D. *Por uma outra comunicação: mídia, mundialização, cultura e poder*. Rio de Janeiro: Record, 2005, p. 287.

[10] FRANCISCO, op. cit., 2014.

Em segundo lugar, a "chave de acesso" fornecida por tais empresas ao ambiente digital envolve a inscrição do indivíduo em seus bancos de dados. Para termos acesso a determinada plataforma como Facebook, Twitter, Instagram etc., disponibilizamos grandes quantidades de informações pessoais. E, ao contrário dos meios de comunicação dos anos 1960, tais plataformas, em geral, não nos retribuem algum conteúdo próprio, mas permitem a conexão com os demais usuários e com redes sociais mais amplas. Para manter tais conexões, todos se convertem em "funcionários" dessas empresas, pois, ao publicarem textos, fotos, vídeos, estão criando valor em forma de conteúdo sobre a própria vida, que, depois, é monetizado por essas companhias com a venda de espaços de publicidade, direcionada novamente aos interesses pessoais do próprio usuário, fechando um ciclo (perverso?) de comunicação. Tal cenário envolve decisões empresariais que visam transformar a vida das pessoas, em nível global, em produto a ser negociado no "mercado" simbólico e tecnológico contemporâneo, inspirado na ideologia norte-americana.[11]

Isso gera uma enorme concentração de poder para tais empresas nas atuais sociedades da informação, pois, ao deterem bancos de dados gigantescos sobre grandes parcelas da sociedade, elas podem controlar quem publica o que e para quem, e como, quanto e para quem tais publicações irão gerar lucro. O risco, nesse sentido, afirma Francisco, é "fechar-se numa esfera de informações que correspondem apenas [...] a determinados interesses políticos e econômicos".[12] Por isso, como já antevia Medellín, a Igreja continua sendo chamada a promover uma práxis comunicacional crítica em relação a tais ações, para que se possa alcançar "a promoção do homem latino-americano e as necessárias transformações do continente" (DM 16, par. 24).

---

[11] SODRÉ, M. *Antropológica do espelho*: uma teoria da comunicação linear e em rede. 7. ed. Petrópolis: Vozes, 2012, p. 28.

[12] FRANCISCO, op. cit., 2014.

2. Eixo sociocultural

Como é próprio da reflexão de linhagem latino-americana, o aspecto cultural ganha ênfase nas análises do documento de Medellín sobre os meios de comunicação. Em uma época em que a TV em cores ainda dava seus primeiros passos, os bispos do continente já atentavam para o fato de que tais meios "plasmam o homem e a sociedade", forjando "uma nova cultura" (DM 16, par. 1).

Em geral, a visão oferecida pelo documento sobre os meios de comunicação é bastante positiva, às vezes até de modo excessivo, o que se explica pela grande novidade gerada então pela "civilização audiovisual". Por exemplo, o documento chega a exaltar a "nova cultura" por se colocar "ao alcance de todos, alfabetizados ou não", ao contrário da cultura tradicional, que "favorecia apenas uma minoria" (DM 16, par. 1). Contudo, sabemos que, passados 50 anos, existem ainda muitas "minorias" excluídas dos processos comunicacionais contemporâneos, seja pela falta de acesso às tecnologias, naquilo que se costumou chamar de "brecha digital", seja pela inabilidade tecnológica, a ponto de se falar da necessidade de uma "alfabetização digital". Muitas vezes, no lugar de se colocar a "serviço de uma autêntica educação integral, apta a desenvolver o homem todo" (DM 16, par. 6), os meios de comunicação latino-americanos contribuem para construir verdadeiras "sociedades do desconhecimento",[13] em que se realiza, ao contrário, o não reconhecimento da pluralidade de vivências e saberes das maiorias populares ou das minorias sociais.

Nesse sentido, é preciso atualizar as considerações do documento para um período histórico em que se revela uma potencial "virada epocal" da comunicação e das práticas culturais em sociedade. Hoje, graças também às redes digitais, ocorrem uma *aceleração* e uma *diversificação* de modos pelos quais as culturas interagem com outras culturas, e as sociedades

---

[13] MARTÍN-BARBERO, op. cit., 2006, p. 55.

interagem com outras sociedades,[14] dando origem a "uma nova realidade histórico-social de interdependência"[15] entre culturas e sociedades.

Mais do que nos tempos de Medellín, hoje também as mídias contemporâneas "aproximam homens e povos" (DM 16, par. 1), mas tal processo não é neutro, pois, por um lado, pode promover uma *homogeneização cultural*, na qual as interações em rede fomentam uma padronização dos modos de ser e agir dos indivíduos a partir da referência aos padrões vigentes nos grandes centros hegemônicos, pondo em xeque os valores e costumes locais e tradicionais. Mas, por outro lado, um maior contato intercultural também possibilita que os valores e costumes locais transpassem suas fronteiras. Isso gera uma hibridação cultural por meio de misturas simbólico-artísticas, fusões entre culturas locais e midiáticas, mestiçagens étnicas, sincretismos religiosos, em que cada cultura pode se enriquecer com o repertório das outras, favorecendo a sobrevivência das culturas autóctones e a modernização das culturas tradicionais.[16]

Nesse sentido, chama a atenção o parágrafo 18 desse capítulo, em que os bispos solicitam que os conteúdos produzidos pelos meios de comunicação levem em consideração as "variadas culturas locais", orientados para a "promoção dos valores autóctones". Desponta aí o papel ativo e criativo da cultura na ressignificação daquilo que é ofertado pela grande mídia, mediante um processo de apropriação daquilo que é comunicado. Em tempos de redes, é preciso enfatizar ainda mais essa *natureza comunicativa da cultura*, ou seja, o "seu caráter de processo produtor de significações e não de mera circulação de informações, no qual o receptor, portanto, não é um

---

[14] BRAGA, José Luiz. "Circuitos *versus* campos sociais". In: MATTOS, Maria A.; JUNIOR, Jeder J.; JACKS, Nilda (org.). *Mediações e midiatização*. Salvador: EDUFBA, 2012, p. 35.

[15] MARTÍN-BARBERO, J. "Uma aventura epistemológica". *MATRIZES*, São Paulo, ano 2, n. 2, p. 143-162, 2009. Disponível em: https://goo.gl/vbtoj7.

[16] CANCLINI, N. G. *Culturas híbridas*: estratégias para entrar e sair da modernidade. 4. ed. São Paulo: EDUSP, 2003.

simples decodificador daquilo que o emissor depositou na mensagem, mas também um produtor".[17]

Tal reconhecimento nos afasta de algumas categorias usadas por Medellín para ler o seu contexto histórico-social, como o das "grandes massas" (DM 16, par. 2). Segundo o documento, os meios de comunicação tenderiam a "massificar o homem" e, ao mesmo tempo, possibilitariam "despertar a consciência" de tais massas sobre suas condições de vida (par. 1). Hoje, não se manifestariam propriamente "massas" informes e sem rosto, mas sim indivíduos e coletivos conectados em rede. Em termos comunicacionais, encontramo-nos diante de "uma transformação que desafia a ontologia na qual o paradigma da comunicação de massa foi baseado",[18] pondo em crise e gerando novos desafios para as instituições e corporações midiáticas tradicionais.

O ambiente digital se converte em espaço de autonomia midiática para sujeitos diversos, indo além do controle dos Estados, dos governos, das empresas, das instituições (como a própria Igreja) que, ao longo da história, haviam monopolizado os meios de comunicação e a própria construção de sentido social. Os chamados "receptores" passam a participar ativamente dos processos midiáticos, ocupando lugares antes detidos apenas pelos técnicos ou profissionais das corporações de comunicação. Especialmente com a internet, "é o homem comum, sem qualquer visibilidade corporativa, que dá à ambiência da comunicação e da informação generalizada o estatuto de nova esfera existencial".[19]

Medellín considerava os meios tradicionais como *essenciais* para sensibilizar a opinião pública" (DM 16, par. 5). Mas hoje tal afirmação, embora continue sendo válida até certo ponto, perde força, pois os sentidos sociais

---

[17] MARTÍN-BARBERO, op. cit., 2008, p. 289.

[18] COULDRY, N. "A mídia tem futuro?". *MATRIZES*, São Paulo, ano 4, n. 1, p. 51-64, jul./dez. 2010. Disponível em: https://goo.gl/sfcmDB.

[19] SODRÉ, M. *A ciência do comum*: notas para o método comunicacional. Petrópolis: Vozes, 2014, p. 116.

podem ser constituídos e ressignificados socialmente graças ao poder das pessoas em geral de também "publicar uma opinião" midiaticamente. Não se trata de uma prerrogativa exclusiva da "grande mídia". No ambiente digital, é a própria pessoa que tem o controle de decidir o que é privado e o que é público, podendo escolher autonomamente e *à la carte* os conteúdos e os interagentes com os quais quer se comunicar.

Desse modo, a *personalização* abordada por Medellín se atualiza comunicacionalmente como *autonomização*, por meio da transformação das condições de acesso e de ação dos indivíduos na discursividade midiática.[20] E, por outro lado, a *socialização* reconhecida pelos bispos latino-americanos como "uma das conquistas da época moderna" (par. 1) se presentifica como um processo de *conectividade*, em que os meios digitais potencializam a expansão e o aprofundamento das relações sociais e das práticas culturais.

Emerge, desse modo, um *novo ambiente antropológico, social e cultural*, um "*bios* midiático",[21] uma ambiência comunicacional crescentemente complexa. Isso aponta para uma "uma viragem fundamental no modo de ser e atuar em sociedade", para um "novo modo de ser no mundo", em que as mídias fazem parte da própria autocompreensão individual e social, em um processo de *midiatização* das sociedades contemporâneas.[22] Por isso, o desafio eclesial não é o de meramente "usar" instrumentos tecnológicos, mas sim o de promover uma *inculturação digital*, reconhecendo a cultura digital emergente e a complexidade de suas redes, para assim acolher suas "formas e valores positivos que podem enriquecer o modo como o Evangelho é pregado, compreendido e vivido" (EG 116).

---

[20] Cf. VERÓN, E. "Prólogo: La mediatización, ayer y hoy". In: CARLÓN, M.; FAUSTO NETO, A. (org.). *Las políticas de los internautas*: nuevas formas de participación. Buenos Aires: La Crujía, 2012.

[21] SODRÉ, op. cit., 2012.

[22] FAXINA, E.; GOMES, P. G. *Midiatização*: um novo modo de ser e viver em sociedade. São Paulo: Paulinas, 2016, p. 19.

Hoje, é preciso reconhecer não apenas os grandes meios, mas também as redes sociais atuantes nas redes digitais como "agentes positivos de mudança" (DM 16, par. 2) e "agentes ativos de transformação" da América Latina (par. 6), muitas vezes cumprindo a missão que Medellín percebia nos meios tradicionais (como "educação de base", "educação integral", "programas de formação" etc.), que estes foram abandonando ao longo do tempo em nome da popularidade e da lucratividade. Tais redes podem ser entendidas como "embriões de uma nova cidadania e de um novo espaço público".[23] Nesse sentido, "o acesso às redes digitais implica uma responsabilidade pelo outro, *que não vemos mas é real, tem a sua dignidade que deve ser respeitada. A rede pode ser bem utilizada para fazer crescer uma sociedade sadia e aberta à partilha*".[24]

3. Eixo pastoral-eclesial

Assim como nos anos 1960, os meios de comunicação continuam sendo "um imperativo dos tempos presentes para que a Igreja realize sua missão evangelizadora" (DM 16, par. 7). Do ponto de vista pastoral-eclesial, Medellín reconhece as iniciativas feitas pela Igreja nesse sentido, embora "algumas não chegaram a preencher sua finalidade pastoral", devido à "falta de uma visão clara do que representa a comunicação social em si mesma" (DM 16, par. 3). Perdura, portanto, a necessidade permanente de uma "*pastoral dinâmica* que abarque todos os setores" da comunicação (DM 16, par. 9).

Essa urgência se atualiza hoje no desejo do Papa Francisco de uma "conversão pastoral e missionária" (*Evangelii gaudium*, n. 25), também em sentido comunicacional, que seja capaz de "transformar tudo [...] os costumes, os estilos, os horários, a linguagem e toda a estrutura eclesial", para

---

[23] MARTÍN-BARBERO, op. cit., 2006, p. 53.

[24] FRANCISCO. "Comunicação e Misericórdia: um encontro fecundo. Mensagem para o 50º Dia Mundial das Comunicações Sociais". *Vatican.va*, Vaticano, 24 jan. 2016. Disponível em: https://goo.gl/DIbtXn. Grifo nosso.

que "a pastoral ordinária em todas as suas instâncias seja mais comunicativa e aberta" (EG 27). A comunicação se reveste de um papel de extrema relevância na construção de uma "Igreja em saída", uma Igreja "acidentada, ferida e enlameada por ter saído pelas estradas" do mundo onde as pessoas vivem (EG 49). E, entre essas estradas, "estão também as digitais, congestionadas de humanidade, muitas vezes ferida: homens e mulheres que procuram uma salvação ou uma esperança. [...] Abrir as portas das igrejas significa também abri-las no ambiente digital".[25]

Por isso, continua atual a necessidade sentida por Medellín de uma "adequada formação apostólica e profissional" (DM 16, par. 14) em comunicação, especialmente como "matéria de estudo sistemático nos seminários e casas de formação religiosa" (par. 16). A revolução comunicacional é "um grande e apaixonante desafio que requer energias frescas e uma imaginação nova para transmitir aos outros a beleza de Deus".[26] Para isso, tal formação demanda não apenas "conhecimentos teológicos, como sociológicos e antropológicos que exigem as realidades do continente" (DM 16, par. 14), mas também das Ciências da Comunicação, que nesses 50 anos, especialmente na América Latina, constituíram um espaço de reflexão marcado por uma forte tradição de compromisso social.[27] Por outro lado, é importante aprofundar os desdobramentos de fronteira da própria Teologia, como os estudos de interface com a cultura digital, que buscam refletir sobre o que muda no modo de pensar e viver a fé em tempos de redes.[28]

Medellín também reconhece como direito da Igreja o fato de "possuir meios próprios, que em alguns casos são necessários para ela" (DM 16, par. 11).

---

[25] FRANCISCO, op. cit., 2014.

[26] FRANCISCO, op. cit., 2014.

[27] BERGER, C. "A pesquisa em comunicação na América Latina". In: HOHLFELDT, A.; MARTINO, L. C.; FRANÇA, V. V. (org.). *Teorias da comunicação*: conceitos, escolas e tendências. 5. ed. Petrópolis: Vozes, 2001, p. 241-278.

[28] SPADARO, A. *Ciberteologia*: pensar o cristianismo nos tempos da rede. São Paulo: Paulinas, 2012.

Mas, ao mesmo tempo, afirma ser "indispensável um requisito para justificar essa posse: não apenas contar com uma organização que garanta sua eficácia profissional, econômica e administrativa, mas sobretudo que *preste um serviço real à comunidade*". Trata-se de um ponto de grande relevância, especialmente no contexto brasileiro, dada a grande presença de mídias católicas.

Por um lado, em âmbito comunicacional eclesial, pode-se cair na tentação de "privilegiar os espaços de poder em vez dos tempos dos processos" (EG 223), tentando se valer de todos os âmbitos de autoafirmação midiáticos, como as concessões públicas de rádio e TV. Ao contrário, Francisco nos lembra de que é preciso "dar prioridade ao tempo" da comunicação, o que significa, parafraseando o pontífice, "ocupar-se mais com iniciar processos comunicacionais do que possuir espaços midiáticos" (cf. EG 223). Ou seja, "criar pontes, favorecer o encontro e a inclusão, enriquecendo assim a sociedade [...] compartilhar questões e dúvidas, caminhar lado a lado, libertar-se de qualquer presunção de onipotência e colocar, humildemente, as próprias capacidades e dons a serviço do bem comum".[29]

Em vez disso, depositar a confiança eclesial nas "estratégias de *marketing*" religioso, no "solucionismo tecnológico", nas "métricas publicitárias" como resposta aos desafios pastorais pode acabar manifestando um *mundanismo comunicacional*, que, embora com "aparências de religiosidade e até mesmo de amor à Igreja", busca, no fundo, "a glória humana e o bem-estar pessoal" do comunicador (EG 93). O desafio fundamental para uma presença significativa da Igreja na cultura midiática atual, portanto, não é a mera aquisição de tecnologias sofisticadas, nem um suposto "poder comunicacional" calculado em índices de audiência ou de fama. "O Deus em quem acreditamos, um Deus apaixonado pelo ser humano, quer se manifestar através dos nossos meios, *ainda que pobres*, porque é ele que opera, é ele que transforma, é ele que salva a vida do ser humano."[30]

---

[29] FRANCISCO, op. cit., 2016.

[30] FRANCISCO. "Discurso aos participantes na Assembleia Plenária do Pontifício Conselho para as Comunicações Sociais". *Vatican.va*, Vaticano, 21 set. 2013. Disponível em: https://goo.gl/oKykv3.

Por outro lado, como advertem os bispos reunidos em Medellín, a relevância das mídias católicas não está apenas em transmitir ao grande público "notícias relativas aos acontecimentos da vida eclesial e suas atividades" (em uma mera autorreferencialidade eclesial), mas, sobretudo, em "interpreta[r] os fatos à luz do pensamento cristão" (DM 16, par. 8). Aí se encontra o seu "serviço real à comunidade" (DM 16, par. 11). Como afirma o Papa Francisco, "independentemente das tecnologias", o objetivo da comunicação cristã é "saber *inserir-se no diálogo com os homens e as mulheres de hoje*, para compreender as suas expectativas, dúvidas, esperanças".[31] Os bispos em Medellín também reconhecem isso, ao atentar para a necessidade de um "espírito de diálogo e serviço" (DM 16, par. 12) no trabalho dos cristãos nos meios de comunicação social. Mais do que nunca é necessário reiterar e reforçar esse ponto do documento, pois só assumindo esse papel específico é que a Igreja poderá "apresentar a este continente uma imagem mais exata e fiel de si mesma" (DM 16, par. 8).

Há outro ponto do documento de Medellín que merece destaque. Em plenos anos 1960, os bispos latino-americanos já defendiam uma "necessária liberdade de expressão, indispensável dentro da Igreja" (DM 16, par. 22). Até que ponto isso evoluiu? Será que os meios de comunicação católicos favorecem tal liberdade de expressão, dando espaço e voz a todas as diversidades, especialmente minoritárias, que enriquecem a vivência eclesial? Ou privilegiam sempre a uniformidade do "mais do mesmo"? Os leigos, "imensa maioria do povo de Deus" (EG 102), têm voz e vez nas mídias católicas? Ou predomina certo *clericalismo comunicacional*, que "esquece que a visibilidade e a sacramentalidade da Igreja pertencem a todo o povo de Deus e não só a poucos eleitos e iluminados", gerando "uma das maiores deformações que a América Latina deve enfrentar"?[32] Os bispos reunidos em Medellín são claros e continuam atuais quando, retomando a *Gaudium*

---

[31] FRANCISCO, op. cit., 2013.

[32] FRANCISCO. "Carta do Papa Francisco ao cardeal Marc Ouellet, presidente da Pontifícia Comissão para a América Latina". *Vatican.va*, Vaticano, 19 mar. 2016. Disponível em: https://goo.gl/DXNkji.

et spes, pedem que se reconheçam "todas as legítimas diversidades [no seio da Igreja] para abrir com fecundidade sempre crescente o diálogo entre todos os que integram o único Povo de Deus, tanto os pastores como os demais fiéis" (DM 16, par. 22). Esse continua sendo um desafio comunicacional extremamente contemporâneo.

Entretanto, mesmo quando os espaços eclesiais, midiáticos ou não, dificultam tal liberdade, os cristãos e cristãs encontram outras "brechas" comunicacionais para se expressar, como as redes do ambiente digital. Temos, assim, a constituição de novos modos de construir a "opinião pública" na Igreja, novas condições de dizer e de fazer o catolicismo e a fé cristã hoje.[33] Portanto, é preciso ver as redes digitais não apenas como um "continente" a ser evangelizado, mas também e principalmente como um lócus pastoral e teológico de escuta ao *sensus fidelium*, "voz viva do povo de Deus", cujas "reações [...] devem ser consideradas com maior seriedade".[34] Nas expressões da fé em rede, em suas luzes e sombras, em meio a suas banalidades e extremismos, riquezas e pobrezas, o Magistério e a teologia também são chamados a "descobrir as ressonâncias profundas da Palavra de Deus".[35]

Concluindo para começar

Cinquenta anos depois de Medellín, o desafio eclesial continua sendo enfrentar a realidade da comunicação – hoje mais do que nunca "uma das principais dimensões da humanidade" (DM 16, par. 1) – com responsabilidade pastoral crítica, sem anacronismos nem deslumbramentos, percebendo, nos processos de midiatização e digitalização, um "sinal dos tempos" que aponta para uma complexificação da práxis eclesial. Na ação pastoral da Igreja, o desafio é colocar em prática uma visão e uma

---

[33] SBARDELOTTO, M. "A Igreja em um contexto de 'Reforma digital': rumo a um *sensus fidelium digitalis?*". *Cadernos Teologia Pública*, São Leopoldo, v. XIII, p. 3-44, 2016. Disponível em: https://goo.gl/R7pBMQ.

[34] COMISSÃO Teológica Internacional. "O *sensus fidei* na vida da Igreja". *Vatican.va*, Vaticano, 2014. Disponível em: http://goo.gl/VAoP4G, n. 74.

[35] COMISSÃO, op. cit., 2014, n. 81.

experiência da fé que levem em conta a *conectividade* da própria experiência cristã, marcada por uma "comunidade de comunidades evangelizadas e missionárias" (*Documento de Aparecida*, 99e), cuja constituição se dá por meio de um processo intrinsecamente comunicacional, que nos liga ao irmão a quem vemos e ao Deus a quem não vemos (cf. 1Jo 4,19).

Por fim, chama a atenção que, ao longo de todo o capítulo 16, Medellín não cita nenhuma vez o "pobre", uma categoria tão central para toda a reflexão do restante do documento. Assim, não podemos finalizar este texto sem incluir esse *post scriptum* decisivo sobre a práxis da Igreja latino-americana contemporânea. E, para isso, recorremos a um dos frutos maduros do pensamento comunicacional eclesial latino-americano, o *Diretório de Comunicação da Igreja no Brasil*, aprovado em 2014 pelos bispos brasileiros, o primeiro documento de tal relevância em toda a Igreja do continente americano.

Retomando a caminhada da Igreja da América Latina, o Diretório ressalta que a "opção preferencial pelos pobres" também diz respeito às "práticas comunicacionais da Igreja diante da realidade da pobreza que marca o nosso continente e, especialmente, o nosso país. A Igreja desenvolve sua ação comunicacional tendo em vista os desejos e as necessidades dos pobres, vendo neles não apenas seus destinatários, mas os verdadeiros protagonistas do seu próprio desenvolvimento".[36] Por isso, os bispos do Brasil ressaltam que "a missão essencial dos meios de comunicação de inspiração católica é o serviço aos pobres", mediante uma ação comunicacional "que o liberta das injustiças e o promove integralmente".[37]

Tal postura por parte da Igreja do Brasil frutifica as sementes lançadas pioneiramente em solo latino-americano pelos bispos reunidos em Medellín há 50 anos, permanecendo como desafio pastoral para que também a comunicação eclesial seja, ontem, hoje e sempre, "pobre e para os pobres" (EG 198).

---

[36] CONFERÊNCIA Nacional dos Bispos do Brasil. *Diretório de Comunicação da Igreja no Brasil*. Brasília: Edições CNBB, 2014, n. 135.

[37] CONFERÊNCIA, op. cit., 2014, n. 136.

Desafios e horizontes da ação da Igreja no mundo

Leonardo Boff[1]

Medellín (1968) significou o batismo da Igreja latino-americana, como, depois em Puebla (1979), representou a sua confirmação. Foi a consagração do novo que aqui surgiu.

Numa seara, antes da semeadura precisamos limpar o terreno. Aqui ocorre fazer o mesmo. Vejamos que coisas devem ser removidas para que apareça a novidade que pode significar, em grandes traços, a Igreja latino-americana.

I – O reducionismo da inculturação cristã ocidental

Somos um cristianismo de colonização, espelho das igrejas coloniais mais que fonte originária. Lentamente está se descolonizando (deixando de ser espelho) e adquirindo identidade própria (transformando-se em fonte). A Igreja, especialmente a nossa colonizada, precisa superar vários reducionismos e limitações próprios de sua encarnação na cultura greco--latina ocidental. Só assim o novo pode irromper:

Antes de mais nada, deve *desocidentalizar-se* e adequar-se à nova fase da humanidade, da Terra como Casa Comum. Caso contrário, ficará um apêndice do Ocidente.

---

[1] Nascido em 1938, é doutor pela Universidade de Munique. Durante 22 anos foi professor de Teologia Sistemática no Instituto Franciscano de Petrópolis e, posteriormente, professor de Ética e de Filosofia da Religião na Universidade do Rio de Janeiro. Autor de dezenas de livros nos vários campos da teologia e da filosofia, ultimamente se tem ocupado com a elaboração de uma ecoteologia da libertação. Site: leonardoboff.com. E-blog: leonardoboff. wordpress.com.

Deve *despatriarcalizar-se*, pois encarnou na fase patriarcal da humanidade, que implicava separar homem e mulher e entregar todo o poder ao homem.

Deve *desclericarizar-se*, pois conferiu todo o poder sagrado ao clero, despotencializando os leigos.

Deve renunciar à *exclusividade* presunçosa de se entender como única herdeira de Cristo e as demais igrejas como possuindo apenas elementos eclesiais. Como há um só Evangelho vivo, Cristo, testemunhado por quatro textos que se reconhecem entre si, assim há uma só Igreja de Deus e de Cristo realizada sob várias concretizações históricas.

Deve superar vários reducionismos doutrinários, alguns graves, inerentes à tradução da fé cristã no código ocidental. Há que se reconhecer que toda encarnação significa também limitação. Isso não é defeito, mas marca da implenitude da realidade. Elenco alguns reducionismos:

- Ao invés de se pregar o *Deus-Trindade*, a Igreja ficou no monoteísmo veterotestamentário e pré-trinitário. A pregação de um só e único Deus se adequava melhor à cultura do poder e do pensamento único reinante na cultura patriarcal e autoritária.

- Ao invés de prolongar o *sonho de Jesus*, do Reino de Deus, anunciou a Igreja fora da qual não há salvação, não raro, aliada aos poderosos e distanciada dos pobres e oprimidos.

- Ao invés de pregar a *ressurreição* como o evento maior da história, preferiu o anúncio da imortalidade da alma, crença platônica vastamente popularizada na época.

- Ao invés de apresentar o *Jesus real, histórico*, preferiu um Cristo definido em termos filosóficos e teológicos dos vários Concílios. Como aparece no credo, afirma-se a divindade de Jesus e logo se diz "se fez homem e por nossa salvação foi crucificado sob Pôncio Pilatos, padeceu e foi sepultado". Nada se diz de sua vida, mensagem, obra e por que o mataram. No fundo apenas se diz que "nasceu e morreu". Portanto, um reducionismo que esvazia totalmente a realidade humana de Jesus, aquela que realmente importa para o seu seguimento.

Desafios e horizontes da ação da Igreja no mundo | **301**

- Ao invés de reforçar a *comunidade*, na qual todos participavam de tudo, introduziu-se a hierarquia de pessoas e a divisão das funções, criando dois corpos na Igreja, o corpo clerical que tudo sabe e tudo pode e o corpo laical que lhe cabe apenas ouvir e executar.
- A invés da *comunhão dos bens*, apanágio das comunidades cristãs primitivas (cf. Atos 2 e 4), prevaleceu o espírito individualista pelo qual cada um cuida de salvar a própria alma.

Não obstante estes reducionismos, importa reconhecer que o cristianismo introduziu a dignidade inviolável de toda pessoa humana, de onde se derivaram os direitos universais, os ideais de igualdade, liberdade e fraternidade e a própria ideia de democracia. Mas na sua pregação e catequese não soube infundir a ideia do cuidado e da preservação de todo o criado.

Ainda há outros reducionismos não menos graves. Assim, a experiência originária do cristianismo de experimentar *Deus como Trindade de Pessoas* sempre em relação, base de toda a rede de relações na criação, como enfatizou o Papa Francisco em sua encíclica sobre a ecologia integral (n. 238-240), foi elaborada em termos altamente abstratos de natureza e substância, que se tornou incompreensível aos fiéis e tida como um mistério inacessível e, por isso, existencialmente irrelevante.

Outro reducionista diz respeito ao *eclipse da figura do Pai como Pai do Filho*. No credo se professa que ele é "Pai todo-poderoso, criador do céu e da terra". O Pai é, trinitariamente, Pai antes de ser Criador. Ao lado de tal Pai não resta lugar para um Filho. Esta religião só do Pai serviu e continua servindo de justificação ideológica a todo tipo de autoritarismo e de paternalismo pelos quais as pessoas são mantidas na dependência e no servilismo.

O esquecimento da visão trinitária ocasionou uma *concentração exacerbada da figura do Filho* encarnado. Surgiu o *cristomonismo* (exclusivismo de Cristo), um Cristo ornado com todos os símbolos do poder, sempre exaltado como Senhor e Cristocrator, tendo o cetro numa das mãos, o mundo na outra e uma coroa de ouro e joias na cabeça, coisa que nada tem a ver com o Jesus real e histórico. A exacerbação da figura do Filho sem o Pai, cabeça invisível da Igreja visível, reforça as figuras autoritárias e as instituições fundadas no poder centralizador. Sobre as pedras dos palácios do Vaticano, Jesus jamais teria construído sua Igreja.

O terceiro reducionismo concerne ao *Esquecimento da figura do Espírito Santo*. Ele ficou refém das disputas teológicas entre a Ortodoxia e a Igreja latina com referência ao *filioque*, quer dizer, a relação de origem do Espírito. Ele é espirado unicamente pelo Pai assim como o Filho é gerado (Ortodoxia), ou é espirado pelo Pai *e pelo* Filho ou *através* do Filho (o *filioque* da Igreja latina)? Tal discussão, altamente abstrata, deslocou o foco do Espírito como fonte de carismas, de criatividade, que sopra onde quer, se antecipando ao missionário, pois se faz presente nos povos pelo amor, pelo perdão e pela convivência solidária e atua permanentemente na história.

As instituições, no entanto, o veem como fator de perturbação da ordem estabelecida e, por isso, marginalizado e até esquecido. Por outra parte, os movimentos carismáticos, que buscam alimentar uma experiência pessoal de Deus, encontraram no Espírito Santo a sua fonte de inspiração. Daí se explica a proliferação de igrejas carismáticas populares, sejam evangélicas, sejam católicas, com o risco de que, uma religião só do Espírito, facilmente caia no sentimentalismo, na alienação ante a conflitividade da vida, no fanatismo e na anarquia espiritual.

A cristandade não encontrou até hoje um ponto de equilíbrio quanto à *assunção das divinas Pessoas* como o verdadeiro Deus da experiência crista, fundamental para uma compreensão relacional do mundo e do universo, como o enfatizou o Papa Francisco em sua encíclica "Cuidando da Casa Comum". Na Igreja Romano-Católica ocorreu uma inversão hilária: aquilo que na doutrina da Trindade é verdade (a ausência de hierarquia, pois todas as divinas Pessoas são igualmente eternas e infinitas) se torna erro na Igreja (não há igualdade entre os cristãos, mas uma hierarquia "querida" por Deus e uma diferença essencial entre clérigos e leigos).

Que futuro aguarda este tipo de Igreja latina, ocidental e contemporânea? Isso dependerá do futuro que terá a cultura ocidental que ela ajudou a conformar. Seguramente o futuro da humanidade não passará mais pelo Ocidente que mais e mais se torna um acidente e se encontra agônico. Aqui vivem apenas 25% dos católicos, ao passo que nas Américas são 62% e o restante na África e na Ásia.

II – Por onde passa o futuro do cristianismo?

Os dados revelam que o cristianismo é hoje uma religião do Terceiro e Quarto Mundo. Isso significa que, encerrado o ciclo ocidental, o cristianismo viverá sua fase planetária com uma presença mais densa nas partes do planeta hoje consideradas periféricas.

Ele só terá significado sob duas condições:

Em primeira condição, se todas as igrejas se reconhecerem reciprocamente como portadoras da mensagem de Jesus, sem nenhuma delas levantar a pretensão de exclusividade e excepcionalidade, e a partir desta "pericórese" eclesial (inter-retro-relações) das Igrejas, juntas, dialogarem com as religiões do mundo, valorizando-as como caminhos espirituais habitados e animados pelo Espírito, só assim haverá paz religiosa, que é um dos pressupostos importantes para a paz mundial. E todas as Igrejas juntas chamadas ao serviço da vida e da justiça dos pobres e do Grande Pobre que é o planeta Terra, contra o qual se move uma verdadeira guerra total.

A segunda condição é de o cristianismo ousar se reinventar a partir da Tradição de Jesus e de uma volta profunda da experiência de Deus e do Reino feita pelo Jesus histórico. Seguir o cânon ocidental não garantirá mais um futuro para o cristianismo. Há o risco de se tornar uma seita religiosa de raiz ocidental.

Segundo a melhor exegese contemporânea, o projeto de Jesus se resume no Pai-Nosso. Afirma-se o Pai-Nosso: o impulso do ser humano para o Alto. E o Pão Nosso: seu enraizamento no mundo. Somente unindo Pai-Nosso com Pão Nosso se pode dizer amém e sentir-se na Tradição do Jesus histórico. Ele pôs em marcha um sonho, o do Reino de Deus, cuja essência se encontra nos dois polos, no Pai-Nosso e no Pão Nosso, vividos dentro do espírito das bem-aventuranças.

Isto implica corajosamente se desocidentalizar, se desmachistizar, se despatriarcalizar e se organizar em redes de comunidades que dialogam e se encarnam nas culturas locais, se acolhem reciprocamente e formam juntas o grande caminho espiritual cristão que se soma aos demais caminhos espirituais e religiosos da humanidade.

III – Quatro desafios fundamentais no momento atual

Realizados estes pressupostos, apresentam-se atualmente à Igreja quatro desafios fundamentais.

O primeiro é a *salvaguarda do sistema-Terra e do sistema-vida*, ameaçados pela crise ecológica generalizada e pelo aquecimento global. Não é impossível uma catástrofe ecológico-social que dizimará a vida e grande parte da humanidade. A questão não é mais que futuro terá a Igreja, mas como ela ajudará a garantir o futuro da vida e a biocapacidade da Mãe Terra. Esta poderá continuar coberta de cadáveres mas sem nós.

O segundo desafio é como *manter a humanidade unida*. Os níveis de acumulação de bens materiais em pouquíssimas mãos (1% controla a maioria da riqueza mundial) poderá cindir a humanidade em duas porções: os que gozam de todos os benefícios e os condenados a morrer prematuramente ou até serem considerados sub-humanos. Importa afirmar que somos todos filhos e filhas de Deus, nascidos de seu coração.

O terceiro desafio é a *promoção da cultura da paz*. Os conflitos bélicos, os fundamentalismos políticos e a intolerância ante as diferenças culturais e religiosas podem levar a níveis nefastos de violência e, eventualmente, degenerar em guerras letais com armas químicas, biológicas e nucleares.

O quarto desafio concerne à América Latina: a *encarnação nas culturas indígenas e afro-americanas*. Depois de haver quase exterminado as grandes culturas e escravizado milhões de africanos, impõe-se a tarefa de ajudá--los a se refazerem biologicamente e a resgatarem a sabedoria ancestral, e de verem reconhecidas suas religiões como formas de revelação de Deus. Para a fé cristã o desafio consiste, como o fez nos primórdios, em se encarnar em suas culturas e se sintetizar com seus valores e tradições sapienciais. Daí pode nascer um cristianismo afro-indígena-latino de grande originalidade.

A missão da Igreja, das religiões e dos caminhos espirituais, para além dos desafios referidos, consiste em alimentar a chama sagrada da presença do Sagrado e do Divino (expressos em miríades de nomes) no coração de cada pessoa.

O cristianismo humildemente se somará a todos eles, testemunhando que "Deus ama a cada um dos seres que criou porque é o soberano amante da vida" (Sb 11,26). Ele não permitirá que a vida que já foi divinizada pelo Verbo e pelo Espírito Santo desapareça tragicamente da face da Terra.

O cristianismo, na fase planetária e unificada do planeta Terra, possivelmente se constituirá numa imensa rede de comunidades, encarnadas nas diferentes culturas, testemunhando a alegria do Evangelho que promove uma vida justa e solidária, especialmente, com os mais marginalizados já neste mundo e que promove, para além desta vida, um novo homem e uma nova mulher, um novo céu e uma nova Terra.

No presente, cabe-nos viver a comensalidade entre todos, símbolo antecipador do Reino, celebrando os bons frutos da generosidade da Mãe Terra.

Desafios e horizontes de Medellín: para a configuração e organização da Igreja hoje

Agenor Brighenti[1]

Ao revisitar *Medellín* 50 anos depois, constata-se que a II Conferência Geral dos Bispos da América Latina e do Caribe, realizada em 1968, é muito mais do que um Documento. Sobretudo quando a relacionamos com a Conferência de Aparecida (2007) e o pontificado reformador de Francisco, percebe-se que *Medellín* é um espírito, um ponto de partida, que continua fazendo caminho em nossas comunidades eclesiais. Sua força está na ousadia de buscar fazer uma "recepção criativa" do Concílio Vaticano II, tarefa assumida também pelas Conferências Gerais posteriores, ainda que de forma mais tímida por *Santo Domingo*. Para *Medellín*, não se tratava de simplesmente implantar o Concílio em nossas terras, mas de recebê-lo de forma contextualizada, buscando situar "A Igreja na atual transformação da América Latina à luz do Concílio" (título do compêndio dos 16 documentos).

O tempo se encarregaria de mostrar de que se tratava de uma aventura ousada, permeada de riscos e conflitos, dentro e fora da Igreja, mas, sobretudo, de resultados alvissareiros, tanto que sua proposta, de certa forma, foi resgatada e reimpulsionada pela Conferência de Aparecida,

---

[1] Licenciado em Filosofia e graduado em Teologia pela Universidade do Sul de Santa Catarina. Especialista em Pastoral Social e Planejamento Pastoral pelo Instituto Teológico-Pastoral do Celam e doutor em Ciências Teológicas e Religiosas pela Universidade Católica de Louvain (Bélgica). Atualmente, é professor no Programa de Pós-graduação em Teologia da PUC-Paraná.

40 anos depois. Em outras palavras, na fidelidade às intuições básicas e aos eixos fundamentais do Concílio, com *Medellín* houve "encarnação", hoje, diríamos "inculturação" e "desdobramentos" do Vaticano II, fazendo do Concílio, mais que um ponto de chegada, um ponto de partida, tal como queria Paulo VI. Com *Medellín*, a Igreja na América Latina e no Caribe deixou de ser uma "Igreja reflexo" do milenar eurocentrismo para desencadear um processo de tessitura de um rosto próprio e de uma palavra própria.

Olhando para trás, depois de havermos percorrido já um longo caminho, vê-se que há muito que resgatar do que foi perdido na involução eclesial das duas últimas décadas e também muito que avançar, pois, enquanto a Igreja em certa medida parou, a história avançou. Já não estamos no contexto da década de 1960 e os novos tempos exigem fazermos uma "segunda recepção" tanto do Vaticano II como de *Medellín*. Na fidelidade a seu espírito, é preciso situá-los em relação aos desafios da modernidade tardia.

Tendo presente a proposta de *Medellín*, vejamos na sequência alguns desafios e horizontes para a configuração e a organização da Igreja, hoje. Num primeiro momento, trataremos da configuração eclesial, elencando os principais traços do rosto da Igreja desenhado por *Medellín* e nos perguntando sobre sua atualidade e perspectiva futura. Num segundo momento, nos ocuparemos da organização da Igreja, das mediações institucionais propostas por *Medellín* para levar a cabo a ação evangelizadora, seguidas de algumas considerações em ordem ao tempo presente e futuro.

I – Desafios e horizontes para a configuração da Igreja

Uma Igreja com novo rosto e uma nova forma de presença no mundo era o desafio e o horizonte de *Medellín*, para uma "recepção criativa" do Vaticano II no Subcontinente, marcado pela exclusão das maiorias. Para isso, na assembleia da II Conferência Geral dos Bispos, deixou-se ecoar o grito dos pobres, que delatava o cinismo dos satisfeitos. Sob a ótica dos excluídos, *Medellín* se propôs ajudar a responder a quatro desafios principais, que ainda hoje guardam toda sua relevância: primeiro, a fé cristã confrontada com o grave fenômeno da pobreza, ameaçando a vida de grande parte da população; segundo, desenvolver uma ação evangelizadora que chegue aos setores populares e também às estruturas de poder; terceiro, promover uma libertação integral, que conjugue simultaneamente mudança pessoal e mudança das estruturas; e, quarto, promover um novo modelo de Igreja – autenticamente pobre, missionária e pascal, desligada de todo poder temporal.

Como respostas pastorais concretas a estes desafios, apoiado no Vaticano II, *Medellín* propõe, entre outros: uma opção pelos pobres, contra a pobreza, como forma de testemunho do Evangelho de Jesus Cristo; a vivência da fé cristã em comunidades eclesiais de base, alicerçadas na leitura popular da Bíblia e inseridas no lugar social dos pobres; uma evangelização que promova a vida em todas as dimensões da pessoa; uma reflexão teológico-pastoral, ancorada nas práticas libertadoras; a presença profética dos cristãos no seio da sociedade, sem medo de ir até o fim, na defesa dos excluídos etc. São respostas ainda hoje relevantes e, em grande medida, pendentes.

De uma leitura transversal de *Medellín*, vêm à tona dois elementos fundamentais da configuração da Igreja, fruto da "recepção criativa" do Vaticano II: uma Igreja sacramento do Reino, em perspectiva de diálogo e serviço com as demais Igrejas, religiões e a sociedade autônoma e pluralista; e uma Igreja pobre e dos pobres, para que seja a Igreja de todos, num Subcontinente marcado pela pobreza e a exclusão. Não são referenciais criados pelos bispos; antes, remetem ao coração do Evangelho de Jesus Cristo.

1. Uma Igreja sacramento do Reino

Em sua denominada "volta às fontes" bíblicas e patrísticas, o Vaticano II rompeu com o eclesiocentrismo e o cristomonismo que caracterizaram a eclesiologia do segundo milênio. *Medellín* iria tirar as consequências desta mudança de paradigma para a configuração da Igreja.

A – A superação do eclesiocentrismo

No coração da renovação do Vaticano II está, em última instância, a superação do eclesiocentrismo reinante na Igreja há mais de um milênio. A principal implicação tinha sido o eclipse do Reino de Deus na autocompreensão da Igreja. De "mediação" da salvação trazida por Jesus a todo o gênero humano, a Igreja apresentava-se como um fim. Consequentemente, "fora da Igreja não há salvação" (*extra ecclesiam nulla salus*).

A missão da Igreja, nesta perspectiva, em lugar de buscar encarnar o Evangelho, consistia em implantar a Igreja. Assim recebemos o cristianismo em nosso continente. E, em um contexto eurocêntrico, onde se pensa como a única civilização digna deste nome e com a única e verdadeira configuração do cristianismo, a missão conflui na proliferação de Igrejas-filhas, idênticas à mãe romana, uma Igreja monocultural. Evangelizar é sair para fora da Igreja, para trazer pessoas para dentro dela. O catolicismo, enquanto religião do Estado, fará "cristãos" não convertidos e evangelizados. É o denominado "substrato católico" de uma cultura supostamente de "unanimidade cristã". A incorporação à Igreja, como no caso do regime do Padroado na América Latina colonial, como denunciava o Pe. Vieira, correspondia a fazer do fiel um vassalo do rei.

Foi a superação do eclesiocentrismo que levou a Igreja na América Latina a descentrar-se de suas questões internas e a sintonizar com as grandes causas da humanidade, as quais são causas do Evangelho; que também permitiu o diálogo ecumênico e inter-religioso, em especial com as Igrejas protestantes históricas, o judaísmo, as religiões afro e as religiões dos povos indígenas; e, sobretudo, que levou a Igreja a fazer da evangelização um processo de humanização, tal como tem frisado o Papa Francisco. Nas últimas décadas, com o refluxo da neocristandade, o eclesiocentrismo voltou com força. Um reflexo desta perspectiva é a *Dominus Iesus*, um documento do magistério pontifício não recebido pelo *sensus fidelium*, por estar na contramão do Vaticano II.

B – A superação do cristomonismo

Além do eclesiocentrismo, o Vaticano II superou também o cristono-mismo, predominante na eclesiologia do segundo milênio, que eclipsa a matriz trinitária da Igreja. Fundada em uma cristologia docetista, ao identificar-se com o Corpo do Cristo Glorioso e Ressuscitado, a Igreja tende a divinizar a si mesma (Igreja autorreferencial) e a reduzir a eclesialidade aos cabeças deste Corpo visível, que são os clérigos. Leigo é aquele que não é clérigo (aquele que não é), pois não tem nem identidade nem lugar próprio na Igreja. Na cristandade, o leigo é um destinatário, quando não um consumidor dos sacramentos que a hierarquia dispensa, e, na neocristandade, ele é uma extensão de seu braço, na perspectiva de uma cooperação com o ministério ordenado.

Ao resgatar sua matriz trinitária – "a Igreja é o corpo dos três" (do Pai, do Filho e do Espírito Santo, dizia São Basílio) –, a Igreja no Vaticano II vai autocompreender-se como a "comunhão" de todos os fiéis, composta de uma única classe de cristãos, os batizados, entre os quais, a exemplo do que acontece no interior da Trindade, embora haja diversidade de ministérios, "há uma radical igualdade em dignidade". Com isso, o sujeito eclesial, em lugar da hierarquia, passa a ser toda a comunidade ("a Igreja somos nós") e, consequentemente, também o sujeito da missão é a comunidade dos fiéis, chamada a fazer chegar a salvação de Jesus Cristo a todo o gênero humano. Em consequência, a finalidade da missão deixa de ser a implantação da Igreja para constituir-se no testemunho e anúncio gratuito do Evangelho, cuja acolhida redunda na comunhão com Deus, com os que creem e com todos os seres humanos.

Tal como constata *Aparecida* e o Papa Francisco tem combatido com veemência, nos últimos tempos o clericalismo tem voltado com força, tanto em determinados segmentos da Igreja como de padres novos e de leigos clericalizados. O clericalismo impede que as comunidades eclesiais sejam sujeitos, assim como esvazia o papel dos conselhos e das assembleias de pastoral ou a importância das equipes de coordenação dos diferentes serviços na Igreja.

2. Uma Igreja pobre e dos pobres

Por diversas razões, o ideal de João XIII de "uma Igreja pobre e dos pobres, para ser a Igreja de todos", não teve maiores consequências no Vaticano II, mas não para a Igreja na América Latina. Grande parte dos quarenta bispos que fizeram o "Pacto das Catacumbas", depois assinado por aproximadamente quinhentos padres conciliares, era integrada por bispos da América Latina e, metade destes, brasileiros. O espírito do Pacto está onipresente em *Medellín*, até porque os treze compromissos assumidos tiveram Dom Helder Camara como principal redator. É neste pequeno e inspirador documento, o qual guarda ainda toda sua atualidade, que se deve buscar o referencial evangélico da firme decisão dos bispos em *Medellín* de não só optarem pelos pobres, mas de assumirem também seu lugar social. Dizem textualmente os bispos:

> Queremos, como bispos, nos aproximar, cada vez com maior simplicidade e sincera fraternidade, dos pobres, tornando possível e acolhedor o seu acesso até nós. Devemos tornar mais aguda a consciência do dever de solidariedade para com os pobres, exigência da caridade. Essa solidariedade implica tornar nossos seus problemas e suas lutas e em saber falar por eles (Med 14,9).

E mais:

> Desejamos que nossa habitação e estilo de vida sejam modestos; nossa indumentária, simples; nossas obras e instituições funcionais, sem aparato nem ostentação. Pedimos aos sacerdotes e fiéis que nos deem um tratamento que convenha à nossa missão de padres e pastores, pois desejamos renunciar a títulos honoríficos próprios de outras épocas (Med 14,9).

A – O mensageiro também é mensagem

Podemos resumir o compromisso do Pacto das Catacumbas em dois núcleos centrais. Na primeira parte, dado que a Igreja é sacramento do

Reino, na primeira resolução do documento, os bispos signatários se comprometem "a viver segundo o modo ordinário" do povo, no que diz respeito a casa, alimentação e locomoção. Eles estão conscientes de que o mensageiro é também mensagem. Que o modo como moramos e nos locomovemos é igualmente mensagem. Na segunda resolução, os bispos decidem "renunciar para sempre à aparência e realidade de riqueza", seja no vestir, seja nos símbolos do episcopado em metais preciosos. Em outras palavras, o modo como nos vestimos também é mensagem.

Em consequência, recusarão que os chamem "com nomes e títulos que expressem grandeza e poder". Como também evitarão, conforme registra a sexta resolução, conceder "privilégios ou preferência aos mais ricos e poderosos". Na quarta resolução, os bispos se comprometem a ser mais pastores do que administradores, para poderem estar mais livres no serviço às pessoas, especialmente aos mais pobres. Trata-se de mostrar a fé mais do que demonstrá-la, testemunhando não fatos do passado, mas uma verdade, em consciência da qual se está convencido. Do ponto de vista ético, e ainda mais religioso, não se pode separar o anúncio do ato de anunciar. Na Igreja, não se pode separar o que se anuncia do que se vive, pois somente se testemunha o que se é. A força da evidência procede de uma convicção interior. O seguimento de Jesus Cristo implica autenticidade, que significa congruência consigo mesmo, entre o que se diz e o que se faz. Só as posturas autênticas são dignas de fé. A falta de autenticidade perturba a confiança e impede a transparência.

Em resumo, em sua primeira parte, o Pacto das Catacumbas põe em evidência uma exigência radical da mensagem cristã: a toda evangelização explícita precede necessariamente uma evangelização implícita. A primeira forma de falar de Deus é falar dele, sem falar. *Evangelii Nuntiandi* fala do testemunho como "elemento primeiro" no processo de evangelização. Antes de explicitar a positividade cristã, antes de apresentar a proposta evangélica, cabe ao mensageiro ser mensagem. Mostrar a fé antes de demonstrá-la. Trata-se da exigência e, ao mesmo tempo, da força do testemunho. Não consta que algum dos bispos signatários do Pacto, tendo deixado o palácio episcopal, com o passar do tempo, tenham voltado a ele. O mesmo não se pode dizer de muitos de seus substitutos. Foram fiéis não só a uma Igreja para os pobres, mas deram o testemunho de uma Igreja pobre. Muitos deles viveram uma vida de estrita pobreza, visível na moradia, na alimentação, no vestir-se e no locomover-se, alguns se utilizando do transporte público, tal como também fazia o Papa Francisco, quando bispo na Argentina.

B – A instituição também é mensagem

Os compromissos da segunda parte do Pacto das Catacumbas põem em evidência outra exigência radical da mensagem cristã: além do mensageiro, a instituição eclesial, em sua organização, estruturas e configuração histórica, também é mensagem. A Igreja, como toda religião, é uma instituição hierofânica (Mircea Eliade): sua finalidade é transparecer o divino através do humano, sem jamais o humano pretender ocupar o lugar do divino, sob pena de eclipsá-lo. Como frisou o Concílio Vaticano II, a Igreja é "sacramento do Reino de Deus, seu germe e princípio" (LG 5b). Nada menos que isso, mas também nada mais.

Nesta perspectiva, os bispos signatários do Pacto não se limitam ao testemunho pessoal, mas se propõem a adequar também a instituição eclesial, em sua configuração histórica, à proposta da mensagem cristã. A visibilização histórica da Igreja como instituição precisa estar estreitamente ligada à sua vocação de ser sacramento do Reino de Deus, na provisoriedade do tempo. Ser sacramento significa ser sinal e instrumento do Reino. Trata-se de ser sinal daquilo que a Igreja quer ser instrumento, tendo presente que somente será sinal à medida que for instrumento. É verdade que haverá sempre uma inevitável tensão ou distância entre a promessa do Reino que a Igreja testemunha, anuncia e edifica e o caráter obsoleto das mediações que buscam visibilizá-lo na concretude da história, através de sua ação evangelizadora. Essa tensão, entretanto, longe se ser um álibi à acomodação, fazendo-se um pacto com a mediocridade, dada a inevitável distância do humano em relação ao divino, é, antes de tudo, um forte apelo, tal como continua sendo o Pacto das Catacumbas, a fazer do institucional, apesar de sempre precário, sinal visível da eternidade do Reino, no tempo provisório da história da humanidade.

3. A Igreja pobre e dos pobres em Medellín

Os Bispos da América Latina e do Caribe, reunidos em Medellín, irão tirar consequências muito concretas da reforma conciliar e do Pacto das Catacumbas, para configuração da Igreja no Subcontinente.

A – Da Igreja Povo de Deus à Igreja dos pobres

O Vaticano II vê na *koinonía* dos batizados o novo Povo de Deus que peregrina com toda a humanidade, à imagem do antigo Povo de Deus (LG 9). O destino do Povo de Deus não é diferente do destino de toda a humanidade, pois Deus quer salvar a todos e Jesus trouxe a salvação para todos (LG 1). Na perspectiva de João XXIII, "uma Igreja dos pobres para ser a Igreja de todos". Para *Medellín* não basta uma Igreja "dos pobres", é preciso uma "Igreja pobre" e conclama a todos os batizados a dar testemunho de uma Igreja solidária, samaritana, com a situação e a causa dos pobres, que é um mundo justo e solidário para todos. "A pobreza da Igreja deve ser sinal e compromisso de solidariedade com os que sofrem" (Med 14,7). A missão, enquanto testemunho de Jesus que, sendo rico, se fez pobre para nos enriquecer com sua pobreza, passa pela vivência e testemunho de uma Igreja pobre, expressão da força e horizonte de credibilidade do Evangelho. Por isso, recomendam os bispos em *Medellín:* "Que se apresente cada vez mais nítido na América Latina o rosto da Igreja autenticamente pobre, missionária e pascal, desligada de todo poder temporal e corajosamente comprometida com a libertação do homem todo e de todos os homens" (Med 5,15a).

O Papa Francisco, desde a primeira hora de seu pontificado, tem conclamado a Igreja a reassumir este ideário. Tem feito duras críticas a bispos com psicologia de príncipes, vivendo em verdadeiros palácios, e aos ritos de corte da Cúria romana. É de perguntar-se em que medida uma Igreja pobre e dos pobres está presente nos padres, sobretudo nos mais novos, nos planos de pastoral, nos discursos e nas práticas da Igreja, hoje. Em Medellín, conclamam os bispos: "Exortamos os sacerdotes a darem, também, testemunho de pobreza e desprendimento dos bens materiais como o fazem tantos, particularmente, em regiões rurais e em bairros pobres" (Med 14,15). Em que medida os edifícios da Igreja – templos, casas paroquiais, seminários – passam a imagem de uma Igreja pobre, sem falar nos patrimônios e nas contas bancárias, particularmente, onde e como se gasta o dinheiro doado pelo povo.

B – Da opção pelo ser humano à opção pelos pobres

O Vaticano II, rompendo com uma fé metafísica e abstrata, fala de Deus a partir do ser humano e busca servir a Deus, servindo o ser humano. Na ação evangelizadora, portanto, opta pelo ser humano, como caminho da Igreja (GS 3). Para Paulo VI, é preciso conhecer o ser humano para conhecer a Deus (*Ecclesiam suam*).

Medellín, com o Vaticano II, ao optar pelo ser humano, dado o contexto marcado por escandalosa exclusão da maioria, que são os preferidos de Deus, opta antes pelos pobres (Med 14,9), pois se trata de promover a fraternidade de todo o gênero humano, dos filhos de Deus. Esta opção consiste em fazer do pobre não um objeto de caridade, mas sujeito de sua própria libertação. Diz *Medellín* que "a promoção humana será a perspectiva de nossa ação em favor do pobre, respeitando sua dignidade pessoal e ensinando-lhe a ajudar-se a si mesmo" (Med 14,10). Por isso, a opção pelos pobres, mais que um trabalho prioritário, é uma ótica que nos faz ir a todos, mas a partir do pobre, em vista de um mundo inclusivo de todos.

Em Aparecida, Bento XVI frisou que "a opção pelos pobres radica na fé cristológica". É o fio condutor que perpassa a Palavra de Deus, do Gênesis ao Apocalipse. É a pérola posta em evidência por *Medellín* e tematizada pela teologia da libertação. Num contexto em que os pobres se tornaram descartáveis, a opção pelos pobres precisa ter mais visibilidade da configuração da Igreja. João Paulo II fala de uma Igreja "casa dos pobres", ideário retomado por Aparecida, e clama um lugar especial nos processos pastorais.

C – Da diaconia histórica ao profetismo

Para o Vaticano II, a Igreja precisa exercer uma *diaconia* histórica, ou seja, um serviço no mundo (GS 42), que contribua para o progresso e o desenvolvimento humano e social (GS 43). Por sua vez, *Medellín*, em sua opção pelos pobres e seu lugar social, faz da *diaconia* um serviço profético. A evangelização "se concretizará na denúncia da injustiça e da opressão" (Med 14,10). Em consequência, o compromisso pode levar ao martírio, ao dar a vida para que outros tenham vida. Com *Medellín* surge um novo perfil da vocação à santidade, como expressão da vivência da fé cristã na fidelidade à opção pelos pobres em uma sociedade injusta e excludente. Com isso, a missão evangelizadora adquire um caráter profético, tornando-se sinal de contradição para os opressores e suas estruturas injustas. À figura do evangelizador, associa-se o testemunho dos mártires das causas sociais.

Igreja pobre, opção pelos pobres e inserção profética na sociedade evocam uma Igreja-sinal. E num contexto de injustiça institucionalizada e exclusão das maiorias, uma Igreja que assuma as contradições e os conflitos presentes em seu entorno. Nos últimos tempos, tem havido a pretensão de fazer uma opção pelos pobres, sem dor e sem cruz, através de um assistencialismo ingênuo em relação às verdadeiras causas da pobreza. O Pacto das Catacumbas clama por um novo perfil de cristãos, em especial de bispos e de padres, para que a Igreja seja de fato sinal e instrumento do Reino de Deus, como Igreja pobre e para os pobres.

II – Desafios e horizontes para a organização da Igreja

Para os Bispos reunidos em Medellín, o novo rosto de Igreja, plasmado numa "recepção criativa" do Vaticano II, exigia em consequência uma nova organização eclesial, basicamente ancorada numa "nova evangelização". Na *Conferência de Medellín*, momento único da história da Igreja em que teologia e magistério se encontram e convergem, é quando por primeira vez aparece a expressão "nova evangelização". No início do Documento, mais precisamente na *Mensagem aos Povos da América Latina*, ao elencar os "compromissos da Igreja latino-americana" para levar adiante a renovação do Vaticano II, se afirma a necessidade de "alentar uma nova evangelização [...] para obter uma fé mais lúcida e comprometida". Mais adiante, os Bispos vão dizer que, para isso, será preciso superar o modelo pastoral pré-conciliar e de cristandade – a "pastoral de conservação" –, "baseada numa sacramentalização com pouca ênfase na prévia evangelização"; a pastoral de "uma época em que as estruturas sociais coincidiam com as estruturas religiosas..." (Med 6,1). Uma nova evangelização gera um novo modelo de pastoral, que supera modelos defasados no tempo e exige uma nova organização da Igreja.

1. Uma nova evangelização para implementar o Vaticano II

O Sínodo dos Bispos sobre "A evangelização no mundo contemporâneo", realizado em 1974 e que redundou na publicação da Exortação *Evangelii Nuntiandi* por Paulo VI em 1975, fazendo eco da contribuição da Igreja na América Latina, também fala da necessidade de suscitar "tempos novos de evangelização" (n. 2). Este mesmo Documento respaldará os Bispos da Igreja da América Latina na *Conferência de Puebla* (1979), em continuidade ao processo de "recepção criativa" do Vaticano II, desencadeado por *Medellín*. Apesar da estratégia de combate a esta perspectiva por parte de segmentos conservadores da Igreja, sobretudo a partir da Assembleia do CELAM realizada em Sucre, em 1972, *Puebla* registra com força: "... situações novas (AG 6), que nascem de mudanças socioculturais, requerem uma nova evangelização" (n. 366).

Consequentemente, quando João Paulo II fala em seu discurso ao CELAM no Haiti, em 1983, da necessidade de uma "nova evangelização", o Papa está acolhendo uma categoria, ainda que não na mesma perspectiva, cunhada pelas Igrejas de um Subcontinente cujo solo ele estava pisando. Igrejas que estavam forjando realmente uma "nova evangelização" em relação ao modelo anterior, desde a primeira hora da renovação conciliar, enfrentando tensões e conflitos, internos e externos. As tensões no seio da Igreja, causadas pela "nova evangelização" aqui praticada, se deviam ao fato de ela ser expressão não apenas de uma mera implantação da renovação do Vaticano II, mas, sobretudo, de desdobramentos de suas proposições e intuições fundamentais.

Na realidade, a "nova evangelização" levada a cabo no continente, na perspectiva de *Medellín* e *Puebla*, estava fazendo do Vaticano I não simplesmente "um ponto de chegada", mas muito mais "um ponto de partida", tal como havia recomendado Paulo VI no final do mesmo: "Um concílio não termina de maneira definitiva com a promulgação dos decretos, pois estes, mais do que um ponto de chegada, são um ponto de partida para novos objetivos" (Paulo VI, 1966, p. 1731).

O conceito "nova evangelização" cunhado pela Igreja na América Latina, em relação ao tempo, se opõe radicalmente a qualquer resquício de cristandade ou neocristandade, tributárias de eclesiocentrismos e cristomonismos ou de integrismos, fundamentalismos e proselitismos camuflados; e, em relação ao contexto sociocultural, advoga por uma Igreja encarnada na sociedade moderna e pós-moderna, pluralista, autônoma em relação à tutela do religioso, numa postura de "diálogo e serviço" (GS), renunciando a toda e qualquer tentação de conformar um mundo dentro do mundo, uma subcultura eclesiástica, própria da mentalidade de gueto. Em outras palavras, "nova evangelização" tem a ver com um "novo modelo de pastoral", que supera modelos de cristandade e neocristandade.

2. Modelos de pastoral de uma evangelização velha

De maneira muito feliz, o *Documento de Aparecida*, ao resgatar a necessidade da "conversão pastoral" evocada por *Santo Domingo*, o faz estabelecendo uma relação entre conversão pastoral e modelo de pastoral: "A conversão pastoral de nossas comunidades exige ir mais além de uma pastoral de mera conservação para uma pastoral decididamente missionária" (DAp 370). Ora, a expressão "pastoral de conservação" é de *Medellín*, evocada para referir-se, precisamente, ao modelo pastoral pré-conciliar de cristandade: "Baseada numa sacramentalização com pouca ênfase na prévia evangelização" (Med 6,1). Além da pastoral de conservação, de cristandade, *Medellín* supera também a pastoral apologista, de neocristandade, e a pastoral secularista, de pós-modernidade.

A – A pastoral de conservação (de cristandade)

Assim denominada por *Medellín* (Med, 6,1) e lembrada por *Aparecida* (DAp 370), a pastoral de conservação é um modelo de pastoral centralizado no padre e na paróquia. A volta do clericalismo na atualidade é uma apologia deste modelo, que se reproduz também por meio de leigos clericalizados. Trata-se de um modelo de pastoral à margem da renovação do Vaticano II, desconhecendo a modernidade, bem como a crise da modernidade e o processo de mudanças em curso. Em sua configuração pré-tridentina, a prática da fé é de cunho devocional, centrada no culto aos santos e composta de procissões, romarias, novenas, milagres e promessas, práticas típicas do catolicismo popular medieval (um catolicismo "de muita reza e pouca missa, muito santo e pouco padre" – Riolando Azzi). Já em sua configuração tridentina, a vivência cristã gira em torno do padre, baseada na recepção dos sacramentos e na observância dos mandamentos da Igreja.

Resquício de uma sociedade teocrática e assentada sobre o denominado "substrato católico" de uma cultura rural estática, a pastoral de conservação pressupõe que os cristãos já estejam evangelizados, quando na realidade trata-se de católicos não convertidos, sem a experiência de um encontro pessoal com Jesus Cristo. Consequentemente, não há processos de iniciação cristã, catecumenato ou catequese permanente. A recepção dos sacramentos salva por si só, concebidos e acolhidos como "remédio" ou "vacina espiritual". A paróquia é territorial e, nela, em lugar de fiéis, na prática, há clientes que acorrem esporadicamente ao templo para receber certos benefícios espirituais fornecidos pelo clero.

Na pastoral de conservação, o administrativo predomina sobre o pastoral; a sacramentalização sobre a evangelização; a quantidade ou o número dos adeptos sobre a qualidade; o pároco sobre o bispo; o padre sobre o leigo; o rural sobre o urbano; o pré-moderno sobre o moderno; a massa sobre a comunidade. Todos estes são elementos que caracterizam um velho e caduco modelo de evangelização, mas ainda muito presente em um mundo que não é mais aquele mundo medieval, pré-científico e teocrático.

B – A pastoral apologista (de neocristandade)

Também é um modelo de pastoral superado por Medellín. Ele teve seu auge no século XIX, quando a Igreja pré-moderna jogou suas últimas cartas no confronto com a modernidade. Pouco tempo depois, esta postura seria desautorizada em seus pressupostos pelo Concílio Vaticano II, que vai inserir a Igreja no mundo, em uma atitude de "diálogo e serviço". Nas últimas duas décadas, com a crise da modernidade e a falta de referenciais seguros, a pastoral apologista voltou com força, com ares de "revanche de Deus", com muito dinheiro e poder, triunfalismo e visibilidade, guardiã da ortodoxia, da moral católica, da sagrada tradição. Constitui-se, hoje, na mais acabada expressão de um modelo de evangelização ultrapassado, mas que se apresenta como "novo", o único capaz de manter vivos, em um mundo secularizado, os ideais evangélicos.

Como estratégia de evangelização, a pastoral apologista assume a defesa da instituição católica diante de uma sociedade supostamente anticlerical, assim como a guarda das verdades da fé ante uma razão dita secularizante, que não reconhece senão o que pode ser comprovado pelas ciências. Ao desconstrucionismo dos metarrelatos e do relativismo reinante que geram vazio, incertezas e medo, contrapõe-se o "porto de certezas" da tradição católica e um elenco de verdades apoiadas numa racionalidade metafísica. Se a pastoral de conservação é pré-moderna, a pastoral apologista é antimoderna. Apregoa-se a "volta ao fundamento", guardado zelosamente pela tradição antimoderna, que de modo acertado excomungou em bloco a modernidade.

Na ação evangelizadora, a pastoral apologista se apoia numa "missão centrípeta", a ser levada a cabo pela milícia dos cristãos, soldados de Cristo, a "legião" de leigos e leigas "mandatada" pelo clero. A missão consiste numa atitude apologética e proselitista, em sair para fora da Igreja, a fim de trazer de volta as "ovelhas desgarradas" para dentro dela. Numa atitude hostil perante o mundo, cria seu próprio mundo, uma espécie de "subcultura eclesiástica", no seio da qual pouco a pouco se sentirá a necessidade de vestir-se diferente, morar diferente, evitar os diferentes, conviver entre iguais, em típica mentalidade de seita ou gueto. A redogmatização da religião e o entrincheiramento identitário acabam sendo sua marca, apoiados na racionalidade pré-moderna agostiniana e tomista.

C – A pastoral secularista (de pós-modernidade)

Trata-se de um modelo de pastoral recente, gerado no seio da crise da modernidade, mas também em contradição com *Medellín*, por ser providencialista, milagreiro, tomando distância do profético e do ético. Em lugar de uma Igreja sinal de contradição ante a mercantilização das relações, inescrupulosamente este modelo insere a experiência religiosa no mercado, segundo o espírito do tempo.

A pastoral secularista propõe-se responder às necessidades imediatas das pessoas no contexto atual, em sua grande maioria órfãs de sociedade e de Igreja. É integrada por pessoas desencantadas com as promessas da modernidade, por "pós-modernos" em crise de identidade, pessoas machucadas, desesperançadas, em busca de autoajuda e habitadas por um sentimento de impotência diante dos inúmeros obstáculos a vencer, tanto no campo material como no plano físico e afetivo. Em suas fileiras, estão pessoas que querem ser felizes hoje, buscando solução a seus problemas concretos e apostando em saídas providencialistas e imediatas. Nestes meios, há um encolhimento da utopia no momentâneo.

Em meio às turbulências de nosso tempo, dado que o passado perdeu relevância e o futuro é incerto, o corpo é a referência da realidade presente, deixando-se levar pelas sensações e professando uma espécie de "religião do corpo". Trata-se de uma religiosidade eclética e difusa, uma espécie de neopaganismo imanentista, que confunde salvação com prosperidade material, saúde física e realização afetiva. É a religião a *la carte*: Deus como objeto de desejos pessoais, solo fértil para os mercadores da boa-fé, no seio do atual próspero e rentável mercado do religioso. A religião já é o produto mais rentável do capitalismo.

No seio da pastoral secularista, há um deslocamento da militância para a mística na esfera da subjetividade individual, do profético ao terapêutico e do ético ao estético (da passagem de opções orientadas por parâmetros éticos para escolhas pautadas por sensibilidades estéticas), contribuindo para o surgimento de "comunidades invisíveis", compostas de "cristãos sem Igreja", sem vínculos comunitários. Há uma internalização das decisões na esfera da subjetividade individual, esvaziando as instituições, inclusive a instituição eclesial. Neste contexto, a mídia contribui para a banalização da religião, não só a reduzindo à esfera privada, como a um espetáculo para entreter o público. Trata-se de uma "estetização presentista", propiciadora de sensações "intranscendentes", espelho das imagens da imanência. Também a religião passa a ser consumista, centrada no indivíduo e na degustação do sagrado, entre a magia e o esoterismo.

3. A Igreja como eclesiogênese

A autocompreensão da Igreja, em estreita fidelidade às intuições básicas e aos eixos fundamentais do Concílio Vaticano II, foi mola propulsora de uma ação evangelizadora em perspectiva profética e transformadora, engendrando no Subcontinente uma "nova evangelização", configurada em um modelo de pastoral muito particular, com consequências concretas para a organização eclesial.

A concepção da Igreja como eclesiogênese remete a *Medellín*, que aponta para as comunidades eclesiais de base como "a célula inicial da estruturação eclesial" (Med 15,10), superando tanto o paroquialismo da pastoral de conservação como o universalismo dos movimentos eclesiais da pastoral apologética. Nas CEBs, o centro da Igreja é a periferia, os pobres sua razão de ser, a evangelização é um processo de humanização e a sociedade autônoma, o espaço para tornar presente o Reino de Deus. Elas reestruturam a paróquia, fazendo dela uma comunidade de pequenas comunidades, em estreita relação com as demais paróquias, no seio da Igreja local, pautada por uma pastoral orgânica e de conjunto.

A – Igreja Comunhão e Comunidades Eclesiais de Base

Para o Vaticano II não há duas classes de cristãos – o clero e os leigos –, mas um único gênero – os batizados. É do Batismo que brotam todos os ministérios, inclusive os ministérios ordenados, que são tirados do meio do povo para o serviço da comunidade dos fiéis. Resgatando sua matriz trinitária, o Concílio concebe a Igreja como a comunidade dos batizados, na comunhão da radical igualdade em dignidade de todos os ministérios (LG 31-32). A missão é para a comunhão dos fiéis e de todo o gênero humano.

Para *Medellín*, dado que a Igreja é comunhão e só existe quando ela acontece na prática, a forma mais adequada de se fazer uma real vivência da fraternidade cristã é no seio de comunidades eclesiais de base. Trata-se de comunidades "de apóstolos em seu próprio ambiente" (Med 7,4), comunidades pequenas, de tamanho humano, que permitem a ministerialidade e a corresponsabilidade de todos. "No seio do Povo de Deus, há unidade de missão" (Med 10,7) e as CEBs são "o primeiro e fundamental núcleo eclesial, a célula inicial de estruturação eclesial, foco de evangelização e fator primordial de promoção humana e desenvolvimento", o "rosto de uma Igreja pobre" (Med 15,10). A missão é para a comunhão, mas a comunhão só é possível em pequenas comunidades de fiéis, inseridas no seio da sociedade, em vista da fraternidade entre todos os seres humanos. Por isso, recomenda *Medellín* "procurar a formação do maior número de comunidades eclesiais nas paróquias, especialmente nas zonas rurais ou entre os marginalizados urbanos" (Med 6,10c). Também o ministério do diaconato permanente, então recém-restaurado, deve estar em função delas: "A primeira preocupação dos responsáveis da formação do futuro diácono será a de prepará-lo para que seja capaz de criar novas comunidades cristãs e ativar as existentes, para que o ministério da Igreja possa realizar-se nelas com maior plenitude" (Med 13,32).

Por diversas razões, as CEBs não conseguiram reconfigurar a paróquia. Para sobreviver, em muitos lugares, tiveram de colocar-se à margem dela. Em grande medida, elas foram inclusive satanizadas por altas instâncias da Igreja, acusadas de toda sorte de ideologização da fé. Constatado o real alcance dos movimentos eclesiais, nos últimos tempos, sobretudo com *Aparecida*, as CEBs estão sendo resgatadas. Mas elas não podem ser comunidade do modo como foram no passado. Com a emergência da subjetividade e da autonomia, assim como da gratuidade, elas precisam se repensar, para conjugar melhor o "eu" e o "nós". Mas, sobretudo, a paróquia precisa superar o modelo de pastoral de conservação para poder acolhê-las e promovê-las. *Medellín* já constatava a "inadequação da estrutura tradicional em muitas paróquias para proporcionar uma vivência comunitária" (Med 15,4). Sem falar na necessidade de avançar na criação de ministérios para os leigos e as leigas, assim como na urgência de dar a elas o direito à Eucaristia dominical.

B – Sujeito eclesial e sujeitos da missão evangelizadora

O Vaticano II, ao afirmar a base laical da Igreja, fundada no tríplice ministério da Palavra, da Liturgia e da Caridade, faz da comunidade dos fiéis o sujeito eclesial. "A Igreja somos nós", os batizados. Dá-se a passagem do binômio *clero-leigos* para o binômio *comunidade-ministérios* (LG 31).

Medellín verá a Igreja, toda ela e em cada um de seus membros, sem distinção, como os sujeitos da missão evangelizadora. Há uma "dimensão missionária da vida eclesial" (Med 9,6). A Igreja é posta na base, onde cada um, no seio da comunidade, é "apóstolo em seu próprio ambiente" (Med 7,4). Constata *Medellín* que "até agora houve uma pastoral de conservação, alicerçada na sacramentalização, sem ênfase na evangelização" (Med 6,1). Entretanto, é preciso "assegurar uma séria evangelização pessoal e comunitária" (Med 6,8). Afirma, com o Concílio, que como "Deus não quis salvar-nos individualmente, mas constituídos em comunidade", é a comunidade, inteira, que está "convocada a uma missão comum" (Med 6,13). Para isso, a evangelização implica a "formação de uma fé pessoal, adulta, interiormente formada, operante e continuamente confrontada com os desafios" (Med 7,13).

Comunidades-eclesiais-sujeito somente quando gestadas por assembleias e conselhos de pastoral, assim como por equipes de coordenação em todos os âmbitos e serviços de pastoral. Para Medellín, "é de extraordinária importância dar vida aos Conselhos Pastorais, que são inegavelmente uma das instituições mais originais sugeridas pelo Concílio e um dos mais eficientes instrumentos da renovação da Igreja em sua ação de pastoral de conjunto" (Med 11,24). No seio da Igreja local, o planejamento pastoral participativo é condição para uma pastoral orgânica e de conjunto, expressão da sinodalidade da Igreja, na corresponsabilidade de todos os batizados. Lembra Medellín que há "o desejo dos leigos de participar das estruturas pastorais da Igreja" (Med 15,3). Neste particular, o clericalismo é o ponto de estrangulamento, assim como os movimentos eclesiais sem inserção na Igreja local.

C – Evangelização e promoção humana

O Vaticano II superou todo dualismo entre matéria-espírito, sagrado--profano, história e meta-história, ao conceber a salvação como redenção da pessoa inteira e de todas as pessoas (GS 45). Em consequência, para *Medellín*, na evangelização é preciso estabelecer laços entre evangelização e promoção humana (Med 7,9). "A obra divina de salvação é uma ação de libertação integral e de promoção humana" (Med 1,4). Primeiro, respaldados em uma antropologia unitária, trata-se de a Igreja ser mediação de salvação da pessoa inteira, em todas as suas dimensões. Segundo, consequente com o Vaticano II, que afirma a vontade de Deus de salvar em comunidade, a promoção humana implica o estabelecimento de'estruturas justas, como condição para uma sociedade justa.

Medellín toma consciência de que o pecado pessoal transvazou para as relações sociais, para as instituições e estruturas, gerando o pecado social. Sua erradicação implica a conversão, além das pessoas, também das estruturas. Com isso, a salvação se faz libertação – "toda libertação é já uma antecipação da plena redenção em Cristo" (Med 4,9). "Não teremos continente novo sem novas e renovadas estruturas" (Med 1,3), sem "o desenvolvimento integral de nossos povos" (Med 1,5).

Para *Medellín*, trata-se de "mostrar a unidade profunda entre o plano salvífico de Deus, realizado em Cristo, e as aspirações do ser humano; entre a história da salvação e a história humana; entre a Igreja e as comunidades temporais, excluindo toda dicotomia ou dualismo" (Med 8,4). Assim, a missão implica "assumir totalmente as angústias e as esperanças do homem de hoje, a fim de oferecer-lhe as possibilidades de uma libertação plena" (Med 8,6). Como "o desenvolvimento integral do ser humano é a passagem de condições menos humanas a condições mais humanas" (Med 2,14a), a libertação integral da pessoa inteira e de todas as pessoas leva a missão também para o âmbito das estruturas e das instituições.

Uma evangelização com laços intrínsecos com a promoção humana só é possível através de uma pastoral social estruturada, em todos os níveis, em especial no âmbito diocesano, como frisa *Aparecida*. Nas últimas décadas, apesar do fenômeno da pobreza e da exclusão ter se mantido ou mesmo se agravado, o maior retrocesso da Igreja deu-se no compromisso social. Urge, pois, relançar a pastoral social, criando serviços segundo os desafios e as necessidades de cada contexto particular. O pensamento social da Igreja precisa traduzir-se em iniciativas concretas, condição para causar um impacto sobre a realidade. Mas isso depende muito do espaço que o pensamento social tenha na consciência eclesial e na formação dos agentes de pastoral.

D – Da inserção no mundo à presença nas periferias

O Vaticano II, superando o eclesiocentrismo, bem como o dualismo entre sagrado e profano, temporal e espiritual, corpo e espírito, afirma que a Igreja, ainda sem ser deste mundo, está no mundo e existe para ser mediação de salvação do mundo (LG 50; GS 40). Para isso, precisa encarnar-se nele, assumi-lo, para transfigurá-lo e redimi-lo.

Medellín dirá que, "em sintonia com os sinais dos tempos, a evangelização não pode ser atemporal, a-histórica". Antes, ela deve "realizar-se, através do testemunho pessoal e comunitário, que se manifestará, de modo especial, no contexto do compromisso temporal" (Med 7,13). Por isso, "cabe evitar o dualismo entre tarefas temporais e santificação" (Med 11,5) ou a "dicotomia entre Igreja e Mundo" (Med 11,6). Cabe à evangelização "explicitar os valores da justiça e da fraternidade, nas aspirações de nossos povos, numa perspectiva escatológica" (Med 7,13).

E mais que isso. Medellín se perguntará: a Igreja deve inserir-se no mundo, mas dentro de que mundo? Do mundo dos incluídos ou dos excluídos para promover um mundo inclusivo de todos? Por isso, além da opção pelo sujeito social – o pobre –, a missão evangelizadora implica igualmente a opção pelo lugar social dos pobres. Medellín afirma que "a evangelização precisa, como suporte, de uma Igreja sinal" (Med 7,13) e incentiva "a todos os que sentem a vocação de compartilhar a sorte dos pobres, viver com eles e trabalhar com suas mãos" (Med 14,15). E faz um convite aos religiosos, generosamente respondido:

> As comunidades religiosas, por especial vocação, devem dar testemunho da pobreza de Cristo. Recebam nosso estímulo as que se sintam chamadas a formar, entre seus membros, pequenas comunidades, encarnadas realmente nos ambientes pobres; serão um chamado contínuo à pobreza evangélica dirigido a todo o Povo de Deus (Med 14,16).

A Igreja na América Latina já esteve muito mais presente nas periferias. Basta lembrar o gesto do Cardeal Arns ao vender o palácio episcopal no centro da cidade para construir cerca de mil centros comunitários nas periferias. Também nada impede que as pequenas comunidades se reúnam nas casas, a exemplo da Igreja primitiva. Mas como a Igreja precisa ser "a casa dos pobres" segundo o Papa João Paulo II, a presença nas periferias implica os cristãos, além de disporem de espaços próprios, a ocuparem os espaços da cidadania, como as associações, os conselhos tutelares e os corpos intermediários em geral. Além da organização dos fiéis em organismos eclesiais, capazes de dar o suporte necessário no desempenho de sua missão no mundo, é papel da Igreja também capacitá-los para ocupar organismos da sociedade civil, dado que a missão da Igreja se dá no mundo e para o mundo.

A modo de conclusão

As duas décadas que sucederam *Medellín* foram ricas em iniciativas e processos pastorais, tais como: a leitura popular da Bíblia; a paróquia como comunidade de comunidades de base; o planejamento pastoral participativo; comunidades religiosas inseridas profeticamente nas periferias; as pastorais sociais ambientais, como a pastoral operária e pastoral da terra; as escolas de agentes de pastoral; a criação de ministérios para leigos e leigas; a formação da consciência cidadã; a teologia da libertação e os mártires das causas sociais.

Mas também foram anos difíceis. O posicionamento firme da Igreja ante as ditaduras militares e a crítica ao sistema liberal capitalista, com as consequentes iniciativas eclesiais de corte popular, foi taxado de infiltração marxista ou de politização da fé. Não se hesitou, inclusive, em levar a cabo um plano, arquitetado dentro e fora do Subcontinente, de combate à "Igreja de Medellín e Puebla". Tanto que as duas décadas seguintes, entre 1990 e 2010, por fatores diversos, foram de franco retrocesso com relação à renovação do Vaticano II, com a volta à neocristandade e a uma postura apologética perante o mundo. Em lugar das comunidades eclesiais de base, colocou-se em relevo os movimentos de espiritualidade como sendo a "nova primavera" da Igreja; a uma evangelização inculturada, se implementou uma "nova evangelização", com perfil de uma missão centrípeta, proselitista, autorreferencial; tomando-se distância da opção pelos pobres e da pastoral social, levou-se a cabo uma caridade assistencialista e ingênua em relação às causas da pobreza, à injustiça institucionalizada; em lugar da sinodalidade e da comunhão dos fiéis batizados, viu-se a volta do clericalismo; em resumo, em lugar de avançar no processo de renovação do Vaticano II e da tradição libertadora latino-americana, retrocedemos com a passagem do profético ao terapêutico e da ética à estética.

Com *Aparecida* e, sobretudo, com a eleição do Papa Francisco, tanto a renovação conciliar como a tradição libertadora latino-americana não só foram resgatadas como ganham novo impulso, provocando tensões nos segmentos eclesiais conservadores e tradicionalistas. Há mesmo uma oposição aberta e descarada ao magistério do atual Bispo de Roma, que, em grande medida, assume a contribuição da Igreja na América Latina e no Caribe à Igreja como um todo. Como o próprio Papa disse de modo informal num encontro com os Bispos do CELAM, "*Evangelii Gaudium* é uma cópia malfeita de *Aparecida*".

Nos 50 anos de *Medellín*, depois de um longo "inverno eclesial", estão dadas as condições para desencadear na Igreja uma "nova primavera", tal como aconteceu nas décadas de 1970-1980. Revisitando *Medellín*, há belas iniciativas a resgatar, novos caminhos a trilhar, com a audácia dos que se deixam guiar pelo Espírito, e, sobretudo, novas respostas a dar aos desafios concretos de nosso tempo.

Entretanto, se por um lado o horizonte de futuro é esperançoso, por outro, é incerto e preocupante. Enquanto perdurar a crise do projeto civilizacional moderno, permanecerá a tentação de muitos em buscar refúgio nas velhas seguranças de um passado sem retorno, agrupados em torno de grupos e movimentos eclesiais conservadores, nas últimas duas décadas, com todo o apoio e o respaldo das altas instâncias da Igreja. Mas tudo indica que a humanidade, que caminha sob o dinamismo do Senhor da história, continuará seguindo em frente e obrigando a Igreja a correr atrás, tal como aconteceu no passado recente ante a emergência da modernidade. Como lembrou o Vaticano II, o Povo de Deus peregrina no seio de uma humanidade toda ela peregrinante, e o destino do Povo de Deus não é diferente do destino da humanidade.

Referências bibliográficas

AZEVEDO, M. América latina: perfil complexo de um universo religioso. In: *Medellín* 87 (1996) 5-22.

_____. *Comunidades eclesiais de base e inculturação da fé*. São Paulo: Loyola, 1986.

BEOZZO, J. O. Aparecida à luz das Conferências do Rio, Medellín, Puebla e Santo Domingo". In: AA.VV. *V Conferência de Aparecida*: renascer de uma esperança. São Paulo: Ameríndia/Paulinas, 2007. p. 34-38.

_____. Medellín: vinte anos depois (1968-1988). *REB* 192 (1988) 771-805.

BOFF, L. *Teología desde el lugar del pobre*. Santander: Sal Terrae, 1986.

BONGARDT, M. Existência estética e identidade cristã: sobre a possível figura do cristianismo na sociedade do prazer imediato. *Concilium* 282 (1999/4) 83-96.

BRIGHENTI, A. A pastoral na vida da Igreja: repensando a missão evangelizadora em tempos de mudança. In: CNBB. *Comissão Episcopal para a Animação Bíblico-Catequética*. Brasília: Ed. CNBB, 2012. p. 117-138.

_____. Énfasis pastorales de la Iglesia en América Latina y El Caribe en los últimos 50 años. *Medellín* 123 (2005) 375-398.

CHENU, M. D. La Iglesia de los pobres en el Vaticano II. *Concilium* 124 (1977): 73-79.

COMBLIN, J. Medellín: vinte anos depois – Balanço temático. In: SUSIN, L. C. (Org.). *O mar se abriu*: trinta anos de teologia na América Latina. São Paulo: Soter/Loyola, 2000.

CORBÍ, M. *Hacia una espiritualidad laica*. Sin creencias, sin religiones, sin dioses. Barcelona: Herder, 2007.

DUSSEL, E. *De Medellín a Puebla*: uma década de sangue e esperança I. De Medellín a Sucre, 1968-1972. São Paulo, 1981. p. 70-78 (original cast. *De Medellín a Puebla, una década de sangre y esperanza*. México: Ed. Edicol, 1979).

GONZÁLEZ FAUS, J. I. El meollo de la involución eclesial. *Razón y Fe* 220 (1989), nn. 1089/90, 67-84.

GUTIÉRREZ, G. Aparecida: a opção preferencial pelo pobre. In AA.VV. *V Conferência de Aparecida*: renascer de uma esperança. São Paulo: Ameríndia/Paulinas, 2007. p. 123-137.

_____. La recepción del Vaticano II en América Latina. In: ALBERIGO, G.; JOSSUA, J.-P. (eds.). *La recepción del Vaticano II*. Madrid: Cristiandad, 1987. p. 213-237.

KELLER, M. A. El proceso evangelizador de la Iglesia en América Latina. De Río a Santo Domingo. *Medellín* 81 (1995) 5-43.

KESSLER, H. A satisfação do momento: a dor do momento perdido. *Concilium* 282 (1999/4) 121-136.

LADRIÈRE, P.; LUNEAU, R. (dir.). *Le retour des certitudes*. Événements et orthodoxie depuis Vatican II. Paris: Le Centurion, 1987. p. 161-178.

LIBÂNIO, J. B. *A volta à grande disciplina*. São Paulo: Loyola, 1984. (Col. Teologia e evangelização, n. 4).

MANZANARES, C. V. *Postmodernidad y Neoconservadurismo*. Estella: Verbo Divino, 1991.

OLIVEROS, R. Igreja particular, paróquia e CEBs em Aparecida. In: AA.VV. *V Conferência de Aparecida*: renascer de uma esperança. São Paulo: Ameríndia/Paulinas, 2007. p. 183-193.

PAGOLA, J. A. *Acción pastoral para una nueva evangelización*. Santander: Sal Terrae, 1991.

PAULO VI. Le Congrès international de théologie du IIe concile oecuménique du Vatican. *Documentation Catholique* 63 (1966), p. 1731.

QUEIRUGA, A. T. *Fin del cristianismo premoderno*. Santander: Sal Terrae, 2000.

SCATENA, S. *In populo pauperum*. La chiesa latinoamericana dal Concilio a Medellín (1962-1968). Bologna: Il Molino, 2007.

SOBRINO, J. *El Vaticano II y la Iglesia latinoamericana*. In: FLORISTÁN, C.; TAMAYO, J.-J. (eds.). *El Vaticano II, veinte años después*. Madrid: Cristiandad, 1985. p. 105-134.

TERRIN, A. N. Despertar religioso: nuevas formas de religiosidad. *Selecciones de Teología* 126 (1993) 127-137.

Posfácio
Com os pobres, retomando a recepção interrompida do Concílio Vaticano II e de Medellín

Certamente, os 50 anos que nos distanciam da Conferência de Medellín ainda serão comemorados por diversos organismos e das mais variadas formas. Porém, essa nossa contribuição quer fazer parte dessas iniciativas com uma revisitação dos 16 títulos da II Conferência Geral do Episcopado Latino-Americano, considerando-a a recepção mais criativa do Concílio Vaticano II realizada por um continente.

No contexto de hoje, Medellín se reveste de uma importância primordial, pois, apesar de o Papa Francisco não fazer nenhuma referência a tal evento, seu pontificado tem se pautado por suas grandes linhas: opção pelos pobres e oprimidos, comunidade eclesial de base, volta a Jesus e sua prática, austeridade institucional, ministérios laicais numa Igreja descentrada, hierarquia a serviço da totalidade do povo de Deus.

Verdadeiramente é impressionante como se percebe uma sintonia muito grande entre o espírito de Medellín e a prática do atual Bispo de Roma, sobretudo na sua pedagogia de encontro e proximidade (*encuentro y cercania*) com as pessoas e situações mais carentes.

Os anos 1970 na Igreja foram profundamente marcados por Medellín e construiu-se um legado eclesial sem paralelo nas últimas cinco décadas. Enquanto politicamente os países latino-americanos mergulhavam nos anos de chumbo, com duros regimes de exceção, liderados por militares que se comportavam como marionetes nas mãos dos governos norte-americanos, a Igreja ia, aos poucos, se transformando quase na única voz de defesa dos direitos humanos. Multiplicavam-se as Comunidades Eclesiais de Base, os Centros de Defesa dos Direitos Humanos e pastorais específicas em defesa dos mais aviltados pelo regime: indígenas, negros, sem-terra, sem-teto e sem trabalho, mulheres e menores e outros.

Tendo essa eclesiologia como base, desenvolveu-se robustamente um pensamento teológico original, como reflexão dessa prática libertadora de comunidades e cristãos engajados nas mais diversas frentes de defesa da vida. A Teologia da Libertação tornou-se um dos grandes legados dessa eclesiologia advinda do espírito de Medellín.

Essa Igreja dos pobres e para os pobres teve também um contributo fundamental do Pacto das Catacumbas, realizado por inúmeros Padres Conciliares, que desde a Primeira Sessão do Concílio Vaticano II compreenderam que os pobres se constituíam na verdade no único caminho para a renovação da Igreja. Tal Pacto foi assinado enquanto se dava a última sessão do Vaticano II, numa celebração eucarística na Catacumba de Santa Domitila, em Roma, no dia 16 de novembro de 1965. Tomando conhecimento dele, cerca de 500 dos 2.500 bispos do Concílio também o assumiram como compromisso de vida. Sem dúvida, esse evento inspirou, de maneira decisiva, a II Conferência Geral do Episcopado Latino-Americano, no seu compromisso em favor da justiça e na opção preferencial pelos pobres e por sua libertação.

Em meados da década de 1980, podemos até tomar como marco a realização do Sínodo dos Bispos de 1985. Convocado pelo Papa João Paulo II, com a finalidade de avaliar as duas décadas da clausura do Concílio Vaticano II, a eclesiologia suscitada pelo Concílio e, entre nós, por Medellín, sofreu um profundo revés. Os vinte anos em questão foram avaliados, nas palavras do Cardeal Prefeito da Doutrina da Fé, como profundamente negativos para Igreja. Daí em diante, foi feito todo um esforço restaurador, capitaneado pela Cúria Romana, no sentido de sepultar a eclesiologia do povo de Deus, substituindo-a pela eclesiologia de comunhão, entendida como fidelidade ao Papa e aos ensinamentos dos Dicastérios Romanos.

As Comunidades Eclesiais de Base, a Teologia da Libertação e todo o engajamento eclesial na luta pela transformação social e política foram vistos como contrários ao projeto intitulado Nova Evangelização. Em seu lugar, foram incentivados e supervalorizados os movimentos de forte conotação espiritualista e até integristas, destacando-se cinco deles que, na expressão do autor inglês Gordon Urquart, se transformaram na armada do Papa: Opus Dei, Legionários de Cristo, Neocatecumenato, Comunhão e Libertação e Focolares. O projeto de restauração eclesial Nova Evangelização tinha um matiz forte de busca identitária, provocando um movimento profundamente centrípeto numa Igreja preocupada consigo mesma.

Dessa forma, foi colocada forte trava no desenvolvimento da eclesiologia conciliar e de Medellín. Conhecemos mais de três décadas de estancamento do processo de implementação de Medellín na Igreja do continente latino-americano, um verdadeiro inverno eclesial para a Igreja pobre e dos pobres.

Com o Papa Francisco renascem as esperanças de uma Igreja voltada para fora, não mais autorreferenciada, mas mergulhada na história da humanidade e sem medo de associar-se à sorte dos pobres e de seus movimentos libertadores. Uma Igreja em saída, tendo como passaporte único para o mundo a alegria do Evangelho.

Assim, num novo contexto, numa sociedade muito mais complexa do que aquela das décadas de 1960 e 1970, temos o desafio de retomar a recepção interrompida do Concílio Vaticano II e de Medellín, na parceria dos pobres, os sempre mais amados por Jesus.